思想政治教育话语创新论的马克思主义审视

SIXIANG ZHENGZHI JIAOYU HUAYU CHUANGXINLUN DE MAKESI ZHUYI SHENSHI

袁 芳 | 著

目 录

绪 论 ·· 1
   一、研究背景与意义 ·· 1
   二、研究现状回顾 ·· 5
   三、研究思路和研究方法 ··· 14
   四、研究的重点、难点和创新点 ···································· 15

第一章 思想政治教育话语创新的理论概述 ····················· 18
  第一节 "话语"的内涵 ·· 18
     一、多学科视角下的"话语" ·································· 18
     二、本文界定的"话语" ·· 23
  第二节 "思想政治教育话语"的本质解读 ················· 26
     一、思想政治教育与话语的关系 ······························· 26
     二、思想政治教育话语的内涵和特征 ························ 28
     三、思想政治教育话语的结构 ·································· 31
     四、思想政治教育话语机制 ······································ 34
     五、思想政治教育话语的类型 ·································· 38
     六、思想政治教育话语的功能 ·································· 39
  第三节 "思想政治教育话语创新"的内涵和基本要素 ········ 40

一、思想政治教育话语创新的内涵 ……………………… 40
二、思想政治教育话语创新的基本要素 ………………… 42
本章小结 …………………………………………………………… 45

第二章 思想政治教育话语创新的理论依据 …………………… 47

第一节 先秦百家朴素的语言观 ………………………………… 47
一、语言的局限性 …………………………………………… 47
二、语言的道德性 …………………………………………… 49

第二节 马克思主义实践的语言观 ……………………………… 51
一、语言的物质性和社会性 ………………………………… 52
二、语言的全民性和动态发展性 …………………………… 53
三、语言的群众性 …………………………………………… 55

第三节 思想政治教育话语创新的理论借鉴 …………………… 57
一、制度创新理论 …………………………………………… 57
二、话语伦理理论 …………………………………………… 60
三、教育传播理论 …………………………………………… 62
四、意识形态叙事理论 ……………………………………… 64
五、政治修辞理论 …………………………………………… 66

本章小结 …………………………………………………………… 68

第三章 改革开放以来思想政治教育话语创新的历史考察 …… 70

第一节 思想政治教育话语创新的历史轨迹
——以高校思想政治工作话语为例 ……………………… 71
一、话语主体从零散化向体系化转变 ……………………… 71
二、话语对象从整齐化向复杂化转变 ……………………… 73
三、话语内容从权威式向交互式转变 ……………………… 75
四、话语载体从单一性向多样性转变 ……………………… 76

目录

第二节　我国思想政治教育话语创新的基本特征 …… 78
- 一、理论创新：话语创新的思想先导 …… 78
- 二、实事求是：话语创新的方向保证 …… 79
- 三、建设和改革实践：话语创新的源泉和动力 …… 80
- 四、政治民主建设：话语创新的环境支撑 …… 82

第三节　思想政治教育话语创新的中国经验 …… 83
- 一、关注人自身的成长和发展，始终保持话语立场的人民性 …… 84
- 二、推动马克思主义理论的与时俱进，始终保持话语内容的科学性 …… 86
- 三、促进话语权的合理分配，始终保持话语方式的有效性 …… 88

本章小结 …… 90

第四章　思想政治教育话语创新的现实反思 …… 93

第一节　高校思想政治教育话语的现状调查 …… 93
- 一、调研对象和样本分析 …… 94
- 二、调查的主要内容 …… 98
- 三、调查的主要结论 …… 112

第二节　我国思想政治教育话语面临的困境 …… 119
- 一、话语主体面临的困境 …… 119
- 二、话语内容的说服力不足 …… 125
- 三、话语方式和传播方式亟待创新 …… 129

第三节　思想政治教育话语困境的原因分析 …… 132
- 一、传统渊源：话语主体思想观念和思维方式的局限性 …… 132
- 二、理论根源：对思想政治教育本质和作用认识的片面性 …… 135
- 三、实践根源：话语对象接受心理的复杂性和多变性 …… 138
- 四、社会根源：时代环境的挑战性 …… 140

第四节　思想政治教育话语创新的可能性和必要性 …… 145

一、可能性 ………………………………………… 145
　　二、必要性 ………………………………………… 147
　本章小结 …………………………………………… 152

第五章　马克思主义视域下思想政治教育话语创新的规律和原则 ………………………………………… 155

第一节　思想政治教育话语创新的基本规律 ………… 155
　　一、顺应—超越规律 ……………………………… 155
　　二、利益—价值认同规律 ………………………… 160
　　三、空间—时间协同规律 ………………………… 163

第二节　思想政治教育话语创新的目标 ……………… 167
　　一、提高话语的科学化水平 ……………………… 167
　　二、提高话语的大众化水平 ……………………… 169

第三节　思想政治教育话语创新的基本原则 ………… 171
　　一、中国立场与世界眼光相结合的原则 ………… 172
　　二、观念变革与范式转换相统一的原则 ………… 174
　　三、继承传统与追求现代相融合的原则 ………… 176
　　四、理论创新与实践探索相互动的原则 ………… 180
　　五、保持稳定与适度弹性相协调的原则 ………… 182
　本章小结 …………………………………………… 183

第六章　马克思主义视域下思想政治教育话语创新的基本路径 ……… 186

第一节　提高话语主体的创新能力 …………………… 186
　　一、更新话语理念 ………………………………… 186
　　二、建立话语自信 ………………………………… 190
　　三、提高思维能力 ………………………………… 192
　　四、重塑话语形象 ………………………………… 196

五、优化话语环境 …… 203
第二节　推进思想政治教育话语内容的创新 …… 206
　　一、优化话语内容的结构，突出核心价值观话语的主导力 …… 206
　　二、推动马克思主义理论创新，增强话语的解释力 …… 208
　　三、推进话语内容的务实化和个性化，增强话语的吸引力 …… 209
第三节　推进思想政治教育话语方式的创新 …… 212
　　一、以情感话语弥补理性话语的不足 …… 212
　　二、以生活叙事弥补宏大叙事的不足 …… 215
　　三、对话劝导的不足 …… 218
第四节　推进思想政治教育话语传播方式的创新 …… 219
　　一、创新榜样传播方式，提升话语的舆论引导力 …… 220
　　二、创新红色文化传播方式，增强话语的渗透力 …… 222
　　三、创新网络传播方式，赢得网络舆论话语权 …… 223
本章小结 …… 228

结　语 …… 231
参考文献 …… 233
后　记 …… 242

绪　论

一、研究背景与意义

（一）研究背景

20世纪以来，西方哲学逐渐实现了"语言转向"。由于"语言都包含着一种独特的世界观"[①]，透过语言可以了解语言背后人类丰富的精神世界，因此哲学家们高度重视从哲学角度研究语言，试图通过对语言的理解来获取关于思维和存在、人与世界关系的深入认识。思想政治教育离不开人与人的交流和沟通，话语始终贯穿思想政治教育的过程之中。"在思想政治教育诸要素中，话语是思想政治教育主客体间相互联系、相互作用的中介因素"[②]，思想政治教育话语不仅维护整个社会的有序发展，而且影响个体精神的形成和改造，由此话语问题逐渐成为思想政治教育的学术前沿。

实践中，人们开展思想政治教育的相关活动在古今中外早已有之，思想政治教育的历史可谓是"源远流长"，它是人类社会实践的一项重

[①] 洪堡特：《论人类语言结构的差异及其对人类精神发展的影响》，北京：商务印书馆1999年版，第73页。

[②] 张耀灿：《现代思想政治教育学》（第二版），北京：人民出版社2006年版，第238页。

要内容,在人类发展的历史长河中发挥着不可替代的重要作用。话语作为一个国家经济贸易、科学技术、流行文化在国际范围内传播的重要媒介,在世界范围内,谁拥有具有感召力和吸引力的话语体系,谁就能占据国际话语权的主动地位,为国家的发展赢得重要机遇。如何既能保持主流意识形态话语体系与时代发展同步,又能够反映和保障各个社会不同的利益群体和阶层生存与发展的合理利益需求,成为世界各国不得不面对的重大现实问题。主流价值观话语体系的建立和完善,体现了一个国家和民族的传统文化精髓,使得具有多元文化特征的社会形成一套强大的凝聚力量,从而有效降低社会文化价值的多元性对社会造成的风险。

随着我国综合国力日益强大并逐步进入世界舞台中心,中国话语开始走向世界,在国际范围内建立一套与我国大国地位相匹配的话语体系,成为中国当前发展的一项迫切的战略任务。正如十九大报告明确指出,"增强意识形态领域主导权和话语权,不忘本来、吸收外来、面向未来,更好构筑中国精神、中国价值、中国力量,为人民提供精神指引。"① 由此,中国话语是新时代中国特色社会主义发展过程中构筑中国精神、中国价值和中国力量的迫切需要,将有助于增强我国的文化传播力,以积极主动的态度赢得世界范围内的话语权,从而赢得全球化时代国家持续发展的主动权。

我国思想政治教育话语在历史进程中有其特殊功能和价值。封建王朝所建立的以"仁、义、礼、志、信"为主导的伦理道德话语深入人心且影响久远,成为维系封建统治秩序的精神皈依。革命战争年代中国共产党人坚定的理想和信念,成为艰苦战争中的强大精神支柱,这正是思想政治教育话语鼓舞斗志的重要成果,思想政治工作的有效开展是中国共产党夺取革命胜利的关键所在。

---

① 《决胜全面建成小康社会 夺取新时代中国特色社会主义伟大胜利——在中国共产党第十九次全国代表大会上的报告》,载《人民日报》,2017年10月28日01版。

然而，人们对思想政治教育话语仍然存在极大的偏见——一些人认为思想政治教育话语就是假大空的政治说教，部分学者认为思想政治教育是统治阶级钳制民众思想的工具和手段，思想政治教育者不过是统治阶级的"传话筒"。由此人们常常反感甚至反对思想政治教育，认为思想政治教育话语常常被深深地打上了意识形态的烙印而毫无科学性可言。加之部分思想政治教育话语枯燥陈旧，脱离时代发展的需要，滞后于人们精神世界发展的需要，造成思想政治教育效果欠佳。在理论偏见和实践困境的双重压力下，思想政治教育常常在备受曲解和质疑中艰难前行。

毋庸置疑，思想政治教育是为一定阶级和集体的利益服务的教育实践活动，具有鲜明的意识形态性，但思想政治教育的科学性和意识形态性并不是完全对立的。相反，思想政治教育以马克思主义的世界观和方法论为理论基础，它是科学性和意识形态性相统一的一门学科。虽然我国思想政治教育在历史进程中曾经有过严重的失误，形式主义和教条主义的话语一度盛行，将人们的思想引入歧途，造成了无可挽回的损失。但思想政治教育在实践摸索中出现的失误并不影响它本身的意义所在，思想政治教育实然效果的欠佳也并不影响它本身的应然价值所在。而问题的关键在于，当前时代在进步，人们的观念同样在进步，为何思想政治教育话语不能一如既往地发挥其应有的功能和作用呢？在竞争日益激烈的世界范围内，为了赢得国际话语权，彰显思想政治教育话语的中国特色、中国立场和中国气派，思想政治教育者到底应该说什么？为谁说？如何说？这一系列的理论和现实问题亟待我们在多学科的理论视野和国内外宏大的历史视野中展开系统而深入的研究，为我国思想政治教育的话语困境提供破解之道。

（二）研究意义

1. 推动思想政治教育学科的理论发展

话语是人的思想和思维本质的体现，思想政治教育者采取何种话语实现交流，体现了一定社会历史阶段人们看问题的方式方法。在一定程度上，人的价值观的历史变迁深刻地影响着思想政治教育话语的变革。目前，在思想政治教育理论研究中，我们比较注重研究思想政治教育的本质、功能、过程、内容、方法等，有关思想政治教育话语的研究成果尚不多见。而话语作为思想政治教育重要的研究范畴，其本身具有重要的研究价值，不仅能够帮助我们树立崭新的思维方式，而且有利于形成对思想政治教育本身的深刻认识。由此，话语逐步成为思想政治教育学研究中的一个重要的理论生长点。

2. 推进思想政治教育跨学科的研究视角

20世纪以来，科学呈现出多个学科相互融合和相互渗透的发展趋势，这使得科学日益成为一项前所未有的综合性实践活动。尤其是随着知识化时代的来临，社会问题更加纷繁复杂，人和环境、人和人之间、人和人本身的问题向人类理智提出了前所未有的挑战。可以说，当今社会现实中的一切重大问题不通过跨学科研究都是不可能完成的，尤其对于人文社会科学更是如此。因此，当务之急是对跨学科研究给予恰当理解和正确态度，通过跨学科视角促进思想政治教育研究领域的开拓。

3. 解决我国思想政治教育话语面临的实践困境

实践中，人们常常将思想政治教育话语等同于纯粹的政治话语，而"政治"又因为历史发展中曾经出现的各种失误而被赋予"狂热、偏执、欺骗"的代名词，人们习惯于将思想政治教育话语等同于"老话、假话、大话、空话"。同时，人们还常常将思想政治教育话语视为"万能话语"，企图通过几次谈话来做思想政治工作，从而解决一切问题。这些认识上的偏差使得思想政治教育话语难以满足人们日益更新的思想观念的变化速度，造成了人们对思想政治教育本身的轻视、否定甚至是放弃。对此，习近平早在2005年担任浙江省委书记期间就曾深刻地指出："有少数干部不会同群众说话，在群众面前处于失语状态。其实，语言的背后是感情、是思想、是知识、是素质。不会说话是表象，本质还是严重疏离群众"①"失语"的现实困境迫切需要我们积极主动地承认问题、思考问题和解决问题，发掘问题的本质所在。要做到善于同群众说话的问题，首先要解决感情、思想、知识、素质方面的问题，而最根本的是要解决群众观的问题。领导干部只有做好群众工作，取得广大群众的信任和认可，才能同群众说得上话。正如习近平总书记所提到的，"有了这个牢固的基础，遇到问题和矛盾时才容易同群众说上话、有沟通、好商量、能协调"。②

二、研究现状回顾

（一）国外研究概况

目前，国外有关语言和话语的研究取得了丰硕的成果，为本研究提供了重要的借鉴。

20世纪初，瑞士语言学家索绪尔开创了结构主义语言学，提出了系统的语言理论。他首次在理论上提出了"语言"和"言语"、语言的共时性和历时性的区别和联系。同时，他将语言视为一个封闭的符号系统，认为语言并不和客观外在世界发生任何联系。③ 这种观点遭到了苏联结构主义符号学的代表人米克哈伊·巴赫金的反对，巴赫金提出了语言对话理论，有力地突破了索绪尔结构主义语言学的局限。此外，英国语言学家维索尔伦提出了语用学研究理论，认为语言随着一定语境的变化而呈现出各种变化，同时语言并不是一成不变的机械化的表达，因为在语言的对话中，话语双方处于一种协商和讨论的状态之中。此外，人们可以通过协商和选择，使语言达到理想的交际目的。荷兰语言学家

---

① 习近平：《之江新语》，北京：浙江人民出版社，2007年版，第146页。
② 习近平：《之江新语》，北京：浙江人民出版社，2007年版，第146页。
③ ［瑞士］费尔迪南·德·索绪尔：《普通语言学教程》，高名凯译，北京：商务印书馆2009年版，第37页。

冯·戴伊克运用了跨学科的研究方法，考察了话语在不同社会环境中的功能。

当代英国的语言学家诺曼·费尔克拉夫明确提出了话语分析的三种方法①，其中文本分析暂不考虑其他因素，只看文本本身的语言表达方式，对其进行语言学视野下的分析。而话语实践分析则是关注不同时期或同一时期不同类型文本的比较研究，考察文本之间的联系和差异，揭示话语变化和发展原因和规律。社会实践分析则是把具体文本和宏观社会联系起来，研究话语所产生的社会效果，分析影响话语效果的客观因素。这三种关于话语分析的方法，为我们从事本话语研究提供了重要的方法论借鉴。

哲学领域的话语理论为其他学科的话语研究提供了重要的思想基础和方法论。德国著名哲学家马丁·海德格尔提出了"语言学转向"观点，由此涌现出了大批的研究成果。比如英国哲学家奥斯汀提出了言语行为理论、奥地利哲学家路德维希·维特根斯坦提出了语言意义理论，这些话语理论的提出逐步掀开了国外关于话语研究的开端。其中，极具影响力的学者是法国哲学家米歇尔·福柯和德国哲学家哈贝马斯。

福柯首先将话语理论应用到政治领域，首次提出"话语权"这一概念。福柯的话语理论深刻揭示了话语与权力之间不可分割的关系，认为话语是权力的一种表现形式，话语在阶级社会从来都掌控在占统治地位阶级的手中。由此，话语是一种控制人的思想乃至行为的重要手段，归根到底是社会权力系统的产物，同时又不断地产生社会权力。在福柯眼中，谁拥有社会权力，谁就掌控了话语，同时，谁掌控了话语，谁就享有话语资格、控制话语方式，谁就逐步享有并巩固社会权力。另一方

---

① 在《话语与社会变迁》一书中诺曼·费尔克拉夫提出了话语分析的三种方法，即文本分析、话语实践分析、社会实践分析。参见［英］诺曼·费尔克拉夫：《话语与社会变迁》，殷晓蓉译，北京：华夏出版社2003年版，第2页。

1. 关于思想政治教育话语内涵和特征的研究

现有研究对"思想政治教育话语"这一概念内涵存在三种不同的理解：第一种观点将"话语"等同于"语言"，由此将"思想政治教育话语"理解为思想政治教育过程中所使用的语言；第二种基于语言工具论的视角，将"思想政治教育话语"理解为思想政治教育的语言符号系统；第三种观点从动态的视角出发，将思想政治教育话语理解为思想政治教育过程中的特定的语言表达。①

关于思想政治教育话语的特征，不同的学者从不同的视角进行了深入分析。有的认为，"思想政治教育话语具有充分的有效性，明确的目的性，鲜明的政治性和突出的交互性。"② 有的认为，"思想政治教育话语具有思想承载性、主体主导性和内容契合性的特征。"③ 还有的认为，"思想政治教育语言具有鲜明的政治目的性、深刻的哲理性、能动的应变性和强烈的宣传鼓动性。"④ 要客观深刻地揭示思想政治教育话语的特征，需要把握思想政治教育话语自身的独特性，以区别于教育话语、德育话语、政治话语等相关概念。遵循这一研究思路，有学者认为思想政治教育话语具有主导性这一重要特征，认为"思想政治教育话语的主导性主要通过学科主导、舆论主导和生活主导实现"⑤。还有学者从传播学的理论视角解读思想政治教育话语，认为它与一般话语最重要的区别就

---

① 郭毅然：《交往理性：思想政治教育话语变革的根基》，载《探索》，2007 年第 5 期，第 90 页。
② 宗海勇、潘晴雯：《交往实践——思想政治教育话语体系的哲学基础探析》，载《湖北社会科学》，2011 年第 11 期，第 179 页。
③ 董世军、孙玉华、周立田：《现代思想政治教育话语及其困境分析》，载《长春大学学报》，2007 年第 1 期，第 85—86 页。
④ 刘占兴：《浅谈思想政治工作语言特点》，载《黑龙江社会科学》，2002 年第 2 期，第 13—14 页。
⑤ 黎海燕、施萍、何小春：《思想政治教育话语主导方式探析》，载《学术论坛》，2013 年第 5 期，第 41—44 页。

在于"鲜明的价值导向性"①。

2. 关于思想政治教育话语现状的研究

现有研究较少总结我国思想政治教育话语发展的历程和经验，更多围绕我国当前思想政治教育话语存在的不足展开。现有研究一般从话语内容、话语方式、话语传播方式等方面加以剖析，提出了我国思想政治教育话语存在的问题。比如有学者认为目前思想政治教育话语内容与生活世界存在一定的距离和偏差，话语方式较多呈现出控制式、对话式、情感式的话语方式尚不多见。②针对思想政治教育话语的现状，研究者普遍强调思想政治教育话语应实现转换，但具体如何转换，不同的研究者提出了不同的转换路径，但比较一致的观点认为思想政治教育话语应实现生活化的转换，比如有的提出思想政治教育话语应遵循"从说理走向叙事的转换路径"③。有研究具体考察了中国梦的话语转换④，更多研究者结合网络时代的变化，具体研究了思想政治教育网络话语的转换⑤。

3. 关于思想政治教育话语权的研究

有研究提出了"网络思想政治教育话语权"这一概念，认为"网络思想政治教育话语权包含了两层含义：一是学生通过网络平台对国家事务、社会现象和生活环境等内容自由地表达自己的观点；二是话语意味着一个社会团体依据某些成规将其意义传播于社会之中，以此确立其社

---

① 杨月霞、吴琼：《传播学视域下的思想政治教育话语研究》，载《北京交通大学学报（社会科学版）》，2012年第4期，第117页。

② 郭毅然：《交往理性：思想政治教育话语变革的根基》，载《探索》，2007年第5期，第89页。

③ 潘晴雯：《从说理走向叙事：思政话语的转换及其意义》，载《探索与争鸣》，2012年第8期，第73页。

④ 匡和平：《"话语转换"视角下的马克思主义大众化——兼谈"中国梦"的话语效果》，载《成都理工大学学报（社会科学版）》，2013年第6期，第9页。

⑤ 王东阳：《高校思想政治教育话语的"微"转向及其策略》，载《思想理论教育》，2014年第1期，第81—82页。

会地位并为其他团体所认识的过程。"① 有研究提出"大学生思想政治教育的网络文化话语权"这一概念，认为"网络文化话语权是文化话语权的特殊表达形式，是文化话语权在网络领域的集中体现。大学生思想政治教育在网络领域的文化话语权行使和文化话语能力表达，构成了大学生思想政治教育的网络文化话语权"②。针对如何构建高校思想政治教育话语权，有研究提出，高校思想政治教育工作者应从网络语言、网络话语策略、网络话语环境三方面着手，加强对思想政治教育话语体系的构建研究。③

4. 关于思想政治教育话语创新的研究

目前，学者们对思想政治教育话语创新已有所关注，比如有研究提出创新中国特色思想政治教育话语体系要有"中国立场、世界眼光、学者思维、百姓情怀"④；有的专门研究了马克思主义传播话语的创新，提出"坚持原本、面向世界、立足中国"三大创新的价值取向以及"从外在灌输走向内外共生"的创新路径；⑤ 更多研究关注高校思想政治教育话语的创新，尤其关注新媒体视野下我国高校思想政治教育话语的创新。比如有研究提出，"思想政治教育传统优势与信息技术的深度融合，已经成为思想政治教育现代化的必然趋势。为实现这种融合，高校思想政治教育需要进行思维转变、话语转变、角色转变和方法转变，探索

---

① 吴璇：《大学生网络思想政治教育话语权的现状分析》，载《党史文苑》，2014年第4期，第67—68页。

② 骆郁廷、魏强：《论大学生思想政治教育的网络文化话语权》，载《教学与研究》，2012年第10期，第76—83页。

③ 沈曙红：《网络文化与高校思想政治教育网络话语体系构建》，载《教育探索》，2009年10月，第147—148页。

④ 李辽宁：《论中国特色思想政治教育话语体系的传承与创新》，载《学校党建与思想教育》，2013年第4期，第32页。

⑤ 刘军：《重建马克思主义话语权的多重挑战》，载《人民论坛》，2013第3期，第75页。

'互联网 + 思想政治教育'新模式。"① 但现有的研究成果比较零散和分散，尚未有从总体上对思想政治教育话语创新加以深入系统的研究成果。

值得注意的是，不少研究都提到了思想政治教育的"话语转换"，比较一致地认为思想政治教育话语需要实现转换，但具体如何转换，不同的研究者提出了不同的转换路径。有的提出思想政治教育话语"从说理走向叙事的转换路径"②，有学者认为，"思想政治教育语言需要进行五个方面的转向：生活关怀、理论魅力、平等沟通、情感共鸣和实效指向等，从而增强思想政治教育的实效性。"③ 有学者认为应"增强思想政治教育话语解读生活的能力，使思想政治教育话语根植实践；重视思想政治教育语境重构，使思想政治教育话语美在叙事"④。还有学者认为，"要通过思想政治教育的话语转换克服传统思想政治教育话语程式化的弊端，代之以鲜活、生动、贴近生活，为人们喜闻乐见的话语，进而增强思想政治教育的感召力、亲和力。"⑤有学者将话语转换上升到更高的理论层面，认为话语转换"一是立足生活世界，从文本话语向生活话语转换；二是依靠社会主体，从精英话语向大众话语转换；三是把握时代精神，从传统话语向现代话语转换；四是融注情感要素，从说事话语向情感话语转换。通过话语转换，提升思想政治教育话语软权力、针对性

---

① 冯淑萍：《"互联网+"时代高校思想政治教育模式创新》，载《思想教育研究》，2017年第8期，第111—115页。
② 潘晴雯：《从说理走向叙事：思政话语的转换及其意义》，载《探索与争鸣》，2012年第8期，第73页。
③ 邵献平：《语言：思想政治教育的主要中介》，载《延边党校学报》，2010年第5期，第107—109页。
④ 杨建义：《论思想政治教育话语的转换与主导》，载《福建农林大学学报（哲学社会科学版）》，2011年第2期，第62—63页。
⑤ 李宪伦：《论思想政治教育话语思维的大众化与文本话语转换》，载《思想教育研究》，2009年第5期，第26页。

和有效性。"① 部分学者从微观视角考察了思想政治教育话语的转换，比如有的具体考察了中国梦的话语转换②，还有学者结合网络时代的变化，认为高校思想政治教育话语要实现"微"转向③。

总之，目前国内外研究为我们提供了重要的理论借鉴和方法借鉴，能够帮助我们很好地区分话语和语言、话语和言语、语言和言语等一些相关概念的区别和联系。同时，国内外研究成果还为我们提供了科学的研究方法，包括批判分析、文本分析、历史分析等研究方法。目前已经开始有研究者借鉴语言学、哲学、传播学、心理学、伦理学等学科的理论来研究思想政治教育话语。毛泽东、邓小平等独具中国特色的话语风格和话语特色从实践上为思想政治教育话语创新提供了可供借鉴的经验，有少量文章涉及这一领域。然而，我们应该清晰地看到，现有研究存在一些不足，主要体现为：

一是研究视角单一。现有研究多从话语现状的角度出发，少从中国特色话语体系发展的宏观历史角度来分析问题；多从我国思想政治教育话语展开，少有关于国外主流意识形态话语权建设的研究；多围绕高校思想政治教育话语展开，缺乏其他领域思想政治教育话语的研究。

二是研究内容的理论深度不足。目前的研究中多集中于话语体系构建、话语转换路径、话语创新路径等具体的实践层面，对思想政治教育话语的特征、功能、结构、构成要素等问题尚未形成系统深入的理论研究。现有研究一般都局限于思想政治教育的学科视角，缺乏人文社会科学其他学科的理论支撑，一些研究成果观点类同，内容较为空洞，缺乏理论深度。

---

① 许苏明：《论思想政治教育的话语转换》，载《东南大学学报（哲学社会科学版）》，2014年第2期，第5—9页。
② 匡和平：《"话语转换"视角下的马克思主义大众化——兼谈"中国梦"的话语效果》，载《成都理工大学学报（社会科学版）》，2013年第6期，第9页。
③ 王东阳：《高校思想政治教育话语的"微"转向及其策略》，载《思想理论教育》，2014年第1期，第81—82页。

三是研究方法单一。现有研究多从定性分析展开，少有定量分析；多为宏观立论，缺乏具体的微观视角；多为现状描述，缺乏历史剖析。这造成了现有研究得出的观点和结论还不够科学客观，普遍缺乏有理有据的客观证据。

三、研究思路和研究方法

(一) 研究思路

全书紧密围绕"什么是思想政治教育话语创新——思想政治教育话语创新发展的历史轨迹——当前我国思想政治教育话语创新何以可能——如何确定当前我国思想政治教育话语的创新路径"这一逻辑追问来谋篇布局。

除了导论以外，本研究分为六章：

第一章，理论概述。界定相关概念，梳理"话语"和"思想政治教育话语"的内涵，厘清相关概念，为本书的研究奠定坚实的基础。

第二章，理论基础。通过探寻思想政治教育话语的理论基础和多学科的理论借鉴，夯实理论根基。本书在马克思主义的理论视域下审视我国思想政治教育话语的历史和现状，同时借鉴相关学科的研究理论和研究方法。

第三章，历史考察。将思想政治教育话语放入宏观发展的历史背景下进行关照，从我国高校思想政治工作话语的历史演进中把握思想政治教育话语的演变规律，描绘思想政治教育话语创新发展的历史图景。

第四章，现状反思。对思想政治教育话语现状进行客观描述，从话语困境产生的原因中抽丝剥茧，寻找问题产生的主要症结所在。从高校思想政治教育话语现状这一微观视角出发，通过实证调查和访谈调查得出相关结论。

第五章，创新规律和原则研究。从话语构成要素的相互作用中归纳凝练出思想政治教育话语创新的基本规律，并以此为理论前提客观把握话语创新的基本目标和原则。

第六章，创新具体路径研究。依托理论分析、历史考察、现状反思、基本规律、原则和目标等方面的研究结论，提出创新思想政治教育话语的具体路径。

（二）研究方法

在研究方法的选择上，本书立足于将基础理论与现实问题结合起来，实现历史反思和现实发展的贯通，所采取的主要研究方法包括：

1. 系统分析法

将思想政治教育话语、思想政治教育话语创新、人的接受心理都作为一个整体性和层次性的复杂系统看待，从不同要素相互作用的方式中，深入把握思想政治教育话语创新的规律、人的接受心理发展变化的规律等，为本研究奠定坚实的理论基础。

2. 历史分析法

将思想政治教育话语纳入历史宏观视阈当中，把握改革开放以来我国高校思想政治工作话语发展演变的历史轨迹，探寻创新发展的规律性特征，总结历史经验和教训，为思想政治教育话语实现创新发展提供历史启迪。

3. 实证调查法

为了把握思想政治教育话语的现状，我们采取了问卷调查和访谈调查的实证方法，通过数据和资料分析，对高校思想政治教育话语现状进行了总体描绘和客观评价。

四、研究的重点、难点和创新点

（一）重点和难点

一是厘清相关概念。厘清"话语"和"思想政治教育话语"等概念，直接决定着本书写作的基石，而话语概念的把握不能盲目照搬现有的国外研究成果，唯有进行深入系统挖掘，在汉语语境下正确把握这一概念的内涵，才能形成研究的科学指向。

二是把握思想政治教育话语创新发展的历史轨迹。如何选择具有代表性的话语类型加以深入研究，把握话语的历史变迁特征、经验和教训，成为本书写作的难点。通过对思想政治教育话语类型和功能的深入剖析，本书专门选择高校思想政治工作话语这一具有鲜明特色的思想政治教育话语展开分析。

三是把握思想政治教育话语创新发展的基本规律。要客观把握思想政治教育话语创新的基本目标和原则，以认识思想政治教育话语创新发展的基本规律为前提。为了凸显研究的问题意识和学术责任意识，需要在国际话语权竞争以及我国改革开放历史进程的视野下关照思想政治教育话语创新，这将有利于强化学术研究的问题意识和实践导向。

四是确立思想政治教育话语创新的基本目标和原则。创新意味着"摸着石头过河"，但在"过河"前还得研究"石头的方位"，否则就等于"摸黑"。因此，只有确立思想政治教育话语创新的目标和原则，才能准确把握创新的方向和方法。

（二）创新点

1. 研究内容的创新

本书以马克思主义理论为指导，以马克思主义的语言观为理论基础，充分借鉴多学科的理论和方法，对思想政治教育话语的内涵、特征、功能、类型、结构进行了全面且深入的研究，构建了思想政治教育话语的完整理论体系。在话语概念上，突破了工具论仅仅将话语作为一种符号系统的局限性，从实践论的视角出发，将话语作为一种动态的语言实践运用，开拓了研究的思路和领域。并深入探析了思想政治教育话语构成要素相互作用的关系和方式，首次提出了思想政治教育话语创新的三大规律，即"顺应—超越规律"、"利益—价值认同规律"、"时间—空间协同规律"，充实了思想政治教育话语创新的理论内涵，培育了新的学术增长点。

2. 研究视角的创新

本书立足于跨学科的视角,借鉴包括制度创新理论、话语伦理理论、教育传播理论、政治修辞理论、意识形态叙事理论对思想政治教育话语进行了全方位、立体式的研究。同时,本书以人本价值为理念,注重话语对象的接受心理,突破了现有研究以话语主体为主的单一视角,从话语构成的不同要素来全方位审视话语的创新发展,这种尊重话语对象的主体性视角贯穿研究的全过程。

3. 研究方法的创新

目前,历史分析法和实证调查法在思想政治教育话语研究领域尚不多见,本书写作力图运用新的研究方法开拓研究思路,拓展研究视野。遵循文本选择权威性、全面性、准确性的原则,从历史动态发展的宏观层面客观把握了我国思想政治教育话语创新的历史轨迹和内在逻辑,把握其规律性特征。同时,现有研究多运用理论分析法对思想政治教育话语进行研究,本书运用问卷调查法,从微观层面客观把握了当前我国高校思想政治教育话语的现状,为思想政治教育话语创新路径提供了第一手的数据资料。

4. 研究指向的创新

突出问题意识和实践导向,积极回应目前我国思想政治教育的实践困境。针对目前我国思想政治教育话语存在的主要问题,有针对性地提出了创新思想政治教育话语的具体路径。首次提出社会主义核心价值观教育作为当前重要的战略任务,分别融入了各种不同类型的思想政治教育话语内容,应发挥中轴线的定位作用,以此带动整个思想政治教育话语内容体系的有序运转。首次提出"图像时代"思想政治教育话语方式创新发展的路径,应以情感话语弥补理性话语的不足、以生活叙事弥补宏大叙事的不足、以平等对话弥补劝导式话语的不足。

第一章 思想政治教育话语创新的理论概述

任何研究，对概念的正确理解是一项必要的前提性条件，也是进一步研究的理论支点。要深刻把握思想政治教育话语创新的本质，首先需要对思想政治教育话语的内涵、特征、构成、类型、功能等展开深入研究。

第一节 "话语"的内涵

一、多学科视角下的"话语"

在英文语境下，"话语"一般视为人们实际使用中的语言，《朗文当代高级英语词典》中"话语"被解释为"在某种特定语境中所使用的语言"[①]。在不同的语境中，关于话语的概念不同，这造成了话语研究的众说纷纭，因此有必要深入解读不同语境、不同学科视野下"语言"和"话语"这两个概念，以发现其内在联系和区别。

---

① 《朗文当代高级英语词典》，北京：外语教学与研究出版社2004年版，第532页。

(一) 语言学视角下的"话语"

"话语"概念从一开始是作为一个语言学概念出现的,语言学家较早地对"语言"和"话语"进行了系统阐释。

20世纪初,现代语言学奠基人索绪尔将语言作为一种符号系统加以理解。[①] 他明确指出,语言一般处于静态之中,具有稳定性和社会性。同时,他认为"言语"不同于"语言","言语"是语言的实际运用,一般处于口头交流和书面交流之中,具有动态性和个体性。比如英语作为世界第一大语言,由一系列语音、词汇和语法构成,人们在具体实践活动中使用英语进行交际就体现为一种"言语"。

苏联语言学家巴赫金提出"超语言学研究",他明确指出,"话语是作为一个独特的意识形态的符号。"[②] 他注重从话语的特征出发来研究话语的内涵,不仅提出了话语的意识形态性,还从话语的对话性特征出发,强调话语的对话本质。[③] 由此,只有在对话性的语言中,话语才能充满生机和活力,因为对话不是一个人语言的独白,话语的产生需要说话者和听话者双方的交流互动。由此,巴赫金区分了"语言"和"话语"这两个概念,并没有混同使用,他认为虽然语言是静止、抽象的,但只要存在话语双方之间使用语言进行对话的行为,就形成了具有动态特征的话语。

当代英国的语言学家诺曼·费尔克拉夫围绕"话语"先后出版了多部著作,明确提出了"话语"的概念,将"话语"界定为一种表述方式,并认为这种表述方式和社会生活方式、文化传统具有内在联系。[④]

[①] [瑞士]费尔迪南·德·索绪尔:《普通语言学教程》,高名凯译,北京:商务印书馆2009年版,第37页。

[②] [苏联]巴赫金:《巴赫金全集》(第2卷),李辉凡、张捷、张杰等译,石家庄:河北教育出版社1998年版,第348页。

[③] [苏联]巴赫金:《陀思妥耶夫斯基诗学问题》,白春仁、顾亚铃译,上海:三联书店出版社1988年版,第252页。

[④] [英]诺曼·费尔克拉夫:《话语与社会变迁》,殷晓蓉译,北京:华夏出版社2003年版,第1页。

同时，他强调指出了话语的实践性特征，他认为，由于人在与话语的关系构建中发挥着能动作用，因此话语能够有效彰显人的主体地位。①

（二）哲学视角下的"话语"

西方哲学家们对"语言"和"话语"的概念有着更为深刻的理解，超出了语言学家的阐释。

当代美国分析哲学家约翰·塞尔将语言作为"能力"来理解，认为语言是一种人们表达世界的意向性能力。②英国的约翰兰肖·奥斯汀则将言语作为三种不同的"行为"来理解。③而存在主义哲学家们从本体价值的角度阐释语言的内涵，揭示了语言的本体意义，他们把语言的重要意义等同于思想、存在。存在主义哲学家中海德格尔、伽达默尔、雅斯贝尔斯等人都试图建立一个语言的对话平台，强调语言应忠实于人的内心世界的表达。由此，西方存在主义哲学本体论的语言观，有效揭示了人作为语言存在的实质。

区别于早期的语言学家们通常将人理解为语言的主体，认为语言只是人的一种交流工具，语言就是"说"，就是一种表达，海德格尔所理解的语言则是一种不可言说的东西，从而彻底颠覆了"工具论"和"符号论"的西方传统语言观。在传统的语言观中，人是语言主体，语言仅仅是社会化交流的工具。而海德格尔所理解的语言是本体论意义上的语言观。④他反对人类中心主义的语言观，要求人不把语言当作一种工具，主张人在通向语言之路上找到属于自己的家。因此他提出了著名的论断，"语言破碎处，无物可存在"⑤，他理解语言的本质是"存在本身的

---

① ［英］诺曼·费尔克拉夫：《话语与社会变迁》，殷晓蓉译，北京：华夏出版社2003年版，第3页。
② 涂纪亮：《维特根斯坦后期哲学研究英美语言哲学概论》，武汉：武汉大学出版社2007年版，第721页。
③ J. Austin, *How to Do Things with Words*, Oxford University Press, 1962, p. 99.
④ 顾能贵：《浅论语言是存在的家》，载《经济与社会发展》，2011年第11期，第76页。
⑤ ［德］海德格尔：《在通向语言的途中》，孙周兴译，北京：商务印书馆2007年版，第182页。

既澄明着又遮蔽着的到来"①。这句话我们可以理解为，语言一方面澄清人的本真，另一方面又遮蔽着人的本真，语言本真性和非本真性的两重性决定了人既可以接近语言，又可以远离语言。他进而指出："语言就是存在之家"②。所谓"家"，指的是语言的存在空间。他认为，语言规定了人与人所能到达的交往范围和交往程度，或者说语言决定着人们的思维表达方式。从这个意义上说，语言既是人的一种存在方式，又制约着人的存在。

同时，海德格尔将语言分为"技术语言"和"诗化语言"。他认为，只有"诗化"语言才能让存在的本真显现出来，或者说语言在诗中才能真正显示出本质意义上的语言，海德格尔将这一语言称之为"道说"。他认为，诗人在做诗的过程中就是在聆听人的本真的过程，因为是人在这个过程中隐去自己，准确领会神的旨意。由于"诗化语言"即"道说"充满了让人憧憬和想象的空间，在理解上具有模糊性，才使语言保持着强大、持久的生命力。这里，海德格尔提到的"诗化语言"的诗并不是"诗歌"，而是一种非理性化和非逻辑化的客观存在。海德格尔提出，"技术语言"是受现代科学技术影响失去人的本真的语言，它将语言和与生俱有的不可名状的神秘和诗意剥除，造成了人的精神贫困。在"技术语言"中，语言不断被科技如法炮制，造成了人的语言的异化，即将原本丰富多彩的语言变成了千篇一律的理性工具。因此，他主张逃离语言逻辑性和工具性的束缚，触及语言和世界的本质。

总之，在西方存在主义哲学家那里，语言是承载着人的情感和思想的一种存在，语言使人在工业社会中发现个体的内在本真，使人的

---

① ［德］海德格尔：《海德格尔选集：上卷》，孙周兴译，上海：三联书店1996年版，第371页。
② ［德］海德格尔：《论人道主义》，孙周兴等译，北京：商务印书馆1980年版，第89页。

心理得到满足。由此，语言具有重要的心理承载功能，它承载着人的精神家园，让人的心灵得以停留、栖息，即"语言是生命本能释放的重要介质"①。

（三）社会学视角下的"话语"

社会学家将话语置于社会大环境之中，研究话语与社会、权力的关系，深刻地揭示了话语的特征。

美国的维克多·泰勒查尔斯·温奎斯特认为，话语不仅仅是一种言说方式，更是话语对象对话语主体地位和权力的一种认同。②法国的布迪厄提出，话语体现了群体的地位、思想、力量和权力，是一种社会符号暴力。他用法国大革命期间语言形成的历史来论证，法语之所以能够成为官方语言，取决于政治权力的运作。③

法国哲学家、社会思想家福柯则将话语和更为广泛的社会因素联系在一起来考察话语。福柯与布迪厄的话语理论都认为，权力和话语密切相关。④ 同时，福柯在进行自我批判的研究进程中，不断超越自己的研究结论，形成了独具特色的权力话语理论。1972年，福柯在就任法兰西学院院士时发表了"话语的秩序"的演讲，在这篇演讲中他把话语与权力结合起来，首次提出"话语权"。福柯认为话语不仅仅是作为思维符号和交际工具等"手段"的存在，即话语是权力关系得以建立和实现的条件，是实现权力的重要手段；同时，话语更是一种"目的"，在话语之中预设着权力的存在和运行。

---

① ［英］巴顿、威廉姆斯：《言语与象征》，赵静译，北京：北京大学出版社2008年版，第7页。

② ［美］维克多·泰勒查尔斯·温奎斯特：《后现代主义百科全书》，章燕等译，长春：吉林人民出版社2007年版，第125页。

③ ［法］皮埃尔·布迪厄著：《言语意味着什么》，褚思真等译，北京：商务印书馆2005年版，第20—23页。

④ Sara Mills, *Michel Foucault*, Rout ledge, 2003, p. 55.

二、本文界定的"话语"

从国外现有的研究成果来看,"话语"不是日常生活用语,而是一个较为复杂的学术用语。在汉语语境中,"意义上比较接近'话语'的词语应该是:'某人在某情况下对某事的某种说法和看法'。比如,目前我国社会领域中有关'和谐'的思想和言说,易中天的三国言说及其社会的反响,网络中的各类语言交际活动,布什政府将伊拉克总统萨达姆称为'魔鬼',都属于话语现象。"① 要准确理解汉语语境中"话语"的内涵,有必要明确"话语"概念和相关概念的区别。

首先,"话语"不是"语言"。话语与语言虽然相互联系,即话语以语言为媒介,话语效果的取得需要借助语言才能进行,但话语与语言有明显的区别。话语往往由特定的个体在特定的环境中发出,是人们运用语言来表达内在思想所产生的结果。我国学者认为,话语简单地说是一种"实际生活中的语言活动"②。由此,语言是一种静态的存在,具有非阶级性,而话语是动态的,具有一定的阶级性,话语总是体现和贯穿着一定的阶级立场。在汉语语境下,将"话语"和"语言"区分开来,让我们更清晰地把握话语阶级性这一内在特征,即任何话语都承载着一定阶级的价值立场。以美国为代表的西方学者所倡导的"文明冲突论"、"大国责任论"、"历史终结论"、"中国威胁论"、"普世价值论"等话语,无疑都隐晦曲折地体现了西方国家的阶级立场。

其次,"话语"也不是"言语"。我国学者明确指出,话语不仅仅是一种语言符号,而且是一种文化现象,它体现在特定社会人与人的交流

---

① 施旭:《究竟什么是"话语"和"话语研究"?》,载《社会科学报》,2008年2月14日,第005版。
② 施旭:《文化话语研究:探索中国的理论、方法与问题》,北京:北京大学出版社2010年版,第2页。

之中，是一种具体的言语活动。① 这一解释扩充了"话语"的内涵，即认为话语是言语行为产生的结果，而言语仅仅表现为一种运用语言的口头表达行为，虽然同样具有动态实践性，但言语一旦停止表达就消失。而话语则不然，即使话语实践活动停止，话语效果也仍然在一定的时空范围内广泛存在。

由此，在汉语语境下，"话语"这一概念逐步超出了语言和言语的范畴，已经不再是一个纯粹的语言符号系统。由此，我们并不从静态角度理解话语，而是将"话语"理解为在特定的话语语境中话语主体与话语对象进行语言交流的一种实践活动。这一界定从动态的视角来理解话语，即认为话语是一种动态的交流活动，具有实践性。同时，话语作为特定语境中活的语言，明显带有人的主观倾向性，包含着人的价值取向和情感态度，具有能动性和建构性。此外，话语不是话语主体单方面的自言自语，而是一种社会交往过程中的对话，这种对话强调话语对象的主体性作用，即在对话的过程中，话语才能够被话语对象所接收、认知、讨论和反馈。"话语与行为之间存在关联性。话语一般是伴随行为而生的，话语是对这些事情的描述、评价或期待。"② 总之，实践性、能动性、对话性三者构成话语的基本特征。

要深入理解"话语"，还要区分"话语"与"话语体系"、"话语权"等概念。

"话语体系"指的是不同类型话语之间相互联系、相互制约而构成的整体。有学者深入研究了话语体系和思想理论体系之间的关系，认为"话语体系是思想理论体系的外在表达形式，是受思想理论体系制约的。有什么样的思想理论体系，就有什么样的话语体系。"③ 由此，话语体系伴随着

---

① 唐欣：《论重建知识分子话语体系》，载《甘肃社会科学》，1995 年第 2 期，第 88 页。
② 谭学纯：《人与人的对话》，合肥：安徽教育出版社 2000 年版，第 1 页。
③ 杨鲜兰：《构建当代中国话语体系的难点和对策》，载《马克思主义研究》，2015 年第 2 期，第 60 页。

第一章 思想政治教育话语创新的理论概述

思想理论体系的形成而形成，要推动话语体系的建立，迫切需要完善思想理论体系。此外，还有学者深入研究了"话语体系"发挥支配作用的条件。① 总之，仅靠思想理论体系的完善，话语体系并不能自动完善，需要积极主动地构建一套话语体系，通过提高话语体系的解释力和说服力来赢得话语的社会主导力，从而推动思想理论体系的建立和发展。

除了把握"话语体系"的内涵之外，还要深入理解"话语权"。目前，学界针对"话语权"的定义众说纷纭，比较有代表性的观点从"权利"、"权力"和"能力"相结合的角度，认为"话语权本质上是话语的主导权，是权利、权力及能力的结合体。"② 由此我们可以将话语权的内涵界定为以下三个方面：(1) 从"权利"的角度来看，话语权体现为说话的权利，即公开表达的权利，享有话语权利是实现话语权的前提条件；(2) 从"权力"的角度来看，国家权力的赋予是话语权实现的保障条件，同时话语权又能够产生权力，主要表现为话语主体对话语内容和话语方式的主导权和定义权，从而实现某种控制力；(3) 从"能力"的角度来看，话语权表现为具备一定话语能力的话语主体通过话语传播形成的影响力，话语能力是思想政治教育话语权实现的内在条件。由此，话语权利、话语权力和话语能力三者缺一不可，共同构成了话语权的构成要素。

归根到底，话语权的本质是话语的影响力，中国话语的影响力主要表现为社会主义意识形态的主导权和定义权。一是主导权，即"先声夺人"，这种主导权主要表现为通过创设、表达、解释、批判的方式来传播社会主义意识形态，引导人们认同社会主义价值观念和思想文化的影响力。二是定义权，即"落地有声"，这种定义权取决于一个国家的综合实力。这里的"实力"不仅仅表现为经济、政治和军事等方面的"硬实力"，更包括文化软实力。可以说，"一个国家话语权的大小与国家的

---

① 陈锡喜：《马克思主义：意识形态和话语体系》，上海：华东师范大学出版社2011年版，第52页。
② 史珊珊：《思想政治教育话语权研究》，武汉大学2014年博士论文，第116页。

实力密切相关，实力强则话语权大，实力弱则话语权小。"① 目前，我国的国家实力日益提升，但经济发展的优势尚未完全转换为话语优势，迫切需要积极主动开展话语权建设。话语权与一个国家和民族的传统文化紧密相连，话语的创新发展离不开传统文化的传承，只有汲取传统文化的精髓，才能在国家话语权竞争中体现出独特的话语优势。

借鉴相关研究，本书将"话语权"界定为是一定社会的统治阶级通过创设、表达、解释、批判的方式来传播特定的话语和话语体系，引导人们认同一定的思想观念的国家力量，这种国家力量蕴含着一个国家特定的价值观念和思想文化。由此，"话语"和"话语体系"是"话语权"形成和巩固的前提和基础，要增强话语权，必须以一定的话语和话语体系为依托；而话语权建设又进一步促进"话语"和"话语体系"的形成和完善，从某种意义上看，话语和话语体系建设的根本目标就是实现话语权。

第二节 "思想政治教育话语"的本质解读

一、思想政治教育与话语的关系

思想政治教育和话语具有密切关系，其相关性和契合性是"思想政治教育话语"这一概念成立的逻辑前提。②

---

① 张国祚：《中国话语体系应如何打造》，载《人民日报》，2012年7月11日，第003版。

② 这里需要指出的是，虽然"思想政治教育话语"这一概念具有成立的逻辑前提，但并非在所有研究领域都能将"话语"这一概念加以使用。目前学术界也存在滥用"话语"这一学术用语的情形，不少研究简单地将"话语"移植到相关研究领域，随意拼凑成一个新的概念和范畴，这种简单移植西方话语概念的做法应值得警醒。施旭曾指出，"学者滥用'话语'一词，去描述不含语言活动的社会、文化现象，如'建筑话语'、'舞蹈话语'、'音乐话语'。"详见施旭：《究竟什么是"话语"和"话语研究"？》，载《社会科学报》，2008年2月14日，第005版。

从载体层面上看，话语承载着思想政治教育的目的、任务、内容等信息，话语连接着思想政治教育者和受教育者，是双方共同参与的实践活动。比如开会、谈话、大众传播这些思想政治教育的活动形式都包含了语言交流的实践活动。从中介层面上看，思想政治教育离不开具体的语言实践活动，话语作为重要中介，是思想政治教育话语双方实现沟通的纽带。从有效性上看，集实践性、能动性、对话性于一体的话语，能够满足人们的精神需要，契合人的思想品德发展水平，促进思想政治教育话语效果的实现。从本质层面上看，"语言是表达感觉的工具，是进行思维的工具，是人类交流信息的工具，是教育和接受教育的工具。"① 教育本身就是一种建立诚信关系的人际交流活动，是培育人、塑造人的活动。话语作为在特定社会、文化、历史环境下具体的语言实践活动，日益成为增进人与人之间理解的重要方式。在教育领域，话语不仅仅是教育者的表达方式，也是教育者的行为方式，同时还是教育者的思维方式。"任何教育都发生在语言中，没有语言就没有教育。语言之所及即教育之所及，语言的界限即教育的界限，语言之外无教育（不言之教同样离不开，只是语言表达在不言中）。语言不仅是教育的手段，而且它本身就是教育，语言就是教育的目的。教育并不是语言的产物，但教育离不开语言。教育发生在语言中，教育展现在语言中。在此意义上，语言的特性即教育的特性，什么样的语言表达什么样的教育。"② 我们研究思想政治教育话语，就是要深入认识谁在说？说什么？怎么说？在什么情况下说？以及说的效果如何？等问题，透过话语反思话语困境及其原因。

---

① 张志公：《说语言》，见王本华编：《汉语辞章学论集》，北京：人民教育出版社1996年版，第64页。
② 刘铁芳：《语言与教育》，载《河北师范大学学报（教育科学版）》，2001年第4期，第19—23页。

二、思想政治教育话语的内涵和特征

(一) 思想政治教育话语的内涵

借鉴思想政治教育[①]和话语这两个核心概念的理解，思想政治教育话语不仅仅表达教育者个人的思想观点，更体现为阶级社会一定的权力关系和意识形态。思想政治教育话语不能单从语言学意义上来理解，它是一个复杂的意识形态生产和传播活动。由此，我们将思想政治教育话语界定为思想政治教育者与受教育者之间进行语言交流的一种实践活动。确切地说，思想政治教育话语是思想政治教育者在引导人们认同一定社会的思想观念、政治观点、道德规范过程中的语言实践运用。

思想政治教育话语不同于思想政治教育语言。从概念内涵上看，思想政治教育话语是在特定语境中思想政治教育语言的实践运用，既可以是书面和口头的语言表达，又可以是传递思想政治教育内容的肢体表达。同时，思想政治教育话语不同于主流意识形态话语。虽然思想政治教育与主流意识形态联系密切，尤其是思想政治教育话语内容中的政治观教育、世界观教育、宗教观教育与主流意识形态话语体系中的政治思想、道德观念、宗教、哲学等具有密切联系。但从功能上看，思想政治教育是传播社会主流意识形态的重要载体。"意识形态与思想政治教育是内容和载体的关系，目的与手段的关

---

① 目前，关于思想政治教育的概念界定，学术界有多种观点，这里，我们借鉴的观点为："思想政治教育是一定的阶级、政党、社会群体遵循人们思想品德形成发展规律，用一定的思想观念、政治观点和道德规范对其成员施加有目的、有计划、有组织的影响，使他们形成符合一定社会或一定阶级所需要的思想品德的社会实践活动。"参见张耀灿、郑永廷、吴潜涛、骆郁廷等：《现代思想政治教育学》，北京：人民出版社2006年版，第50页。

系。"① 由此，思想政治教育话语和主流意识形态话语有所区别，不能将二者等同起来。思想政治教育话语一般围绕人的思想品德的形成和发展展开，主流意识形态话语一般围绕政治思想、法律思想、经济思想、伦理、艺术、宗教、哲学而展开。

（二）思想政治教育话语的特征

区别于一般意义上的教育话语，鲜明的政治导向性、深刻的思想引领性、强烈的精神感召性构成了思想政治教育话语的基本特征，体现了思想政治教育话语的独特属性。

1. 鲜明的政治导向性

任何阶级都力图使用一定的思想政治教育话语来影响全社会成员的思想观念、政治观点和道德规范，从而巩固其统治需要。马克思曾说："任何一个时代的统治思想始终都不过是统治阶级的思想。"② 在阶级社会中，无论哪一个国家，哪一个时代，思想政治教育话语总是自觉不自觉地体现出阶级性的特征。毛泽东深刻地揭示出："在阶级社会中，每一个人都是在一定的阶级地位中生活，各种思想无不打上阶级的烙印。"③ 思想政治教育话语总是体现为一定阶级的政治立场，具有鲜明的政治导向性。

而对于"政治"这一概念内涵的理解，我们不能简单化地将其等同于"意识形态"。过去，我们习惯将政治与"玩弄权术"、"维护统治"结合在一起，然而，"政治"除了具有一定阶级意识形态的辩护功能以外，还具有公共性的一面，特别是一定的阶级掌握和巩固了统治地位之后，政治更重要的任务在于承担社会公共服务的管理职能。马克思曾深刻洞察到这一点，他提出，"人们的政治关系

---

① 李辽宁：《当代中国思想政治教育意识形态功能研究》，武汉：武汉大学出版社2006年版，第54页。
② 《马克思恩格斯文集》（第2卷），北京：人民出版社2009年版，第30页。
③ 《毛泽东选集》（第一卷），北京：人民出版社1995年版，第272页。

同人们在其中相处的一切关系一样自然也是社会的、公共的关系"。① 因此，思想政治教育话语虽然具有鲜明的政治导向性，但绝不能将"政治"直接与"意识形态"画上等号。尤其在现代社会，思想政治教育话语的非意识形态性日益凸显，比如思想政治教育的社会疏导功能、公共管理功能、文化传播功能逐步受到重视。

2. 深刻的思想引领性

思想政治教育是"一定的阶级或政治集团，为实现一定的政治目标，有目的地对人们施加意识形态影响，以期达到转变人们的思想、指导人们行动的社会行为"②。思想政治教育以培育人们的理想信念为重点任务，具有鲜明的思想引领功能。"实践是检验真理的唯一标准"这一创新话语冲破了传统计划经济体制下思想的禁锢，成为改革开放新时期引领中国民众的思想照明灯。当前，现代化的历史进程对人的思想世界带来了前所未有的影响，人的生命意义和价值存在愈来愈成为人们追问的焦点。到底需要构建一个什么样的思想和精神支撑起一个人生活的全部？这些思想困惑将萦绕于人们的头脑之中。对此，思想政治教育话语既要解决人眼前的思想困惑，又要为人的过去和未来把脉，只有解决人们思想深处的问题，才能推动人在精神世界中的不断成长。

（3）强烈的精神感召性

思想政治教育试图通过一定的言语行动在教育者和受教育者之间建构起双方的相互理解和信任，通过强烈的精神感召和思想感化来说服教育对象，以提高人的思想认识、激发人的情感共鸣，培养人的理想信念。因此，不同于一般的政治宣传话语注重影响人们的态度和行为，思想政治教育话语不仅对人们的态度和行为产生影响，

---

① 《马克思恩格斯全集》（第4卷），北京：人民出版社1995年版，第334页。
② 苏振芳主编：《思想政治教育学》，北京：社会科学文献出版社2006年版，第5页。

而且注重培养和发展人的良好品行和优秀人格。从这个意义上看,思想政治教育话语不仅要改变人,更要塑造人。

三、思想政治教育话语的结构

思想政治教育话语作为一个动态的系统,由多个话语要素构成。各种话语要素相互作用,形成了思想政治教育话语独特的内部结构。

(一)话语主体

话语表达者和话语主体是两个概念,正如社会学家欧文·戈夫曼将"发言人"区分为"委托人"、"编码者"和"代言人"。布尔迪厄认为,在这三个角色当中,话语的"委托人"才是真正的话语主体,因为"委托人"是话语立场和态度的"创始人"。皮埃尔·布尔迪厄曾指出:"人们常问:谁是话语的主体?话虽是自己说的,但谁也不能肯定自己就是这话的主体。"[①] 这里,在布尔迪厄看来,能够自主确立一定的话语立场和话语态度的发言人才能成为话语主体。由此,虽然一定的政党、教师、媒体人都在不同层面担负着思想政治教育话语传播者的角色,但真正能够称之为"话语主体"的是拥有自己话语立场和话语态度的思想家、政治家和宣传家。

(二)话语对象

话语对象是思想政治教育话语的接收者,即广大普通民众。话语对象以一定的思想表现和行为表现影响话语主体,思想政治教育话语是话语双方交互作用的过程。在某种意义上,话语主体和话语对象具有同一性,即二者可以分离,也可以重叠。如果分离,在话语中表现为不同个体之间的话语传播;如果重叠,在话语中则体现为话语主体和自身进行语言交流。思想政治教育话语主体首先需要

[①] [法]皮埃尔·布尔迪厄:《关于电视》,许均译,沈阳:辽宁教育出版社2000年版,第22页。

对话语内容进行"自我消化"和"自我吸收",即和自己进行隐性对话。话语内容只有首先在话语主体那里实现一定程度的认同,才能使话语内容更好地被话语主体所传播。总之,思想政治教育话语双方的角色是动态的,既作为话语主体存在,又作为话语对象存在。

（三）话语内容和话语形式

"内容是事物内部各种要素的总和,它通过形式表现出来。形式是内容的外部表现,内容是形式的内部根基、依据和实质"。① 思想政治教育话语内容是话语主体传递给话语对象的信息,是话语主体从思想政治教育内容中经过筛选后经过头脑加工形成的产物,总是体现着特定阶级、政党和政府的主观意志和愿望。思想政治教育话语内容和话语形式是辩证统一的关系,即同样的话语内容可以选择不同的话语形式,由此产生不同的话语效果;同样的话语形式也可以表现不同的话语内容;新的话语内容可以运用旧的话语形式,旧的话语内容也可以运用新的话语形式。适当和适时的话语形式可以让并不正确的话语内容在一定范围内为人们所接受,而不适当不适时的话语形式也可能使原本正确的话语内容无法让人接受。总之,话语内容是话语效果的决定因素,话语形式是话语效果的直接影响因素。

（四）话语方式

话语方式即话语主体表述特定话语内容所使用的特定的方法,同样的话语内容,使用不同的话语方式,会产生不同的话语效果。在思想政治教育过程中,我们不仅要关注话语内容和话语形式,更要关注话语主体的言说方式。因为话语内容仅仅体现了思想政治教育者的认识成果,而话语方式则体现了思想政治教育者的认识能力,

---

① 肖前、黄楠森等主编：《马克思主义哲学原理》（上册），北京：中国人民大学出版社1994年版，第202—203页。

认识能力的提升将带来话语方式的转变。当前,科技进步尤其是网络技术的发展深刻地影响着人们的认识能力,随之而来的是话语权日益平等的新时代,这使得多元化、感性化、个性化的话语方式日益取代自上而下灌输式的话语方式。

(五) 话语载体

思想政治教育总是借助于一定的物质存在形式来传递话语信息,一般而言,这种物质存在形式包括电视、报刊、广播等大众传媒,还包括面对面谈话、座谈会、理论学习、学术交流、参观访问、社会实践等多种活动载体、管理载体、文化载体。当前,随着新媒体的日益壮大和发展,如何发挥微博、微信等新型话语载体的传播功能,成为加强网络舆论话语权建设过程中需要解决的重要问题。

(六) 话语语境

任何话语都不是孤立存在的,总是与一定的社会环境、时代背景、交际场合等因素联系在一起。话语语境是话语赖以存在的空间,直接影响话语内容、话语形式和话语方式的选择。正如《论语》中曾记载:"孔子于乡党,恂恂如也,似不能言者。其在宗庙朝廷,便便言,唯谨尔。"[1] 这表明,孔子非常注重语境的作用,善于根据不同的语境来改变话语。"语境是人们在语言交际中理解和运用语言所依赖的各种表现为言辞的上下文或不表现为言辞的主观因素"[2]。这里,"言辞的上下文",主要指的是书面话语的文本语境,而"言辞的主观因素"指的是口头话语的实践语境。到底什么是主观因素?有学者明确指出,"语境是时间、地点、场合、对象等客观因素和使用语言的人的身份、思想、性格、职业、修养、处境、心情等主观

---

[1] 参见《论语·乡党第十》,这句话的意思是说,孔子在本乡显得很温和恭敬,像是不会说话的样子。但在宗庙里、朝廷上,孔子善于言辞,只是说话比较谨慎。

[2] 王建平:《语言交际中的艺术:语境的逻辑功能》,北京:中共中央党校出版社1992年,第17页。

因素所构成的使用语言的环境。在交际过程中，言语环境诸因素总是交错在一起影响着语言的使用，言语环境中的客观因素是多变的，但是人们可以去适应它；而主观因素（处境、心情等临时因素除外）既经形成都有相对的稳定性。"① 由此，思想政治教育话语语境指的是与思想政治教育言语行为过程密切联系的主观因素和客观因素的总和。主观因素主要指的是思想政治教育话语主体的思想、性格、兴趣、爱好、职业、修养、处境等，客观因素主要指的是时间、地点、场合、话语对象的思想认识现状等。在具体的话语语境中，虽然时间、地点、场合等外部因素影响话语效果，但都是通过影响"人"本身间接地影响话语，"人"始终是影响话语的主导因素，主要表现为话语对象对话语内容呈现出主观倾向性的选择。

（七）话语效果

话语效果是话语对象对话语主体所传播的话语内容是否接受以及在多大程度上接受的结果。思想政治教育话语效果的取得依赖于话语对象发自内心的理解和赞同，话语主体和话语对象之间建立良好的信任关系，有助于实现话语效果。同时，话语主体只有形成话语效果的自觉意识，才能积极主动地通过调整话语内容和话语方式。

四、思想政治教育话语机制

话语是通过有意识的努力来影响接收者的想法或行为，思想政治教育话语机制是思想政治教育过程中话语主体、话语对象、话语内容、话语环境、话语目标等要素交互作用所表现出的内在的本质上的因果联系和运行方式。思想政治教育说服机制的本质内涵包括话语主体与话语对象之间的信任机制、话语对象思想信息的调查研究机制、话语内容的利益认同机制、话语的转换机制、话语效果的

---

① 王德春、陈晨：《现代修辞学》，南昌：江西教育出版社1989年版，第123页。

评估机制。

(一) 话语主体与话语对象之间的信任机制

话语对象对话语内容的认同建立在对话语主体信任的基础之上，只有双方建立良好的信任关系，才能使说服正常进行下去。首先，教育者必须具备相应的道德条件，即思想政治教育者必须具有良好的人格。无论是西方近代的道德说服思想，还是孔孟的儒家政治说服思想，都将说服主体的德性作为话语效果的重要前提条件。其次，教育者的话语能力直接影响说服效果以及说服主体和说服对象之间人际信任的建立。如果教育者自身对马克思主义理论解释不清，以其昏昏，使人昭昭，这样很难赢得说服对象的信任。最后，思想政治教育过程中的信任还要求思想政治教育者对马克思主义的信任度的信任。话语主体本身也是话语对象，即马克思主义理论对说服主体产生效果。在思想政治理论课堂中，一旦说服主体将自身就不信任或不是很信任的内容传播给说服对象，不但违背了教育的伦理道德要求，更难以取得应有的话语效果。

(二) 话语对象思想信息的调查研究机制

马克思主义的精髓就是一切从实际出发，实事求是。而思想政治教育的一个最大实际就是教育对象的思想实际。话语对象的所思所想对话语机制的运行产生重要的影响，因此有必要通过对话语对象的调查研究来探求思想政治教育话语机制的运行规律，强化思想政治教育的说服效果。思想信息是指"人们的世界观、人生观、价值观、政治观、道德观等思想道德信息"①，是看不见、摸不着的。只有运用科学的方法分析和认识话语对象，才能准确而全面的对其进行整体性质和个体差异的了解，把握教育对象内在的思想特征和行为表现以及变化发展的趋势和规律。除了调查问卷、访谈调查等

---

① 刘新庚：《现代思想政治教育方法论》，北京：人民出版社2008年版，第60页。

思想信息调研方法以外,在网络大数据时代,教育者可以根据实际情况有选择地访问受教育者的相关网页账户,搜索、查看并记录受教育者发布于其上的思想信息。随着网络技术的进步,还可以查询教育对象网页浏览记录从而达到获取思想信息的目的。

(三) 话语内容的利益认同机制

延安时期毛泽东多次强调党的领导权不能靠"脸红脖子粗"去争,而要靠实实在在地给群众看得见的物质福利。说服教育与个人利益结合,这是思想政治教育实践中的有效策略。正如马克思说过,"'思想'一旦离开'利益',就一定会使自己出丑。"① 思想政治教育如果脱离人民的利益泛谈主义、和谐是不可能受到人们的欢迎的,因此思想政治教育话语必须始终关照教育对象的利益。只有认同话语对象的利益,满足话语对象的内在需求,话语内容才能引起人们的关注,否则思想政治教育将遭遇"不在场"的尴尬,即教育者和教育对象表面在一个场所或一个平台参与交流和对话,其实说服对象对话语内容是"听而不闻"或"视而不见"的。更重要的是,利益认同不仅仅是对广大群众物质利益的认同,更重要的是解决如何协调长远利益与眼前利益、个体利益与整体利益的关系,在人们世俗的物质利益世界中构建起一个价值的和意义的世界。

(四) 话语转换机制

思想政治教育的话语包括宣传领域的政治话语、生活领域的大众话语、研究领域的学术话语,这三种不同层面的话语有着各自的表达方式,形成了各自独特的话语风格。在不同的历史时期,政治话语、大众话语、学术话语占据不同的空间。在革命时期,政治利益高于经济利益,整体利益高于个人利益,政治话语和意识形态的话语占据绝对的空间优势。而在历史环境发生重大变化的当今社会,

---

① 《马克思恩格斯全集》(第2卷),北京:人民出版社1995年版,第103页。

迫切需要将政治话语和意识形态研究的学术话语进行创造性转换，以构建适合不同层次说服对象的话语体系。合适的话语才能有效实现说服的诉求，正如童世骏提出的，"我们主流意识形态宣传中的军事化语言和工程类术语的超常使用就是一个很大的问题。……到处是工程、到处是硬邦邦的语言，哪有春风化雨润物无声的效果？"① 诚然，军事化的政治教化话语在阶级对抗的革命年代曾发挥过应有的激励作用和凝聚功能，但在经济全球化的今天，普通群众乐于接受的生动的大众话语才能将社会主义核心价值观潜移默化地作用于人们的现实生活之中。

（五）话语效果的评估机制

效果是衡量工作绩效的标准之一，思想政治教育话语效果与其他工作的效果相比，有一定的特殊性和复杂性。思想政治教育话语效果往往表现为直接效果与间接效果、近期效果和远期效果、精神效果与物质效果集合在一起的综合效果。是否把宣传内容传达给教育对象，并使其受到教育和鼓舞产生积极行为是衡量宣传效果的重要依据。早在20世纪40到60年代，卡特赖特首先开始涉足研究传播的说服效果，他发现有效的说服效果必须遵守以下基本原则：（1）信息必须引人注目，具有易于为受众接近的鲜明特点；（2）应促使信息转化为易于被受众接受和理解的；（3）应使受众认识到信息对其有利无害，尽量让受众认识到接受传播者的信息可以达到很多有益的目标；（4）受众在接受信息后所采取的行动的途径要简单、具体、直接。② 由此，我们可以将思想政治教育话语效果的评估指标分为四个可操作化的指标体系：知、情、信、行。"知"即说服内容是否具有可接受性，教育对象的认知和理解程度；"情"即说服

---

① 童世骏：《意识形态新论》，上海：上海人民出版社2006版，第336页。
② 霍斯顿：《动机心理学》，孟继群、侯积良等译，辽宁：辽宁人民出版社1990年版，第102页。

对象有没有情感上的认同，关注的程度如何；"信"即对说服内容的信任度；"行"即说服内容是否影响个体或群体的行为方式。有了这些评估指标，我们就基本上能够把握思想政治教育的话语效果。

五、思想政治教育话语的类型

思想政治教育话语作为一个宏大的体系，可以区分为不同的类型。依据不同的划分标准，可以从微观视角将思想政治教育话语分解为不同领域、不同层次和不同语境中的话语。

以话语主体为划分标准，可以将思想政治教育话语分为个体话语和群体话语。在我国，思想政治教育作为极具中国特色的实践活动，个体话语直接影响着思想政治教育话语的风格。比如毛泽东和邓小平的个人话语极具特色，至今仍然打动人心、广为流传，他们对思想政治教育话语创新起到了显著的推动作用。群体话语即由群体共同完成的思想政治教育话语，比如官员话语、教师话语、学者话语等属于群体话语的范畴。思想政治教育领域的个体话语和群体话语相互依存，优势互补。

依据话语内容的不同，可以将思想政治教育话语分为思想教育话语、政治教育话语、道德教育话语、法纪教育话语、心理教育话语五种类型。这些不同类型的话语来源于马克思主义的经典著作、传统文化、相关学科的概念借鉴等话语资源，它们共同构成了思想政治教育话语体系。其中，思想教育话语是思想政治教育话语最普遍的存在形式，政治教育话语占据核心地位，心理教育话语、法纪教育话语、道德教育话语在思想政治教育话语体系中占据基础性地位。

依据话语载体的不同，可以将思想政治教育话语分为文件话语、课堂话语、实际工作话语、网络话语等。不同类型的话语具有不同的话语特征，文件话语具有控制性、主导性；课堂话语具有启发性、引导性；实际工作话语具有针对性、通俗性；网络话语个性化、形象化凸显。

依据话语对象的不同，可以将思想政治教育话语划分为党内思想政治教育话语、高校思想政治教育话语、军队思想政治教育话语、农村思想政治教育话语等。

依据话语语境的不同，可以将思想政治教育话语分为政治语境中的话语、大众语境中的话语、学术语境中的话语。在我国，政治语境下的话语主要指的是中国共产党思想政治教育话语，大众语境下的话语主要指的日常生活领域中的思想政治教育话语，学术语境下的话语指的是研究领域的思想政治教育话语。

六、思想政治教育话语的功能

思想政治教育话语系统对社会和个体发生多种作用，发挥着独特的社会功能和个体功能，不仅维护社会秩序和发展，而且影响个体精神的形成和改造。

(一) 社会功能

首先，思想政治教育话语传播一定社会的主流价值观，发挥着重要的价值导向功能。目前，我国思想政治教育话语的价值导向功能发挥不足，塑造和培育中国社会的主流价值观显得十分迫切。其次，思想政治教育话语的社会功能体现为凝聚功能，主要表现为思想政治教育依靠理想信念教育、爱国主义教育话语凝聚人心。当前，充分发挥思想政治教育话语凝心聚力的重要功能，就是充分利用我国优秀的传统文化，努力打造中国特色的话语体系。最后，思想政治教育话语具有调节功能，特别是在所有社会矛盾的处理方式中，思想政治教育重视在矛盾激化前采取对话和协商的方式来解决矛盾，是一种成本较低的矛盾协调方式。思想政治教育话语通过真理的力量、情感的力量引导人们自觉主动地接受思想的洗礼，发挥着重要的思想调节功能。

（二）个体功能

在阶级社会中，统治阶级的意识形态通过广泛传播来说服普通民众接受和认同，不仅是维护其自身统治的重要方式，而且是实现社会公共管理、维护民众公共利益的有效方式。中国共产党通常通过特定的话语体系，旗帜鲜明地展示着一定的阶级、政党和社会团体的政治态度、政治观点和政治思想，发挥着重要的政治说服功能，以维护一定阶级、政党和社会团体自身统治的合法性。马克思曾指出，"理论只要说服人，就能掌握群众，而理论只要彻底，就能说服群众。"① 这表明，理论要说服群众必须具备彻底性，理论的"彻底性"，就是指理论的合规律性和科学性。此外，思想政治教育话语对个体具有指引功能，即政治话语、道德话语、法制话语对个体思想发挥着指引作用，引导个体良好的政治思想、道德思想和法制观念的形成和发展，使得个体明确什么行为能做、什么行为不能做，以及实施一定行为的后果及其责任。

第三节 "思想政治教育话语创新"的内涵和基本要素

一、思想政治教育话语创新的内涵

美国管理学家德鲁克认为创新的前提条件是"有系统地抛弃昨天"②，他指出，"抛弃旧的"并不等于创新，"抛弃昨天"意味着"除旧"，但除旧的目的是为了"纳新"。由此，创新的本质在于突

---

① 《马克思恩格斯文集》第1卷，北京：人民出版社2009年版，第11页
② 德鲁克：《动荡年代的管理》，北京：工人出版社1989年版，第55页。

破。同时,"突破"并不意味着一定要抛弃所有旧的,而要深入思考抛弃什么和如何抛弃的问题。由此,我们比较容易将"创新"和"改革"这两个相关概念区分开来。改革侧重于对于现有弊端的革除,而创新侧重于突破性的工作。改革是创新的基础,而创新反过来又促进改革的深化。同时,创新不是细枝末节的修修补补,而是一项系统工程,不仅包括器物层面的创新,还包括思想观念层面的创新。

同时,德鲁克提出,"创新就是为改变资源给予消费者的价值和满足的行为"①,这意味着衡量创新的标准是能否给予消费者带来价值。由此,创新不仅具有新颖性、首创性的特征,还具有价值性的特征,即创新必须有利于人类社会的进步。从历史唯物主义的视角来看,只有符合绝大多数人民群众利益的社会实践活动才是创新的价值诉求。基于这一点,我们可以将创新和变革区分开来,因为变革可能只是少部分人的利益诉求,但创新由于其价值取向的特殊性使得创新具有显著的进步性价值。由此,我们可以将"创新"理解为能为人们带来进步价值的一项突破性工作。

中华民族是一个有话语创新传统的民族,虽然我们的传统文化中有故步自封的因素,但锐意创新是话语发展的主流。比如,中国的许多汉语新词汇都被收入牛津词典,这体现了汉语在语言创新方面的生命力和影响力。习近平总书记强调:"做好宣传思想工作,比以往任何时候都更加需要创新。"② 当前,宣传思想工作创新是我国文化建设领域中一项紧迫而重大的现实问题,思想政治教育话语创新是增强我国文化影响力的重要途径之一。

结合思想政治教育话语以及创新内涵的阐释,我们对思想政治

---

① 德鲁克:《创新与企业家精神》,北京:机械工业出版社2007年版,第22页。
② 京平:《宣传思想工作比以往任何时候都更加需要创新》,载《北京日报》,2013年9月5日,第1版。

教育话语创新做出如下理解：思想政治教育话语创新即人们主动革除思想政治教育话语观念和模式中陈腐的东西，突破原有的语言实践运用，从而重现或增强思想政治教育的话语功能的自觉实践活动。由于话语的形成具有历史延续性，思想政治教育话语创新并不是对旧的话语全盘否定，而是对其中合理的部分加以继承和保留，对其中不合理的部分加以否定和抛弃，实现一种"辩证扬弃"。

可以说，思想政治教育话语创新包含着诸多层面的系统性革新，其创新的本质在于更新话语观念，推进话语构成要素的创新。由于话语体现了人的思维方式，因此思想观念的革新成为话语创新重要的内在动力，只有实现思想观念层面的创新，才能转化为新的实践和探索。

二、思想政治教育话语创新的基本要素

话语创新需要多种要素共同参与、共同作用，具体包括：

（一）话语创新主体

思想政治教育话语创新主体包括一定阶级和政党的政治家、思想家、宣传家和教育家，他们是思想政治教育话语创新的主导，还包括思想政治教育过程中的部分教育者、宣传者、研究者。当然，他们当中并不是所有人都进入话语创新主体的范围之中，只有那些具有特定的创新素质和能力的话语主体，才有可能对常规实践进行突破。虽然在理论上话语主体都是创新主体，但将话语创新的可能性转化为现实性，必须具备一定的创新素质和能力。因此，思想政治教育话语创新主体并不直接等同于思想政治教育话语主体。当然，随着思想政治教育话语主体在实践中创新意识的增强，更多的思想政治教育话语主体将进入话语创新的行列之中。

（二）话语创新客体

思想政治教育话语创新客体是话语创新主体的行为对象。思想

政治教育的话语环境、话语目的、话语内容、话语方式只能充当话语创新的行为对象，他们是当然意义上的思想政治教育话语创新客体。思想政治教育话语主体在话语创新过程中支配话语客体，同时话语客体在话语创新过程中制约话语主体。话语主体的支配作用主要表现为，按照话语主体的利益需要有选择性地发挥话语客体的不同功能；而话语客体的制约作用主要表现为，话语客体支持或限制话语创新活动的开展，话语客体作用发挥的程度直接影响话语创新的实现。

（三）话语创新目标

话语创新目标是实现思想政治教育话语创新的行动方向和动力支持。毛泽东曾指出，"讲话的目的，就是要'去影响别人的思想和行动'，使别人'都相信你的号召，都决心跟着你走'"。[①] 思想政治教育通过话语引导和鼓舞人的精神士气，激发人的精神动力，以人自身的成长和发展为立足点，思想政治教育话语创新的根本目标不仅仅是要促进普通民众对思想政治教育话语形成认同，更要对人的世界观、人生观和价值观施加积极的正面影响，塑造人完整意义上的精神世界。

（四）话语创新中介

创新中介连接着创新主体和创新客体，发挥着重要的作用。人类进化的历史表明，人类社会创新中介的变革将对整个社会的创新发展产生标志性意义。其中，生产工具作为创新的重要中介，它的变革使得人在社会中的地位和作用发生翻天覆地的变化。人类社会从石器时代到铁器时代，再到铜器时代、手推磨时代，以及后来的机器工业时代和现在的网络信息时代，人类具有越来越强的创新能力。

---

① 《毛泽东选集》第三卷，北京：人民出版社1993年版，第843页。

思想政治教育话语创新中介是话语创新主体认识和改造创新客体的实践过程中所运用的原理、方法、工具、手段、方法的总和,包括了物质工具和精神工具。比如思想政治教育者运用网络语言来传播思想政治教育的信息,那么作为中介形式的电脑,它既有属于物质工具的硬件部分,又有属于精神工具的软件部分,它既是人的感官和大脑的延伸,又是人的智能的放大,因此,电脑属于物质工具和精神工具相统一的创新中介。

（五）话语创新环境

个人的作用和外在环境是辩证统一的,环境对人的思想和感情等内在精神素质的形成具有重要的制约和影响作用。马克思说:"人天生就是社会的生物,那他就只有在社会中才能发展自己的真正天性。"① 列宁也曾指出:"不能认为人们的思想和感情似乎是偶然出现的,而不是从一定社会环境（它是个人精神生活的材料、客体,它从正面或反面反映在个人的'思想和感情'上面,反映在代表这一或那一社会阶级利益上面）中必然产生的。"② 同时,人在与客观环境交互作用的过程中发挥着积极能动的作用。由此,话语作为人的思想和感情的外在流露,是一定的社会环境的产物,开明、民主的社会环境必然推动人们思想品德和心理素质的发展,使得人们的观念发生积极变化,促进人才的脱颖而出,充实了创新主体的力量。同样,好的社会环境能够影响人的思想、陶冶人的情操,有助于双方的话语交流和沟通。此外,环境作为一种巨大的精神力量,还能约束人的行为方式。话语能够在社会中产生一定的舆论效果,这种舆论反馈给话语主体,能够对之形成一定的舆论压力,促使话语主体适应这种舆论环境,推动话语的创新发展。

---

① 《马克思恩格斯全集》第2卷,北京:人民出版社1995年版,第166页。
② 《列宁全集》第1卷,北京:人民出版社1955年版,第383页。

第一章 思想政治教育话语创新的理论概述

本章小结

"话语"作为一个比较复杂的概念，其内涵和外延难以界定。本章在系统梳理语言学、哲学、社会学不同学科视野中话语内涵的基础上，努力澄清话语这一概念解读上的模糊认识，将话语这一概念纳入汉语语境中加以关照。

"话语"作为话语主体与话语对象进行语言交流的一种实践活动，具有鲜明的实践性、能动性和对话性。区别于一般意义上的教育话语、德育话语、宣传话语，思想政治教育话语是思想政治教育者引导人们认同一定社会的思想观念、政治观点、道德规范过程中的语言实践运用，不仅促成个体对一定社会的思想观念、政治观点和道德规范形成认同，而且能够建构个体的精神世界，培养个体思想政治素质的形成。鲜明的政治导向性、深刻的思想引领性、强烈的精神感召性构成了思想政治教育话语的基本特征，体现了思想政治教育话语的独特属性。

话语权是"权利"、"权力"和"能力"的有机结合体。主要包括以下三个方面的内涵：（1）从"权利"的角度来看，话语权体现为说话的权利，即公开表达的权利，享有话语权利是实现话语权的前提条件；（2）从"权力"的角度来看，国家权力的赋予是话语权实现的保障条件，同时话语权又能够产生权力，主要表现为话语主体对话语内容和话语方式的主导权和定义权，从而实现某种控制力；（3）从"能力"的角度来看，话语权表现为具备一定话语能力的话语主体通过话语传播形成的影响力，话语能力是思想政治教育话语权实现的内在条件。

思想政治教育话语机制是思想政治教育过程中话语主体、话语对象、话语内容、话语环境、话语目标等要素交互作用所表现出的内在的本质上的因果联系和运行方式。思想政治教育说服机制的本质内涵包括话语主体与话语对象之间的信任机制、话语对象思想信息的调查研究机制、话语内容的利益认同机制、话语的转换机制、话语效果的评估机制。

　　思想政治教育话语创新即话语主体主动革除观念和模式中陈旧的东西，突破原有的语言实践运用，从而重现或增强思想政治教育话语功能的实践活动。话语创新需要多种要素共同参与、共同作用，是话语创新主体、话语创新客体、话语创新中介、话语创新目标和话语创新环境综合作用的结果。

第二章 思想政治教育话语创新的理论依据

先秦百家朴素的语言观和马克思主义的语言观为我们深入研究思想政治教育话语提供了理论依据，成为思想政治教育话语创新最根本的理论落脚点。

第一节 先秦百家朴素的语言观

五千年中华文明史具有丰厚的语言文化积淀，特别是我国先秦诸子传统哲学视野中的语言是治理天下、教化人伦的基础，这是古人对于语言具有道德教化功能的深刻认识，为我们提供了具有中国特色的极为宝贵的理论资源。这一时期的思想家们已经提出了"修辞要根据不同对象、不同场合、时机的变化而随机应变的理论"①。这种对语言修辞的深刻洞察，给我们提供了深刻的思想启迪。

一、语言的局限性

语言到底是什么？面对这一问题，仅仅从语言自身出发难以回

---

① 易蒲、李金苓：《汉语修辞学史纲》，长春：吉林教育出版社1989年版，第20页。

答。先秦的哲学家们围绕"名"、"实"、"言"、"意"展开了激烈的辩论，形成了独具中国特色的语言观。

这一时期的哲学家们普遍认为，虽然语言能够表述客观世界的表面现象，但人们对客观事物的内在规律、深层意义则存在表达障碍。老子最早提出"名"和"实"的问题，他在《道德经》的开篇就提及，"道可道，非常道；名可名，非常名。"① 老子认为，自然之"道"作为客观的普遍存在是不可言说的，因为客观自然存在的"道"被人们所认识，但经过语言文字所表达出来的"道"，已经不可避免地与原有的"道"有很大的差别。从这句话可以看出，老子认为"名"可以反映"实"，但不能完全反映"实"。老子的这一观点深刻地影响着后世，比如庄子和禅宗都轻视或否定语言。所谓"言不尽意"、"只可意会、不可言传"都体现了中国传统语言观不太重视语言表达，由此造成了重"意会"轻"言传"、重行动不重言说、重身教不重言教的局限性。但同时，我们也应该看到，老子提出的"大辩若讷"、"大音稀声"闪烁着我国古代哲学辩证法的思想光辉，对我们当前深刻认识话语效果具有重要意义。

墨子提出"以名举实"②，认为"名"是"实"的符号，但"名"只能描述"实"的某些性质。儒家认为，语言和客观世界不具有同一性。孔子提出的"名正言顺"主要出于政治伦理和社会治理的目的，从这句话中我们看到，正是因为"名"不符"实"造成社会混乱，治理国家才迫切需要"正名"。孔子提出，"名不正，则言不顺，言不顺，则事不成，事不成，则礼乐不兴，礼乐不兴，则刑罚不中，刑罚不中，则民无所措手足。"③ 由此，孔子将"正名"作为自己的首要之事，认为要做到"言顺"前提是要"正名"。

---

① 参见《道德经》第一章。
② 参见《墨经·小取》。
③ 参见《论语·子路》。

第二章 思想政治教育话语创新的理论依据

荀子继承了孔子的正名论,他所撰写的《正名篇》被视作正名论的集大成者。他指出:"名无固宜,约之以命。约定俗成谓之宜,异于约则谓之不宜。名无固实,约之以命实,约定俗成谓之实名。"① 这句话的意思是说,语言只有经社会约定,才能发挥名实统一的认识和相互交际的作用。此外,荀子在《正名》篇中还以发展的眼光提出了一个重要观点,即"若有王者起,必将有循于旧名,有作于新名"②。意思是说,如果有王者出世,需要维持原有的语言以保持语言的相对稳定性,但又必须有新的语言产生以适应新的事物,使语言不断向前发展。由此,荀子深刻地指明了语言是社会产物,同时语言是稳定性和发展性的统一体,这些观点具有重要的理论价值。

由此,语言表达自身的局限性决定着思想政治教育话语必须随时调整和更新,以保持与时代发展的契合性。因为语言总是部分地呈现出我们的思想观念,经常有"词不达意"和"言不尽意"的情况发生。正如社会学家吉登斯提到,"尽管人的行动是有意识的活动,但人们能够用语言明确表达出来的意识只是其中的一部分,还有人们知晓但是无法言说的一种思想观念和内在意识。"③ 为了更好地表达出人们的思想观念和内在意识,要自觉推动思想政治教育话语的创新发展。

二、语言的道德性

在先秦诸子那里,语言的表达跟一定的道德法则紧密联系。老子较早旗帜鲜明地提出了"美言不信,信言不美"的"诚信"主

---

① 参见《荀子·正名》。
② 参见《荀子·正名》。
③ [英]安东尼·吉登斯:《社会的构成》,李康、李猛译,上海:上海三联书店1998年版,第65—76页。

张，提出了"言善信，正善治"的主张①，提倡语言诚信的道德追求。孔子提出，"与朋友交，言而有信"②，"言必信，行必果"③，他认为"非礼勿言"④。这表明，孔子认为语言表达要遵守"信"、"礼"、"仁"的道德标准。同时，孔子还提出："举直错诸枉，则民服；举枉错诸直，则民不服。"⑤ 即认为一个人能否以身作则，是能够说服民众的关键因素，由此可见孔子理解的语言表达包含着深刻的道德性。孔子还提出"敏于事而慎于言"⑥，即提倡人们经过深思熟虑后谨慎说话。同时，孔子还提出，"君子不以言举人；不以人废言。"⑦ 意思是说，不能仅仅凭借一个人的言谈判断一个人的人品，也就是说不能将"言"与"人"完全对等起来。

《孟子》一书以其精辟的论述堪称中国传统语言学的典范，认为语言表达的目的在于正人心，继承圣人的事业，行王道而平天下，并深刻地阐述了"言传"和"身教"之间的关系。孟子提出，"以力服人者，非心服也，力不赡也；以德服人者，心悦而诚服也。"⑧ 这表明，孟子提倡以自身的道德言行来感化人，反对武力压服。此外，荀子的"约定俗成"论被视为我国语言学的第一块理论基石。⑨ 荀子提出了语言具有"别同异"和"明贵贱"的双重作用，⑩ 即语言具有认知功能和政治伦理的导向功能。墨子提出了语言的价值取

---

① 参见《老子·第八章》。
② 参见《论语·学而》。
③ 参见《论语·子路》。
④ 参见《论语·颜渊》。
⑤ 参见《论语·为政》。
⑥ 参见《论语·学而》。
⑦ 参见《论语·卫灵公》。
⑧ 参见《孟子》。
⑨ 胡奇光：《中国小学史》，上海：上海人民出版社2005年版，第57页。
⑩ 申小龙：《中国古代的人文主义语言观》，载《复旦学报（社会科学版）》，1991年第3期，第91页。

向，明确指出了"取实予名"的原则①，意思是说言语要有利于普通百姓、要有利于圣王的统治。他赞同"言而有信"的观点，提出"志不强者智不达，言不信者行不果"。②

韩非更深刻地指出，语言表达的难处并不在于话语主体的才智、口才、胆量的影响，而在于正确把握话语对象的心理，顺应话语对象的思想实际。他在《说难》中提出："凡说之难，非吾知之有以说之之难也；又非吾辩之能明吾意之难也；又非敢横失而能尽之难也。凡说之难，在知所说知心，可以吾说当之。"③同时，韩非提出"说者无心"，但"听者有意"，认为对话语对象了解得越深入，说服就越有针对性和有效性。正如王先慎对韩非子这句话的集解为，"既知所说之心，则能随心而发唱，故所说能当。"④意思是说，能够知晓人们内心深处的思想实际，并根据这种思想实际有针对性地说话，才能实现说话的效果。

第二节　马克思主义实践的语言观

从马克思、恩格斯到列宁、斯大林，再到毛泽东、邓小平，马克思主义的理论家和革命家向来重视探究语言这一重要范畴，并且都以自身独具特色的话语彰显着马克思主义理论的真理力量。他们的语言观建立在实践唯物主义立场之上，在将语言和人类的劳动、交往、文化、社会广泛联系的视野下，马克思主义实践的语言观从语言和人的关系中更为深刻地揭示了语言的本质。

---

① 参见《墨子·修身》。
② 参见《墨子·修身》。
③ 参见《韩非子·说难》。
④ 王先慎：《韩非子集解》，上海：上海书店1986年，第60页。

一、语言的物质性和社会性

关于语言，马克思和恩格斯在《德意志意识形态》一文中提到："'精神'从一开始就很倒霉，受到物质的'纠缠'，物质在这里表现为振动着的空气层、声音，简言之，即语言。语言与意识具有同样长久的历史；语言是一种实践的、既为别人存在因而也为我自身而存在的、现实的意识。语言也和意识一样，只是由于需要，由于和他人交往的迫切需要才产生的"。① 这里，马克思和恩格斯主要论述了语言的物质性，虽然语言通过人的主观意识进行传播，但语言并不是主观意识本身，语言在本质上是一种物质性的声音和文字形象。语言是人的意识的直接表现，通过语言，意识才有了实现自身存在的方式。因为"语言是思想的直接现实。正像哲学家们把思维变成一种独立的力量那样，他们也一定要把语言变成某种对立的特殊的王国。……无论思想和语言都不能独自组成特殊的王国，它们只是现实生活的表现"②。但是，语言要贴切地表达出一定的思想，还需要人们经过自觉的摸索和积累，逐步锤炼出与时俱进的语言，才能使语言和思想、思维相得益彰。语言的这种物质性决定了语言在历史发展中的稳定性，一定社会中的人使用语言来进行交流和沟通，总是在继承前人语言的基础之上进行加工和创造。但语言的物质性又决定了语言作为"物"而言具有一定的缺陷型，即语言本身的发展惰性。因此，语言本身并不能实现自身的积极创新，而只能通过人来完成语言的变革和创新。

同时，马克思和恩格斯深刻地洞察了语言具有深刻的社会性。从语言的产生来看，语言是人与外部世界相互关系的产物，马克思

---

① 《马克思恩格斯选集》第1卷，北京：人民出版社1995年版，第72页。
② 《马克思恩格斯全集》第3卷，北京：人民出版社1965年版，第525页。

明确指出了语言产生的五个具体条件,即"他的语言器官、生理发育的一定阶段、现存的语言和它的方言、能听的耳朵以及从众可以听到些什么的人周围的环境。"① 尤其是人类的实践决定了语言的产生和发展,更确切地说,劳动创造了语言产生的客观条件(人的大脑)以及语言产生的主观条件(人的思维)。② 随着社会分工的发展,人类产生日益增多的社会交往,为了打破交往中的限制,文字和语言在人们的实践探索中逐渐产生。可以说,正是借助于语言,人类从动物逐步成为社会中真正意义上的人。同时,语言又反作用于社会实践活动。总之,马克思主义的语言观非常关注语言与现实生活之间的关系,注重在社会实践活动中把握语言本体论和实践性的统一性。

二、语言的全民性和动态发展性

列宁和斯大林都非常重视语言在人类社会发展中的重要作用,列宁最早揭示了语言的交际功能。③ 他为工人写的《对工厂工人罚款法的解释》、为农村贫民写的《给农村贫民》的小册子以及在《真理报》上发表的文章,都堪称语言表达通俗化的楷模。

在《马克思主义和语言学问题》一书中针对马尔认为语言具有阶级性,把语言看成是上层建筑这一观点,斯大林给予了坚决的反对,并全面论证了语言与上层建筑之间的显著区别,提出语言具有全民性和动态发展性。④ 同时,斯大林从工具论出发揭示了语言的特性,认为"语言既不是经济基础,也不是上层建筑,而类似于一种生产工具"⑤。同时,语言是全民的语言,具有非阶级性的特征。针对语言在某种程度上表现

---

① 《马克思恩格斯全集》第3卷,北京:人民出版社1965年版,第158页。
② 恩格斯:《劳动在从猿到人转变过程中的作用》,见《马克思恩格斯选集》第3卷,北京:人民出版社1972年版,第510—511页。
③ 《列宁全集》第2卷,北京:人民出版社1972年版,第508页。
④ 斯大林:《马克思主义与语言学问题》,北京:人民出版社1964年版,第2—3页。
⑤ 斯大林:《马克思主义与语言学问题》,北京:人民出版社1964年版,第4页。

出阶级性的一面，斯大林解释为"阶级影响到语言"①，因为一定的阶级会将自己的理解注入语言当中，这造成语言在不同的阶级中有不同的理解，但这并不妨碍语言非阶级性的本质属性。

斯大林还系统阐述了语言的动态发展性，具体体现为"构成语言基本要素的新的词语的出现，而且表现为旧的词语获得新的含义，以及陈旧词语的消失"②。他指出，语言发展变化的状态不同于上层建筑，上层建筑通常以消灭现存的以及创建崭新的方式来推动发展，而语言一般通过渐进式的方式实现自身的动态发展。斯大林深刻地指出："语言从一种质过渡到另一种质，不是经过爆发，不是经过一下子破旧立新。"③由此，斯大林深刻地洞察到了语言发展变化渐进性的特征，为我们提供了重要的理论启发。同时，斯大林阐释了语言发展变化的根源，认为语言发展变化的动力缘自于社会本身发展的需要，社会的发展带动和促进了语言的发展变化。④当然，我们应辩证地看待语言的动态性，语言在处于发展变化的同时，还具有显著的稳定性。⑤

由此，语言的动态性和稳固性相统一的特征为话语创新提供了可能性和必要性，即正是由于语言自身的动态性，使得语言随着时代的变化自觉不自觉地处于更新状态，这使得话语创新具有现实的可能性。而语言自身也存在发展的惰性，即"对强迫同化的极大的抵抗性"⑥，这使得话语主体有必要自觉主动地根据时代发展的需要实现话语的创新发展。由此，思想政治教育者有必要根据受教育者的需要及时调整、更新旧的话语，通过话语创新赢得思想政治教育的话语权。

---

① 斯大林：《马克思主义与语言学问题》，北京：人民出版社1964年版，第27页。
② 斯大林：《马克思主义与语言学问题》，北京：人民出版社1964年版，第2页。
③ 斯大林：《马克思主义与语言学问题》，北京：人民出版社1964年版，第18页。
④ 斯大林：《马克思主义与语言学问题》，北京：人民出版社1964年版，第17页。
⑤ 斯大林：《马克思主义与语言学问题》，北京：人民出版社1964年版，第17页。
⑥ 斯大林：《马克思主义与语言学问题》，北京：人民出版社1964年版，第17页。

三、语言的群众性

从语言产生的源头上看,语言是人民群众在实际生活中的创造。毛泽东首先将语言和党的作风以及革命事业紧密联系在一起,推动了马克思主义语言观的创新发展。

早在1938年10月,毛泽东在《中国共产党在民族战争中的地位》一文中就清晰地表述了马克思主义大众化与语言问题紧密关联。他指出,"洋八股必须废止,空洞抽象的调头必须少唱,教条主义必须休息,而代之以新鲜活泼的、为中国老百姓所喜闻乐见的中国作风和中国气派"。① 早在土地革命时期,毛泽东指出:"要切合群众斗争情绪,除一般地发布暴动口号外,还要适合群众斗争情绪尚低的地方的日常生活口号,以发动日常斗争,与联系那些暴动口号。"② 针对党内教条主义的思想以及八股式的文风,1942年2月毛泽东在延安干部会上发表了著名的《反对党八股》的讲话,指出了反对党八股的必要性、党八股的具体危害以及改进文风的具体方式。针对党八股的弊端,毛泽东深刻的指出,"生动活泼的革命精神就不能启发,拿不正确态度对待马克思主义的恶习就不能肃清,真正的马克思主义就不能得到广泛的传播和发展"。③ 他还使用生动形象的语言,深入剖析了党八股的八条罪状:"空话连篇、言之无物;装腔作势、借以吓人;无的放矢、不看对象;语言无味、像个瘪三;甲乙丙丁、开中药铺;不负责任、到处害人;流毒全党、妨害革命;传播出去、祸国殃民。"④ 因此,他指出语言必须要学,并且还要花大力气去学。"因为语言这东西,不是随便可以学好的,非下苦功不

---

① 《毛泽东选集》第二卷,北京:人民出版社1991年版,第534页。
② 《毛泽东新闻工作文选》,北京:新华出版社1983年版,第18页。
③ 《毛泽东选集》第三卷,北京:人民出版社1991年版,第833页。
④ 《毛泽东选集》第三卷,北京:人民出版社1991年版,第833—840页。

可。"① 谈及语言的学习方法，毛泽东指出三条具体路径。"向人民群众学习语言、从外国语言中吸收我们所需要的成分、学习古人语言中有生命的东西"。②

毛泽东强调学习广大人民群众的语言并运用群众语言的重要性，明确指出要实现马克思主义大众化，其重要任务是解决语言问题。他认为："要实地跟老百姓去学，否则仍然'化'不了，有些天天喊大众化的人，连三句老百姓的话都讲不来，可见他就没有下过决心跟老百姓学，实在他的意思仍是小众化"。③ 他针对学习群众语言的必要性进行了深入论述，从夺取革命胜利的需要、文学艺术的来源、文化服务人民群众的方向三个理论高度提出我们必须学习群众语言。他指出，"为达此目的，文字必须在一定条件下加以改革，言语必须接近民众，须知民众就是革命文化的无限丰富的源泉。"④ 所谓"语言接近民众"，就是"应当学会不用书本上的公式而用为群众事业而奋斗的战士们的语言来和群众讲话"⑤。

邓小平将语言对群众产生的说服力与社会主义经济发展紧密联系在一起，他提出，"最终说服不相信社会主义的人要靠我们的发展，如果我们本世纪内达到了小康水平，那就可以使他们清醒一点；到下世纪中叶我们建成中等发达水平的社会主义国家时，就会更进一步地说服他们，他们中的大多数人才会真正认识到自己错了。"⑥ 由此，思想政治教育话语的力量不仅仅在于话语本身，更体现在话语之外人们的实际行动。邓小平进一步指出，党员和党员干部以身作则的行动具有直接现实的说服力，"群众对干部总是听其言、观其行的。"⑦ 他指出，对于犯有

---

① 《毛泽东选集》第三卷，北京：人民出版社1991年版，第837页。
② 《毛泽东选集》第三卷，北京：人民出版社1991年版，第837—838页。
③ 《毛泽东选集》第三卷，北京：人民出版社1991年版，第841页。
④ 《毛泽东选集》第二卷，北京：人民出版社1991年版，第708页。
⑤ 《毛泽东选集》第三卷，北京：人民出版社1991年版，第842页。
⑥ 《邓小平文选》第3卷，北京：人民出版社1994年版，第204页。
⑦ 《邓小平文选》第2卷，北京：人民出版社1994年版，第124页。

各种错误的人,一定要进行耐心细致的说服教育工作。但是,如果有的人不听劝告以致违法犯纪,则应给予法律制裁。应该说,邓小平从更广阔的视野来看待话语说服力本身,重视依靠经济的发展和法律制度的执行来促进话语效果的实现。

第三节 思想政治教育话语创新的理论借鉴

在多学科的理论视阈下关照思想政治教育话语创新,不仅为我们提供了崭新的研究思路,而且有利于拓展研究的视野。

一、制度创新理论

制度创新理论也称为制度变迁理论,作为经济学的重要理论之一,有力地推动了创新理论的发展和完善。虽然话语创新有别于制度创新,但制度创新的主体、动力机制、方式方法、基本规律等基本问题的研究为我们研究话语创新提供了有力的借鉴。

从制度创新的主体上看,西方制度经济学家诺斯和戴维斯提出,制度创新主要依靠"第一行动集团"(主要指社会大众)和"第二行动集团"(主要指政府和政党)[①]。而马克思则认为,制度创新的主体包括人民群众、阶级集团以及国家政府。其中,人民群众是社会变革的主体,因此人民群众是制度创新的有效推动者。此外,掌握制度创新主动权的创新主体占据重要地位,只有代表进步力量的阶级集团或国家政府才能有效推动制度的创新。

从制度创新的动力上看,西方经济学家大多认为追加利益是制度创新的核心动力,为了追求利益的最大化,当一项制度的预期收益超过预

---

① [美]科斯等:《财产权利与制度变迁——产权学派与新制度学派译文集》,胡庄君等译,上海:上海三联书店 1994 年版,第 272 页。

期成本时，制度创新将被提上日程。诺斯提出，"制度创新就是指能够使创新者获得追加利益而对现存的制度的变革。"① 由此，制度创新意味着对现存制度的突破，通过新的制度设计推动经济增长。在西方经济学家看来，制度创新是外部利益驱动人的主观意愿的结果。同时，诺斯认为制度创新对经济增长具有决定性的作用。对此，马克思提出了不同的观点，他深刻地指出，"一种旧的制度，当它严重影响社会生产力的继续发展的时候，它的变革显得越来越迫切。这是社会历史发展的必然性的体现。"② 由此，从社会发展矛盾的视角出发，马克思认为制度创新源自于外部力量，是社会生产力发展和变化的必然结果，即生产力的发展与变化迫切需要与之相适应的生产关系作出相应的调整和变革，生产力和生产关系之间的矛盾是推动制度创新的根本动力。在《共产党宣言》中马克思高度评价了资本主义制度对生产力的推动作用，同时在《资本论》中，马克思通过对剩余价值规律的研究，又深刻地揭示了解放生产力的途径是消灭私有制。

从制度创新的方式来看，西方经济学家以制度需求与制度供给的关系为出发点，认为诱致性制度创新指的是由于制度需求的产生，由个体或群体自发倡导实现的制度变迁，而强制性制度创新主要由国家和政府主动提供制度供给而产生。在西方经济学家眼中，制度创新主要以强制性的创新方式为主，因为政府可以通过国家强制性的力量有效降低制度创新过程中的成本和阻力。马克思认为制度创新可以分为改革改良的和平方式和激烈对抗的武力革命方式，即制度改良和制度革命，认为革命式变革是社会发展过程中不可避免要发生的。而根本制度的创新需要激烈的阶级斗争来实现，具体制度的创新可以通过制度改良的方式来实现。

---

① 诺斯：《制度、制度变迁与经济绩效》，陈郁译，上海：上海三联书店1994年版，第104页。

② 《马克思恩格斯全集》第3卷，北京：人民出版社1995年版，第289页。

第二章 思想政治教育话语创新的理论依据

从制度创新的规律来看，马克思通过深入研究资本主义制度的产生和发展规律，提出制度创新是客观必然性和主观能动性相统一、质变与量变相统一、继承性和创新性相统一的过程。由此，社会主义制度在中国的确立和发展是社会基本矛盾运动和时代发展的必然产物，但同时中国共产党及其广大民众为了推进社会主义制度的创新发展经过了几代人的实践探索。其次，制度创新是建立在量变积累基础上质变的结果。最后，社会主义制度创新是在继承原有制度的基础之上的复杂的演变过程，正如马克思曾指出："从过去继承下来的条件下创造。一切已死的先辈们的传统，像梦魇一样纠缠着活人的头脑。"① 这一观点与诺斯提出的"路径依赖"理论有相似之处。诺斯认为，如同物理学提出的"惯性"理论，一种制度一旦选择后无论是否能够有效促进社会发展和进步，在一段时间内将持续存在，这是由于在制度创新过程中，人们会考虑所付出的成本。对于个人而言，由于前期在一项制度的预设中投入了大量的时间、精力和金钱，人们往往不愿轻易改变。对于组织而言，由于现有制度的存在形成了稳定的利益集团，只有维持现有的制度，才能获得持续性的利益，因此组织往往会选择固守原有的制度体系。

借鉴制度创新理论，思想政治教育话语创新需要依靠国家和政府主导，同时需要从群众话语中汲取话语资源。思想政治教育话语创新的动力源自于经济基础和上层建筑之间的矛盾运动，为了适应社会发展的需要，思想政治教育话语只有通过创新发展才能适应社会发展变化的需要。此外，思想政治教育话语创新应把需求诱致性创新和强制性创新有效结合起来，一方面要尊重社会大众话语创新的需求，进行前期的探索并积累经验；另一方面要通过强制性的创新方式推动需求诱致性创新的实施。话语主体应突破"路径依赖"的局限性，突破思想的局限性，遵循客观必然性和主观能动性相统一、质变与量变相统一、继承性和创新

---

① 《马克思恩格斯选集》第1卷，北京：人民出版社1995年版，第585页。

性相统一的规律，积极主动地推动话语创新。

二、话语伦理理论

哈贝马斯作为法兰克福学派第二代代表人物，是当代西方学术界具有重要影响力的思想家之一。不同于马克思提出的生产力推动社会进步的观点，他认为"社会的进步，不仅仅依靠于经济发展，同时要依赖于在特定的生活世界下道德领域的学习即交往能力的进化来实现"[1]。而人类的交往离不开话语，话语是人们进行交往的最基础条件，人与人之间的伦理关系需要通过话语进行认定和维护。因此，不同于马克思从经济危机这一社会矛盾入手解决人类交往异化的问题，哈贝马斯力图从话语入手变革资本主义社会的条件，形成了独特的话语伦理理论，对思想政治教育话语创新具有重要的理论借鉴意义。

哈贝马斯指出，"任何处于交往活动中的人，在施行任何言语行为时，必须满足若干普遍的有效性要求并假定它们可以被验证（或得到兑现），就他试图参与一个以理解为目标的过程而言，他不可避免要承担起满足下列——确切地讲，正好是这些——有效性要求的义务，这些要求包括：1. 说出某种可理解的东西；2. 提供（给听者）某种东西去理解；3. 由此使他自己成为可理解的；以及 4. 达到与另一个人的默契"[2]。由此，哈贝马斯提出了话语有效性的四个原则，即可理解性、真实性、真诚性和正确性。

针对这四个话语伦理原则的运用，哈贝马斯又进一步的研究，他认为这四个原则在不同类型话语运用中占据不同的地位。他指出，"在语言的认识式运用中，陈述内容的真实性就居于显著地位；在语言的相互

---

[1] 单丽娟：《哈贝马斯交往行为理论研究——基于比较分析的视角》，硕士学位论文，黑龙江省社会科学院，2011年12月，第19页。

[2] 哈贝马斯：《交往与社会进化》，张博树译．重庆：重庆出版社1989年版，第2—3页。

作用式运用中,人际关系的正确性(或适宜性)就居于显著地位;在语言的表达式运用中,则是言说者的真诚性居于显著地位。但是在每一个交往行为的实际场合,所有有效性要求系统都将投入运作,它们必须并总是同时被提出,尽管它们并非同时被强调"。① 由此,思想政治教育话语应遵循话语的四个有效性要求,即话语主体的真诚性,话语内容的可理解性、真实性和正确性。

此外,哈贝马斯认为,话语效果的取得除了要遵循有效性原则以外,还需要创设良好的话语语境,他称之为要达到"理想的言谈情境",哈贝马斯提出了"生活世界"是话语交往活动的真正场域。究其原因,话语双方必然与一定的环境发生关联,这种关联不仅体现为人与外在世界的关联、人与人之间的关联,还体现为人与人自身的关联。因此,有效性的话语交往要在包含文化、社会和个性三个要素的"生活世界"中才能得以实现。哈贝马斯进一步提出,当金钱和权力占据人的生活世界时,是否获得金钱与权力成为衡量幸福生活和判定日常生活意义的准则。这导致了人与人之间关系的权力化和金钱化,甚至连人类的精神世界也未能幸免于难,成为了权力化和商品化的产物,由此造成了整个社会道德的腐化和沦丧。

为了解决这一问题,哈贝马斯诉诸于理性话语,这种话语需要转换主体中心理性为交往理性。他提出,"其一,强化语言交往机制在生活世界合理化过程中的媒介作用;其二,推动交往理性的合理化,使之发挥生活世界的理解、协商和非强制性意见一致的功能,实现文化再生产与社会整合的良性运行。"② 哈贝马斯所提倡的"交往理性"是一种包容的、对话的、多维的理性,期待在理想的协商民主的环境中增进话语双方的理解,达成认识的共识,形成共同认同的社会规范。当然,哈贝

---

① 哈贝马斯:《交往与社会进化》,张博树译. 重庆:重庆出版社1989年版,第67页。
② 胡军良:《哈贝马斯对话伦理学研究》,北京:中国社会科学出版社2010年版,第156页。

马斯的话语伦理理论仅仅只是建构了一种合法性的伦理程序,具有一定的理论局限性。但话语伦理理论彰显了一种平等公开的交往理性,其中平等是基础,语言是媒介,达成共识是目的,在理想的话语语境中进行平等对话。这为我们创设理想的思想政治教育话语语境提供了重要的理论借鉴。

三、教育传播理论

在传播学的视野下关照思想政治教育话语,寻找思想政治教育话语传播方式①的创新路径,是提升国家文化影响力的战略任务,因为"传播方式受社会结构的制约,在这一过程中,体现出一种独特的话语结构、话语空间和话语表现"②。其中,教育传播学③提出的相关理论为我们提供了重要的研究思路。

教育传播模式理论的研究表明,"传播可以分为确定信息、选择媒体、通道传送、接收解释、评价反馈、调整再传送。"④ 由此,思想政治教育话语主体在传播前需要确定传播内容和传播媒体,传播中要做好传送和解释工作,而传播结束后要针对话语反馈信息及时调整传播内容和传播方式,以改进传播的效果。1948年,美国学者拉斯韦尔最先提出了

---

① 法国传播学者葛迪借鉴马克思的生产方式的概念,认为传播方式由传播工具和传播关系构成。他提出,如同马克思以生产方式来区分和描述社会形态及其发展,传播方式也可以成为从传播角度认识社会的一个分析工具。参见陈卫星:《传播的观念》,北京:人民出版社2004年版,第14页。

② 李庆林:《传播方式及其话语表达———一种通过传播研究社会的视角》,载《广西大学学报(哲学社会科学版)》,2008年第3期,第119页。

③ "早在20世纪40年代传播学产生后,美国的一些学者就致力于将传播学理论引入教育过程之中。在70年代,学术界普遍接受了'教育传播'这一概念。随后,在20世纪80年代初,传播学学科的创始人威尔伯·施拉姆来到中国,在广州、北京和上海等地向我国电教工作者介绍西方传播学的思想,专门讲述了教育传播学的相关内容。近十年,越来越多的学者重新审视教育传播学的研究范畴,多维视野、多角度、多层面地对教育传播现象进行研究,试图从传播学的角度去探讨教育活动中教育者与受教育者之间的信息互动及其规律。"参见徐谨:《大学生思想政治教育的说服传播研究》,复旦大学2013年博士学位论文,第15—16页。

④ 南国农、李运林:《教育传播学》,北京:高等教育出版社2005年版,第22—23页。

线性传播模式,即著名的"拉斯韦尔程式"。"据此人们引申出教育传播研究的五个参数或五个内容:控制分析(谁),内容分析(说什么),媒介分析(通过什么渠道),受众分析(对谁),效果分析(取得什么效果)"。① 在这种教育传播线性模式中,教育者拥有绝对的话语权威,受教者缺少自由的发表意见的机会,并且信息反馈的环节完全被忽视,教育传播主体和传播受众缺乏沟通和交流,人们开始重新思考教育传播的新模式。

借鉴系统论的研究成果,研究者们开始将教育者、教育信息、教育媒介、受教育者和教育效果作为一个整体系统的构成要素加以深入探究,发现了教育环境和信息反馈的重要性,从而逐步建立了双向互动的教育传播模式。代表人物是韦尔伯·施拉姆,他提出,传播者和接受者都是传播的主体。双向互动模式极大地发挥了受教育者的积极性和主动性,有效提升了教育传播效果。由此,思想政治教育话语传播应避免线性传播模式的局限性,积极发挥话语对象的主体作用。

关于教育传播效果的研究中,比较有代表性的观点认为,教育传播者的权威性越高,受教育者越容易相信传播者提供的信息,教育传播效果越好。以受教育者为研究视角,美国传播学者德福勒提出了传播效果的个体差异理论,即认为由于受教育者个体的思想、信念、价值观的差异,使得不同的个体具有不同的认知结构,由此相同的教育传播信息对于不同的接受个体而言,将产生大相径庭的效果差距。同时,研究者还发现,人们总是热衷于关注那些和自己的价值观念一致或和自己兴趣爱好相关的传播信息。

为此,美国传播学者约瑟夫·克拉帕于1960年在《大众传播的效果》一书中提出了"选择性心理",将这种"选择性心理"归纳为"选择性注意"、"选择性理解"和"选择性记忆"。② 选择性注意是指注意

---

① 周焱:《教育传播导论》,北京:中国文联出版社2004年版,第83页。
② 南国农、李运林:《教育传播学》,北京:高等教育出版社2005年版,第130页。

力投放在传播信息上的注意力,话语对象选择性注意的形成是话语效果实现的首要前提。同时,信息传播要经过"编码"和"译码"的过程,话语主体将一定的信息传给话语对象,需要话语对象对信息进行理解才能转化为自己能够理解的信息,但这种理解可能和话语主体传播的信息有所偏差,这就是选择性理解。最后,某个信息能否被话语对象接受,还要经过选择性记忆。传播学的研究表明,受众往往容易记住对自己有利、符合自身兴趣、与自己观点相似的信息。

借鉴教育传播理论,思想政治教育者应重视把握话语对象的"选择性心理"。尤其要争取话语对象的选择性注意,这要求话语内容必须满足话语对象的需求,对话语对象进行细分,采取多样化的传播方式。其次,针对选择性理解,思想政治教育话语主体要保证传播信息的透明化、公开化、及时化,还要关注话语对象的个体差异性,防止对话语内容的曲解,对受众的选择性理解应进行合理引导。最后,为了更好地促进选择性记忆,话语主体要吸引话语对象主动参与传播过程之中,通过保障话语对象的话语权,鼓励话语对象发表观点和见解,和传播者共享信息。

四、意识形态叙事理论

西方叙事学产生于 20 世纪六七十年代的法国,是在结构主义理论的基础上逐步发展起来的一门学科。从最开始以故事层面为研究对象,到以话语层面为研究对象,再到以跨学科领域为研究对象,意识形态叙事理论不断发展成熟。其中,西方马克思主义在叙事批评和意识形态批评方面取得一系列重要的理论成果,对我们深刻理解思想政治教育话语创新具有指导意义。

叙事即"讲故事,它与抒情、说理相区别"①,意识形态是一定阶级

---

① 陈然兴:《叙事与意识形态》,北京:人民出版社 2013 年版,第 1 页。

第二章 思想政治教育话语创新的理论依据

和一定社会的内在思想观念的体现,通过叙事的方式,意识形态所包含的价值观念传播给一定的社会群体。美国的历史哲学家海登·怀特指出:"对于20世纪60年代的结构主义者和后结构主义者来说,叙事不仅仅是意识形态的工具,叙事恰恰是普遍的意识形态话语的范式。"① 美国当代文化批评家弗雷德里克·詹姆逊指出,作为意识形态的叙事具有整合社会的重要功能。② 詹姆逊认为叙事的话语表达方式可以取得抽象的哲学话语难以达到的效果。③ 同样,当代英国著名的西方马克思主义文学理论家伊格尔顿同样倡导意识形态叙事的重要性。④

正如马克思主张"从现实生活关系"出发的方法是唯一的唯物主义的方法,因而也是唯一科学的方法⑤,马克思提倡"从天国降到人间"⑥的叙事风格,在马克思的经典著作中我们也可以看到马克思所运用的具体化、世俗化的叙事方式。对此,詹姆逊极力推崇马克思在《路易·波拿巴的雾月十八日》一文中所表现出来的无与伦比的叙事表达。他指出,"叙述过程传达出某种意识形态或哲学思想,但并不是以思想或观点的形式出现的……一方面是讲故事的方式,另一方面是对这些故事进行解构。"⑦ 加拿大的学者马克·沃伦更为深刻地指出了意识形态如何通过叙事来影响个体。⑧ 他指出,意识形态叙事不可能通过强制来发生作

---

① Hayden White, "The Question of Narrative in Contemporary Historical Theory", *History and Theory*, Vol. 23, No. 1, Feb, 1984, pp. 1 – 33.
② 詹姆逊著、王逢振、陈永国译:《政治无意识:作为社会象征行为的叙事》,中国社会科学出版社,1999年版,第67—68页。
③ Mark Warren, "Ideology and the Self", *Theory and Society*, Vol. 19, No. 5, Oct, 1990, pp. 599 – 634.
④ Terry Eagleton, "Ideology, Fiction, Narrative", *Social Text*, No. 2, Summer, 1979, pp. 62 – 80.
⑤ 马克思:《资本论》第1卷,北京:人民出版社1975年版,第410页。
⑥ 《马克思恩格斯选集》第2卷,北京:人民出版社1995年版,第8页。
⑦ 詹姆逊:《后现代主义与文化理论》,唐小兵译,西安:陕西师范大学出版社1986年版,第5页。
⑧ Mark Warren, "Ideology and the Self", *Theory and Society*, Vol. 19, No. 5, Oct, 1990, pp. 599 – 634.

用，而要通过接受者个体的认同才能发挥其作用，而要想获得个体认同，就要使意识形态叙事本身在个体看来是有价值和有意义的，即通过满足个体的利益需要或符合个体的兴趣爱好来建立意识形态对接受者个体的意义所在。

借鉴意识形态叙事理论，意识形态通过叙事化的话语方式可以有效增强话语效果，这源自于思想政治教育话语认同需要话语对象发自内心的认可和赞同，任何强制性力量都适得其反，叙事化的话语方式可以有效激发话语对象参与对话的积极性和主动性。

五、政治修辞理论

思想政治教育活动本身就是运用话语开展说服的过程。早在古希腊时期，善于论辩的智者就将修辞学与对政治的反思紧密联系在一起，并将修辞学家推崇为真正的政治家，重视修辞在政治生活中的主导作用。这一时期最有名的修辞学家当属高尔吉亚，他明确提出了话语在激发人的感情方面所起到的重要作用。[1] 从《高尔吉亚篇》中，还可以看到苏格拉底和高尔吉亚关于修辞的思想。虽然苏格拉底赞同了高尔吉亚认为"说服正是修辞学的全部与本质"[2] 的观点，但他还辩证地洞见了政治修辞的局限性。他提出，修辞家言辞中的"正义"不一定是真正意义上的正义，他往往只是顺应听者的思想，提出听者所认可的正义，他巧妙地用对于身体健康的医学与烹调来比拟对于灵魂健康的正义与修辞。[3] 他认为，"烹调假冒医学，声称知道什么食物对身体最好，在思想如儿童

---

[1] Gorgias, "dEnomium of Helend", In George A Kenne-dy (ed. and trans), Aristotle on Rhetoric, NewYork: Oxford up, 1991, p. 286.

[2] Gorgias, "dEnomium of Helend", In George A Kenne-dy (ed. and trans), Aristotle on Rhetoric, NewYork: Oxford up, 1991, p. 463.

[3] Gorgias, "dEnomium of Helend", In George A Kenne-dy (ed. and trans), Aristotle on Rhetoric, NewYork: Oxford up, 1991, pp. 464 – 465.

第二章 思想政治教育话语创新的理论依据

般幼稚的大人面前，医生就不是厨师的对手。"① 苏格拉底认为，正义相对于修辞本身而言更为重要，正如同有益于身体健康的医学相对于烹饪更为重要一样，然而人们往往容易被表象所迷惑，看不到医学和正义这二者的重要价值。这一巧妙的比喻，体现了苏格拉底对于修辞正义的推崇。它深刻地启示我们，修辞固然重要，但缺乏正义的修辞毫无价值可言。苏格拉底强调指出，要产生话语的说服力，必须要求话语主体遵循正义的原则，以正义为话语的价值追求。而到底什么是正义呢？在苏格拉底看来，正义意味着守法。只有严格遵守城邦的律法，才能保证政治家话语正义的实现，从而赢得话语的说服力。

此外，早在公元前4世纪，亚里士多德曾提出，修辞是征服人心的政治艺术。亚里士多德在《修辞学》中提出了三种话语策略，以建立一套以说服为目标的政治体系。他认为说服的效力取决于说服者的道德品质、对受众造成某种态度的机会、论点本身的正确。由此，话语主体自身的道德示范性深刻地影响着话语效果。

美国修辞学家劳埃德·比彻尔继承并发展了亚里士多德的政治修辞学，于1968年提出修辞的"认同论"，即认为修辞"就是影响听众的观念和态度，唤起他们某种期望的行动"②。随后，以美国修辞学家罗伯特·司各特为代表的学者们认为，真理是不断发展变化的，修辞是一种认知真理的方式，形成了修辞的"认知论"。当前更多的研究者认为，政治修辞是一种重要的执政软实力，正如美国学者贝内特指出："从政治家的观点来看，很明显，对一个民主社会的权力和影响取决于对信息的控制和策略运用。"③

---

① Gorgias, "dEnomium of Helend", In George A Kenne-dy (ed. and trans), Aristotle on Rhetoric, NewYork: Oxford up, 1991, pp. 464–465.

② 李元书：《政治体系中的信息沟通——政治传播学的分析视角》，郑州：河南人民出版社2005年版，第88页。

③ Bennett, Lance, W. News: The politics of Illusion. New York: Longman Inc., 1983, pp. 9–10.

借鉴政治修辞理论，思想政治教育话语作为一种特殊的国家力量，具有重要的凝聚力量。同时，思想政治教育话语主体要遵守话语正义的立场，严格遵守法律权威，在法律允许的范围内实现话语传播。

本章小结

先秦百家朴素的语言观揭示了语言的局限性和道德性。语言的局限性表现为语言与思想之间存在一定的距离，这为思想政治教育话语创新提供了逻辑前提——正是由于语言本身具有一定的滞后性，因此话语主体应根据时代发展需要主动推动话语的创新发展。语言的道德性体现为语言和道德密切相联，话语主体自身道德的提升有助于提高思想政治教育话语的说服力。

马克思主义实践的语言观非常注重从语言与现实社会的关系中认识语言，从而更为深刻地揭示了语言的特性：（1）语言具有物质性，即语言并不是主观意识本身，而是一种物质性的声音和文字形象。（2）语言具有社会性，即语言是在人与社会交往过程中形成的。借助于语言，人类从动物逐步成为社会中真正意义上的人。同时，语言又反作用于社会实践活动。（3）语言具有全民性，这意味着语言是全民的语言，具有非阶级性的特征。这一观点深刻地揭示了语言的客观性，为我们区分语言和话语提供了更为明确的界限。（4）语言具有动态发展性，即语言应随着时代的变化处于更新状态，同时语言一般通过渐进式的方式实现自身的动态发展，由此思想政治教育者有必要根据受教育者的需要及时调整、突破旧的话语体系。（5）语言具有群众性，应向广大人民群众吸取话语创新的资源。

制度创新理论、话语伦理理论、教育传播理论、意识形态叙事理论、政治修辞理论隶属于经济学、政治学、传播学、叙事学、修辞学等学科领域的交叉理论，深刻地揭示了有关本书的相关理论。

借鉴制度创新理论，思想政治教育话语创新需要依靠国家和政府推动，同时注重从广大群众中汲取话语资源。思想政治教育话语创新的动力源自于经济基础和上层建筑之间的矛盾运动，思想政治教育话语只有通过创新发展才能适应社会发展变化的需要。思想政治教育话语创新可以通过需求诱致性创新和强制性创新两种方式实施，一方面要尊重社会大众话语创新的需求，进行实践探索和经验积累，另一方面要通过强制性的创新方式推动需求诱致性创新的实施。此外，思想政治教育话语创新尤其要突破思想观念和思维方式的局限性，遵循客观必然性和主观能动性相统一、质变与量变相统一、继承性和创新性相统一的规律，积极主动地推动话语创新。

借鉴话语伦理理论，思想政治教育话语创新应努力实现话语主体的真诚性，话语内容的可理解性、真实性和正确性。其中，话语主体的真诚性要求与先秦百家提出的语言的道德性有相通之处，即都肯定了话语主体自身良好的道德品质能够促进话语效果的形成。此外，思想政治教育话语主体还应遵循"交往理性"的原则，自觉推动与话语对象的平等对话，创设良好的话语环境。借鉴教育传播理论，思想政治教育者应尊重话语对象的选择性心理，不断增强话语的传播效果。借鉴意识形态叙事理论，思想政治教育话语认同需要话语对象发自内心的认可和赞同，任何强制性力量都适得其反，意识形态通过叙事化的话语方式可以有效增强话语效果。借鉴政治修辞理论，思想政治教育话语主体要遵守话语正义的立场，严格遵守法律权威，在法律允许的范围内实现话语传播。

第三章 改革开放以来思想政治教育话语创新的历史考察

社会生活中的各种因素与复杂的人类创造活动助推着话语的创新发展。"语言与人类的精神发展深深地交织在一起,它伴随着人类精神走过每一个发展阶段,每一次局部的前进或倒退,我们从语言中可以辨认出每一种文化状态。"① 可以说,思想政治教育话语创新发展承载着一定社会文化的创新,记载着人类在历史进程中创造性的活动,反映一定社会的文明程度。从历史变迁中把握思想政治教育话语创新的历史脉搏和发展规律,将为我们提供具有中国特色的话语发展经验。

思想政治教育话语随着社会发展而不断发展变化,一方面社会发展是思想政治教育话语发展的基础,为思想政治教育话语提供发展动力,另一方面思想政治教育话语创新促进社会发展和进步。

在全面梳理相关概念、明确思想政治话语创新的理论依据和理论借鉴之后,本章将思想政治教育话语放入改革开放以来历史发展的宏观视角中进行考察,为当前我国思想政治教育话语创新提供重要依据。

---

① [德]威廉·冯·洪堡特:《论人类语言结构的差异及其对人类精神发展的影响》,北京:商务印书馆1999年版,第21页。

第一节　思想政治教育话语创新的历史轨迹
——以高校思想政治工作话语为例

思想政治工作者总是用一定的话语来从事说服工作，能否取得话语权关系着思想政治教育的成败。思想政治工作者应该"讲什么"和应该"如何讲"的问题，让我们不得不对思想政治教育话语进行深入思考。大学生思想政治工作作为以说服为主要方式的教育实践活动，话语是重要的中介因素。改革开放以来，大学生思想政治工作话语逐步形成、发展并自成体系，它是我国社会历史变迁和价值观念变化的反映，也是我国大学生思想政治工作在实践中取得重大进展的体现。以史为鉴，专门从历史发展的轨迹中探寻大学生思想政治工作话语的发展脉络，从宏观上把握我国思想政治教育话语发展的规律性特征，具有重要的理论意义和实践价值。

一、话语主体从零散化向体系化转变

目前，我国大学生思想政治教育话语主体主要包括学校党政干部和共青团干部、思想政治理论课教师和哲学社会科学课教师、辅导员和班主任。其中，教师主要通过第一课堂的主渠道传播思想政治教育理论话语，本节所探讨的大学生思想政治工作话语指的是党政干部、共青团干部、辅导员、班主任等话语主体通过第二课堂渠道传播的日常工作话语。

追溯到 20 世纪 80 年代，大学生思想政治工作话语主体由辅导员和班主任构成，但对于辅导员和班主任的选聘、岗位职责等都没有正式的规定。1980 年 4 月，教育部、共青团中央颁发的《关于加强高等学校学生思想政治工作的意见》明确指出："加强大学生的思想政治工作，必

须建立一支坚强的、有战斗力的政治工作队伍。"① 该文件还明确了高校政治辅导员和班主任队伍建设"双肩挑"的做法，即规定了辅导员和班主任既是党的思想政治工作队伍的一部分，又是教师队伍的一部分。1987年5月，中共中央《关于改进和加强高等学校思想政治工作的决定》进一步指出："高等学校的每个班级均应配备兼职的班主任、导师或辅导员，可以从教书育人好的教师和品学兼优的研究生、高年级大学生中选拔。"②

20世纪90年代，大学生思想政治工作话语主体构成有了新的发展，高校职能部门的党政干部、团干部、党务工作者被纳入其中。1991年5月，共青团中央、国家教委党组《关于加强高等学校共青团建设的意见》明确指出："高校团干部是学生思想政治工作队伍的一支重要力量。"③ 1993年8月，中组部、中宣部和国家教委《关于新形势下加强和改进高等学校党的建设和思想政治工作的若干意见》明确指出："高等学校党务和政工干部是办好学校不可缺少的重要力量，都是教育工作者。"④ 1995年11月，国家教委在《中国普通高等学校德育大纲（试行）》中明确指出："高等学校的党委宣传部、学生工作部、两课教学部、教务处、学生处、团委是组织德育实施的主要职能部门。"⑤

进入21世纪，大学生思想政治工作话语主体构成更加明确和完善，走上了正规化的道路。2004年中共中央、国务院《关于进一步加强和改进大学生思想政治教育的意见》更加明确规定了党政干部和共青团干

---

① 《普通高校思想政治教育课程文献选编（1949－2003）》，北京：中国人民大学出版社2003年版，第82页。
② 《加强和改进大学生思想政治教育重要文献选编（1978－2008）》，北京：中国人民大学出版社2008年版，第104页。
③ 《加强和改进大学生思想政治教育重要文献选编（1978—2008）》，北京：中国人民大学出版社2008年版，第157页。
④ 《加强和改进大学生思想政治教育重要文献选编（1978—2008）》，北京：中国人民大学出版社2008年版，第184页。
⑤ 《加强和改进大学生思想政治教育重要文献选编（1978—2008）》，北京：中国人民大学出版社2008年版，第184页。

部、辅导员和班主任的主要职责。认为高校党政干部和共青团干部主要职责是负责学生思想政治教育的组织、协调和实施，高校辅导员按照学校党委的部署有针对性地开展思想政治教育活动，班主任主要在大学生的思想、学习和生活等方面给予指导。2006年7月教育部《普通高等学校辅导员队伍建设的规定》（24号令）进一步明确规定了辅导员的工作职责，认定为"大学生思想政治教育的骨干力量"、"大学生健康成长的指导者和引路人"、"大学生导师和健康成长的知心朋友"。这一定位更加科学合理地界定了辅导员的定位。

总之，随着历史发展的进程，大学生思想政治工作话语主体逐步形成了一支数量适当、结构合理、职责分明、相对稳定的队伍体系。不同话语主体在各自的工作领域内传播大学生思想政治工作话语，推动了大学生思想政治工作话语权的形成和发展。这种话语权背后隐藏的是一种教育权力，是国家依据教育法律和法规赋予高校的一种行政权力，这就使得大学生思想政治教育话语权带有明显的他赋性和强制性。为了保证不同话语主体传播的话语形成系统而强大的合力，高校党政干部、团干部、辅导员和班主任一方面要在不同的工作职责范围内各司其职，形成与工作职能相关联的话语体系，另一方面要统一话语的基本导向，形成话语自觉，发挥大学生思想政治工作话语的合力。

二、话语对象从整齐化向复杂化转变

大学生思想政治工作话语的运行过程表现为对大学生进行沟通、说服、意义表达、意愿培养等实践活动，以促进大学生形成正确的理想和信念，树立正确的世界观、人生观和价值观，进而实现大学生的全面发展。因此，大学生在大学生思想政治工作话语的形成和发展中既作为对象而存在，更作为主体而存在。表面上看，大学生思想政治工作话语对象是大学生这个特殊的青年群体，他们作为被教育、被管理的对象，在大学生思想政治工作话语运行中处于相对劣势和被动的地位。但大学生对思想政治工作话语表现出来的接收、无所谓和拒绝等不同的态度，对大学生思想政治工作话语的效果产生至关重要的影响。同时，随着我国高等教育的发展，尤其是改革开放以来大学生思想政治工作取得了重大进展，大学生在高校思想政治教育中的主体地位日益提升。因此，只有认真研究和分析改革开放以来大学生思想行为的变化轨迹和形成原因，才能提高大学生思想政治工作话语的有效性。

改革开放以来，世界形势发生了崭新的变化，我国政治、经济和文化生活发生着翻天覆地的变化，这些都对大学生的思想和行为产生深刻的影响。以近些年来社会舆论对大学生群体总体评价的变化和发展为切入点，我们可以把握大学生群体思想行为变化轨迹的状况。

人们评价80年代的大学生群体是"天之骄子"，刚恢复高考能够进入大学校园的年轻人是那个时代的"精英"，由于大学生数量少，他们不必为明天的出路发愁，国家实行包分配。于是他们读萨特品尼采，谈艺术享人生，是充满理想、激情和浪漫主义情怀的一代。在80年代刚实行改革开放的时代里，大学生群体在思想上比较单纯统一、行动上也比较整齐划一。90年代的大学生群体有了择业的自主权，出现了大学生的"下海潮"、"经商热"，浓厚的经济氛围催生了大学生群体功利主义、实用主义及拜金主义。人们开始谴责90年代的大学生，并将90年代的大学生评价为"垮掉的一代"、"没有信念的一代"。究其原因，由于90年代大学生面临着更大的生存压力，他们在思想行为上趋于务实。但他们对个人理想的执著与信念，对个人未来的探寻与求索，依然是90年代大学生生活的主题。近年来出现的90后大学生群体，人们评价他们"脆弱"、"在宠爱和呵护中长大"，被称为不堪一击的"草莓族"。由于90后大学生从一出生就面临着社会给予的竞争压力、物质生活的极大丰富、网络信息社会的日益发达，使得90后大学生群体思想和行为趋向复杂化。他们总体上个性张扬、乐于表现、心态开放、追求享乐、勇于质疑、挑战权威。根据大学生群体思想行为日益复杂化的变化趋势，大学生思想政治工作话语要追随时代发展的步伐，切合大学生群体这一话语对象思想行为变化发展的规律，实现话语的转换和创新。

三、话语内容从权威式向交互式转变

校园标语口号作为具有宣传鼓动作用的简短的书面语言和生动的口头语言，对大学生有着潜移默化的影响，许多高校已经把校园标语口号作为开展大学生思想政治工作的重要阵地。以大学生思想政治工作标语和口号为切入点，有助于我们深入探寻大学生思想政治工作话语内容的历史轨迹。

改革开放之初，动荡过后的国家正处在初期的振兴之中，以真理的思辨与讨论为核心的标语成为当时社会的普遍认同。校园标语和口号具有典型代表的诸如"解放思想、实事求是"，"实践是检验真理的唯一标准"，"五讲四美三热爱"，"做有理想、有道德、有文化、有纪律的共产主义新人"等标语；"争当新长征突击手"，"学雷锋、树新风"，"做建设社会主义精神文明的先锋"，"从我做起，从现在做起"，"宏图报党恩，志远为国强"等口号，这些标语和口号体现了当时大学生思想政治工作的话语内容鲜明的政治性。党的十三届四中全会特别是党的十四大后，我国进入了改革的攻坚阶段和发展的关键时期，此时校园标语和口号类似于"向孔繁森同志学习"、"坚持依法治国，保障国家的长治久安"、"讲学习、讲政治、讲正气"、"以科学的理论武装人，以正确的舆论引导人，以高尚的精神塑造人，以优秀的作品鼓舞人"等也密切地与政治口号联系在一起。同时，类似的大学生思想政治工作话语更多以自上而下的权威姿态出现，宣传内容大多围绕高校要"培养什么样的人"以及"如何成为党和国家需要的人"展开，偏重于政治命令的传达而较少关照人的需要和人的情感。

党的十六大后，经济全球化和世界多极化趋势深入发展，中国面临着更为深刻的变革。人们主体意识日益觉醒，个体权利和利益合理化趋势凸显，这一外在变化映射到高校，出现了校园标语和口号从刻板化走向顺应化的发展趋势。即为了达到激励教导大学生健康成长的话语目的，大学生思想政治工作者在做出语言选择时自觉或不自觉地顺应了学生的心智成长规律，主要包括认知和情感方面的因素。这种顺应性的话语实现了话语双方的交互作用，能够有效激活学生的认知和情感，从而使大学生乐于接受，产生一定的话语作用。诸如"我们是主人，我们是未来"、"我的地盘我做主、我的人生我规划"、"我与祖国共奋进"、"中国梦、我的青春梦"等标语口号的出现，给话语对象一种亲切感和归属感，从而更好地实现了话语的交际目的，体现了话语的交互性。

由此，大学生思想政治工作者有必要自觉把握话语内容的动态顺应，不仅要顺应不断发展的时代，更要顺应不断变化的大学生群体。诚然，带有强烈政治色彩的主流意识形态话语对大学生思想政治工作话语变迁具有重要的主导作用，但大学生思想政治工作话语内容并不能简单地等同于主流意识形态的政治话语，否则将使得原本生动鲜活的话语内容被误解为强制性的说教，导致大学生对思想政治工作话语的排斥。辅导员和班主任在日常思想政治工作话语的传播中，要有意识地将政治话语、文件话语和权力话语转换为日常交互式话语，顺应大学生的认知和情感发展规律，从而树立起话语主体的良好形象，与话语对象建立一定的信任关系，才能增进大学生对话语内容的接受和认同。

四、话语载体从单一性向多样性转变

大学生思想政治工作总是借助于一定的载体来传递话语信息，话语载体是指在大学生思想政治工作过程中承载、传导思想政治教育话语的物质存在形式。

党的十一届三中全会以后，紧跟着改革开放的大好形势，大学生渴望在实践中了解社会、认识国情，高校普遍呼吁开展社会实践，开展了诸如"学雷锋、做好事"、"五讲四美三热爱"的实践活动，引导大学生把思想和激情付诸实践，形成了话语传播的实践载体。这一时期，大学生思想政治工作的话语载体主要表现为生产劳动和教学实验劳动，还处于实践载体自发的运用阶段，尚未形成统一部署和组织。直到 1983 年团中央和全国学联第一次提出了"大学生社会实践活动"，社会实践开始走上了正规化的发展道路。1986 年开展的社会实践建设营活动，进一步丰富了实践载体的内容和形式。1996 年，党和国家加强了大学生社会实践活动的制度化、规范化建设，各高校也开始重新筹划社会实践，比较具有代表性的实践活动是科技文化卫生"三下乡"志愿服务活动。2004 年中共中央和国务院颁发了 24 号令，明确了社会实践是大学生思想政治教育的重要环节，要建立大学生社会实践保障体系，探索实践育人的长效机制。

此外，校园文化作为学校软实力的重要体现，也是大学生思想政治工作话语传播的重要载体之一。改革开放之初，校园文化逐步理性回归，大学校园求知若渴、发奋读书的校园文化逐步兴起。1986 年，上海交通大学在学代会上第一次提出了"校园文化"的概念，得到了各界人士的普遍认可。但这一时期资产阶级自由化思潮逐步在高校泛滥，导致一些青年大学生误入歧途，1989 年之后，惨痛的教训使高校认识到，必须确保校园文化活动健康有益的导向。90 年代后校园逐渐兴起了学习政治理论的热潮，各种政治学习社团的组建和活动的开展，使得校园文化活动又重新开始兴起。1999 年北约轰炸我国驻南使馆，校园文化中的爱国主义教育升华到了一个新的层次。2004 年随着教育部《普通高等学校辅导员队伍建设的规定》（24 号令）的颁发，大学校园文化建设开始走上了个性化、现代化的道路，呈现出重要的示范引领效应。

如今，随着新媒体技术的日新月异，大学生思想政治工作话语的传播从原来单一的社会实践载体或校园文化载体，逐步过渡为短信、微博、校园 BBS、人人网、微信等网络载体、校园环境载体、校园文化载体齐头并进的发展趋势。特别是网络载体的建设，其规模和效应日益重要和凸显。各大高校开始占领网络思想政治工作的新阵地，开展网络思想政治工作话语的传播，网络思想政治工作话语逐渐走上科学化的发展道路。借鉴历史发展的教训，新形势下我们必须清晰地认识网络的深刻影响，利用好网络的话语优势，但必须牢牢掌握网络话语的主动权，注重网络载体和传统载体优势互补和协调发展，发挥多种载体之间的合力效应。

总之，纵观改革开放以来大学生思想政治工作话语的发展变迁，从根本上说它是独具中国特色的表达方式，它来源于中国社会的历史现实和大学生思想政治工作的经验总结。大学生思想政治工作话语虽然经历了曲折，但从总体上看，它向着实事求是、与时俱进的方向发展，目前正逐步朝着系统化、科学化、生活化和时代化的方向迈进。

第二节 我国思想政治教育话语创新的基本特征

通过对高校思想政治工作话语的历史梳理和比较，我们不难发现，社会生活中的各种因素与复杂的人类创造活动助推着话语的创新发展。在历史发展的过程中，思想政治教育话语创新发展承载着一定社会文化的创新，记载着我国在历史进程中创造性的活动，反映着我国经济、政治、文化等各方面发展的文明程度。从历史变迁中把握我国思想政治教育话语创新的规律性特征，将有益于深化对思想政治教育话语历史发展的认识。

一、理论创新：话语创新的思想先导

思想理论是话语的灵魂，没有思想理论作为支撑，思想政治教育话语创新难免偏离正确的航道。话语的历史发展深刻地昭示着话语创新从本质上说是人类思想理论的产物和结晶。没有思想理论的进步，人的认识无法超越旧的思想束缚。当前，中国特色社会主义理论话语体系的形

成和发展，为思想政治教育话语创新发展注入了强大的思想动力。习近平总书记在党的十八届三中全会重要讲话中指出："理论创新对实践创新具有重大先导作用，全面深化改革必须以理论创新为先导。"① 随着科学研究的深入开展，各学科推陈出新了一批学术研究的新成果和新思想，为高校思想政治工作话语的创新发展注入了强大的思想动力。尤其在我国，马克思主义理论是思想政治教育理论和实践领域的理论基础，随着马克思主义理论研究的深入以及研究视野的拓展，新的思想火花为思想政治教育话语创新提供了有益启发。正如邓小平同志提出，"不以新的思想、观点去继承、发展马克思主义，不是真正的马克思主义者。"② 新形势下，我国开始及时总结改革发展中的实践规律，自觉推动党的理论的创新发展。而思想政治教育主要通过一套话语体系说服人们信仰马克思主义理论，在精神上实现自律，在行为上形成自控力，以实现个人与他人、个人与社会之间的互动发展。因此，思想政治教育话语只有以马克思主义的最新理论成果武装人们的头脑，才能促进思想解放。

二、实事求是：话语创新的方向保证

一切从实际出发，注重理论联系实际，这是我们开展各项工作所应当具备的科学态度和工作作风。早在1872年《共产党宣言》德文版序言中，马克思恩格斯就指出，"某些地方本来可以作一些修改，这些原理的实际运用，正如《宣言》中所说，随时随地都要以当时的历史条件为转移，所以第二章末尾提出的那些革命措施根本没有特别的意义。如果在今天，这一段这许多方面都会有不同的写法了"。③ 只有坚持实事求是，才能将思想政治教育话语纳入正确的轨道，为广大人民群众喜闻乐

---

① 《中共十八届三中全会在京举行 习近平作重要讲话》，载《人民日报》，2013年11月13日，第001版。
② 《邓小平文选》第三卷，北京：人民出版社1993年版，第292页。
③ 《马克思恩格斯选集》第1卷，北京：人民出版社1995年版，第248—249页。

见。话语一旦偏离实事求是的路线,就难以发挥应有的说服力,容易偏离正确的航向,甚至走向歧途。在历史上,我们一度陷入了片面夸大人的主观能动性的唯心主义的错误认识中,造成"极左"的政治话语横行,错误引导了社会舆论。由此,确立实事求是的思想路线,能够为话语创新提供了方向保证。

尽管实事求是的必要性和重要性不可否认,但在实践中努力做到实事求是却不容易,需要通过实践不断摸索。尤其要在实践中从事深入的调查研究,选择与时俱进的话语内容,才能切近生活实际,解决实践中的思想疑惑。依前文所述,同样的内容用不同的方式方法进行教育,其话语效果具有显著性差异,因此有必要选择合适的话语方式传播好马克思主义理论,此外,要建立一套科学的思想政治教育话语效果评价机制。思想政治教育话语是否能够被广大人民群众所接纳和认同,需要通过一套指标体系给予科学的评估,不能凭空揣测。当然,思想政治教育话语的评估有其特殊性,话语效果不仅仅包括物质效果、精神效果,还包括短期效果和长期效果等。因此,这更需要我们通过客观评估及时调整思想政治教育话语。

三、建设和改革实践:话语创新的源泉和动力

依前文所述,马克思主义认为,语言具有社会性。社会实践活动在发展,人们思想观念在变迁,话语也处于变化之中。人的生存和发展离不开生产实践,中国特色话语的形成深深地扎根于中国共产党领导的建设和改革的实践之中。正如毛泽东在《在延安文艺座谈会上的讲话》中说:"作为观念形态的文艺作品,都是一定的社会生活在人类头脑中的反映的产物。"[①] 尤其是改革开放后经济体制改革极大地推动了社会变革,新的话语层出不穷,促进了思想政治教育话语的创新发展。由此,

---

[①] 《毛泽东选集》第三卷,北京:人民出版社1991年版,第860页。

第三章 改革开放以来思想政治教育话语创新的历史考察

中国共产党领导的建设和改革是思想政治教育话语发展的实践源泉和核心动力。

一方面,实践铸就了思想政治教育话语的中国风格和中国气派。人们在生产实践中必须解决三个重要的问题,即"生产什么、该怎样生产,为了谁而生产",而一个社会的经济制度就是紧密围绕这三个重要问题展开。在计划经济年代,生产主要是用于国家积累和国防建设,生产并不是为了广大人民群众生存和生活所需,因此,对于劳动力的报酬维持在较低的水平。当时的生产以重工业为主导,盲目追求"多、快、好、省",虽然这种经济体制发挥了一定的经济促进作用,但违背了经济发展的客观规律,尤其是忽视人在经济发展中的主体作用,造成了生产力低下,经济发展迟缓。加之国内国外复杂的政治局面,人们对社会主义经济制度在认识上发生了严重偏差。基于对建设实践的错误认识,人们开始惧怕富裕,认为只有"穷"才能维持革命性,才能稳固社会主义制度。直到改革开放后,人们开始认识到贫穷与社会主义没有必然联系。由此,我国思想政治教育话语随着人们对经济体制改革的正确实践,从"革命话语"逐步过渡成为"建设话语"、"改革话语"、"经济话语",体现了人们对"共同富裕"、"小康生活"的向往和追求。

另一方面,实践是思想政治教育话语创新发展的源动力。首先,实践产生的新需要推动了话语的不断创新。2015 年 3 月,李克强总理在政府工作报告中指出,"要把大众创业、万众创新打造成推动中国经济继续前行的双引擎之一"。① 现阶段人的发展需要日益提升,创新驱动成为我国当前经济发展的助推力量,也是满足人自身发展需要的重要方式。由此,中国改革的不断探索成为话语创新的持续动力。其次,实践的深入发展又不断提出新的问题,中国建设和改革过程中问题的不断发现、分析和解决过程,是话语实现创新的直接动力。"科学发展"、"以人为

---

① 董宏达:《大众创业、万众创新·心动不如行动》http://opinion.people.com.cn/GB/n/2015/0312/c1003-26683063.html(访问时间:2015 年 7 月 20 日)

本"、"社会主义核心价值观"、"四个全面"、"精准扶贫"等一系列话语的形成和发展,绝不是朝夕之功,而是中国共产党人领导中国人民在"摸着石头过河"的改革实践中对中国发展道路的科学认识和规律总结。

四、政治民主建设:话语创新的环境支撑

宽松和谐的政治社会环境能够为文化创新提供兼容并包的良好环境,这是中国共产党思想政治教育话语取得成效的重要原因。早在春秋时期,孔子就认识到政治气氛对话语的影响,他提出,"邦有道,危言危行;邦无道,危行言孙。"① "是故治世之音安以乐,其政和;乱世之音怨以怒,其政乖;亡国之音哀以思,其民困。声音之道与政通矣。"② 意思是说,社会公众话语受国家政治环境的制约,公众话语折射出一定的社会政治状况。

虽然在我国历史发展中,思想家和教育家传播思想政治教育话语的方式和方法一般都会受到限制。例如,在1978年5月,南京大学胡福明教授在光明日报发表了《实践是检验真理的唯一标准》这篇文章,承受着巨大的思想压力,甚至做好了"随时坐牢"的思想准备,因为他所撰写的文章与当时社会流行的"两个凡是"的思想背道而驰。在当时的社会氛围中,具有时代创新意义的话语可能承担极大的政治风险。随后,邓小平拨乱反正,高度评价了这篇文章的立意,号召人们打破思想枷锁,实现思想上的大解放,从而彻底破除了教条主义思想的束缚。

改革开放后,中国共产党善于吸取党内民主建设失误的历史教训,社会主义民主建设得以加强。在宽松民主的文化氛围下,思想文化的创造力得以激发;在鼓励创新创造的社会环境中,不同风格、不同观点、不同思想流派进行必要的思想交锋,极大地促进了思想观念的革新。从

---

① 参见《论语·宪问》。
② 参见《礼记·乐记》。

70年代末我国各级人民代表大会和各级地方政府逐步恢复，到80年代我国县级以下人民代表开始直选，村民自治和居民自治开始推行，再到90年代乡镇党政领导的公推公选开始试行，我国开始自觉提升党内民主和社会民主，政治民主环境逐步得以优化，我国政府开始以更为开明的态度广泛吸纳公民的建议和意见。宽松民主的政治环境为广大人民群众鲜活生动话语的产生提供了良好的外部环境，由此我国人民群众在经济、政治、文化等领域的话语权不断拓展，成为中国话语创新的重要外部力量。

当前，广大人民群众的日常话语为中国话语的创新发展提供了丰富的话语素材，甚至直接转化为官方话语。胡锦涛在纪念改革开放30年的讲话中引用了北方日常生活话语"不折腾"，随后"不折腾"成为我国主流意识形态话语的流行词。毛泽东曾指出，"人民的语汇是很丰富的，生动活泼的，表现实际生活的。"[①] 由此，我国思想政治教育话语创新要遵循人民性的核心价值取向，善于向广大人民群众学习。在新媒体的时代背景下，网络话语体现了群众的智慧和创造性，"正能量"、"点赞"、"逆袭"、"给力"等诸多话语因其用词凝练、内涵丰富、寓意深刻、生动形象而广为流行。当然，并不是所有网络用语都具有流传的生命力，只有那些既符合语言表达规律，又能弘扬中国文化自信、具有创造力的话语才能赢得民众的认可。

第三节 思想政治教育话语创新的中国经验

从整个历史进程上看，中国共产党的思想政治教育话语处于前进和上升的发展态势。但从具体的历史发展阶段来看，并不是每一个历史时

[①] 《毛泽东选集》第三卷，北京：人民出版社1991年版，第534页。

期都处于进步的状态，思想政治教育话语以螺旋式的曲折前进方式呈现出跌宕起伏的发展轨迹。总结中国共产党思想政治教育话语创新的历史经验和教训，对于新时代推进思想政治教育话语的创新发展具有重要的现实意义。

一、关注人自身的成长和发展，始终保持话语立场的人民性

思想政治教育话语归根到底是塑造充满生机和活力的有个性的人，是一项最具人性化的实践活动，因此话语必须关注人的成长和发展，注重人的心理发展规律，尊重人的独特性、和谐性和主体性。

改革开放以来，中国共产党人对"人民"概念的认识发生了深刻的思想变革。"人民"的覆盖面更广，对如何保障"人民当家做主"也有了更为深刻的理解，主张通过人民民主专政、人民代表大会、依法治国等一系列民主化和法治化的手段来实现"人民当家做主"。随着社会主义经济体制改革，尤其是及时总结实践和认识中的深刻教训，中国共产党才逐步形成了对于"人"的科学认识[1]，人民至上的价值取向随着社会实践的深入不断走向成熟和理性。正如党的十九大报告指出的："人民群众反对什么、痛恨什么，我们就要坚决防范和纠正什么。"[2] 这是中国话语在民众中赢得话语权的关键因素，充分体现了中国共产党全心全意为人民服务的价值诉求，永远都将"人民"作为万变不离其宗的话语立场。正是坚守了人民性这种一脉相承的核心价值选择，将人民性作为中国话语的出发点和落脚点，坚持了人民至上的话语立场，真正明确了"为谁说"这一中国话语创新发展中具有本质性和根本性的前提问题，

---

[1] 对于人的认识，从2003年党的十六届三中全会首次提出"以人为本"，到2006年党的十六届六中全会提出必须坚持"以人为本"，再到2007年党的十七大提出科学发展观的核心是"以人为本"。

[2] 《决胜全面建成小康社会 夺取新时代中国特色社会主义伟大胜利——在中国共产党第十九次全国代表大会上的报告》，载《人民日报》，2017年10月28日01版。

中国话语在广大民众中才能形成广泛的社会号召力和影响力,从而赢得主导权和定义权。

归根到底,思想政治教育本质上是一项培养人的教育实践活动,要取得应有的话语效果,对人的需要、人的价值、人的尊严和人的全面发展给予充分关注。尤其要认真反思我国历史上对"人"本身的关注不足,摒弃把"人"当作手段和工具的片面认识。从根本上看,人的精神需要是思想政治教育存在和发展的直接动力。当前,思想政治教育尤其需要充分关注现代人的发展需要,在满足和引导人的发展需要的过程中来培养人、教育人,促进思想政治教育话语在促进人的发展过程中被人们自觉自愿地接受。

以满足人的需要为前提,思想政治教育话语创新的根本目标就在于提升人的价值和人的尊严。人的价值就是人对于他人、群体和社会需要的满足;人的尊严内涵丰富,意味着人的利益的满足,包括物质利益和精神利益两个方面都能够被他人和社会所尊重、认可。唯有这样,人的主体性地位才能得以承认。由此,思想政治教育话语创新必须以满足受教育者的需要为基本依据,不能为了创新而创新。

对人的利益的满足,在我国历史上经过了一个不断深化的发展过程。在革命战争年代和物质匮乏的年代里,主张牺牲个人服从集体,这对于争取革命和战争胜利具有重要作用。改革开放后,个人利益逐步被重视。历史的深刻教训启示我们,只有切实维护人的需要、人的价值和人的尊严的实现,思想政治教育话语与人之间才能建立起具体的联结点。在人的价值提升和人的尊严的实现中,最关键性的因素是人自身的素质,只有实现人的自由全面发展,使人自身的素质得以全面发展和提升,才能促进人的价值和尊严的实现。同时,人的价值和尊严的实现又进一步促进了人的自由全面的发展。总之,只有保持话语立场的人民性,为广大人民群众说真话、说好话、说务实的话,思想政治教育话语才能在自觉创新的过程中以科学化、理性化的姿态出现在我国全面深化改革的历史进程中。十九大报告首次提出"新时代中国特色社会主义思想"和"社会主要矛盾的变化",着眼于我国社会发展的实际情况,更加务实地明确了中国未来发展的方向、途径和步骤。由此,根据时代发展和人民群众的需求,中国共产党及时提出了一系列极富务实性的大政方针政策,彰显了"以人民为中心"的话语立场和价值追求。

思想政治教育话语创新发展的历史表明,必须注重以独特的话语内容和话语方式拉近与民众的距离,以日趋务实和亲和的话语风格感召、说服和引导广大民众。改革开放后,政策文件开始逐步摒弃教条主义和形式主义的话语,在实践探索中,中国共产党形成了"民主集中制"、"三个有利于"、"科学发展观"、"和谐社会"、"中国梦"等一系列具有重大突破的创新话语。实践经验表明,任何试图通过行政命令、暴力措施强行灌输一套与社会发展实际脱节的话语,往往适得其反,不能形成话语广泛而持久的吸引力。"所谓吸引力,指的是意识形态以其内容和形式的独特性能够引起或激发社会成员心理认同的力量。认同程度高,表明意识形态的吸引力大;反之则小或没有吸引力。"① 总之,只有保持话语内容同社会现实境况之间的相关性与契合性,尤其是保持与普通民众利益需要的关联性,才能赢得民众的认同。

二、推动马克思主义理论的与时俱进,始终保持话语内容的科学性

纵观高校思想政治工作话语的历史演进轨迹,中国共产党对意识形态话语权建设高度重视。由于话语权不仅仅意味着言论的资格,更是社会发展过程中最能改变人心向背的关键因素,体现了一个政党在意识形态领域的主导权和掌控力,关系着国家的生死存亡。因此,只有在青年

---

① 黄传新:《社会主义意识形态的吸引力和凝聚力研究》,北京:学习出版社2012年版,第89页。

第三章 改革开放以来思想政治教育话语创新的历史考察

大学生群体中拥有主流意识形态话语权,才能有效维护和巩固政权。

尤其是中国共产党善于不断总结我国社会发展的新形势、新特点、新规律,不断提炼中国特色社会主义的旗帜、道路、目标等重大问题,从而形成了中国特色社会主义理论的基本框架。这将有效促使社会主义制度在发展进程中从事实上的优势转化成一种舆论优势,赢得马克思主义意识形态在民众中的话语权。

值得一提的是,中国共产党注重总结思想政治教育话语的经验教训,积极主动地开展话语权建设,不断增强马克思主义意识形态话语的主导力和控制力。回顾苏联共产党的历史发展进程,其社会主义意识形态话语从形成到确立、再到动摇和摧毁,只有短短几十年的时间,到底是什么原因造成了苏联"卫星上天",但"红旗落地"呢?美国原驻苏联大使小杰克·F.马特洛克提出:"造成苏联解体的,并不是西方的政策,而是苏联自身政治进程的失败","美国不可能从外部推翻苏联政权"[1],如果要将美国和西方与苏联解体联系在一起,"其作用仅仅在于,他们所支持的政策有助于创造使苏联解体的条件。是苏联国内的政治势力,而不是外部的敌对势力,应该对没有建立起一个可接受的联盟负责。"[2] 我们应看到,西方和平演变策略在苏联演变中起着重要的作用,但堡垒往往最容易从内部攻破,苏联社会主义意识形态话语权的沦丧是苏联解体的重要内在原因之一,给我们留下了深刻的历史启迪。苏联早在赫鲁晓夫时期和勃列日涅夫时期,由于思想宣传工作上的失误导致思想政治教育话语僵化,空话、大话、套话普遍盛行,在民众中难以赢得认同,使得苏共的意识形态话语权有所动摇。到了戈尔巴乔夫时期,苏联的党政干部均以"西方话语"为时髦话语,苏共一度试图改变社会主

---

[1] [美]小杰克·F.马特洛克:《苏联解体亲历记》(上卷),北京:世界知识出版社1996年版,第783页。

[2] [美]小杰克·F.马特洛克:《苏联解体亲历记》(上卷),北京:世界知识出版社1996年版,第785页。

义的话语体系。然而，这一套看起来非常"新"的话语体系并未挽救处于危难之中的苏共，反而加剧了人们思想的混乱。在经济危机、政治危机、信仰危机的多重打击之下，戈尔巴乔夫主动放弃了苏共的社会主义话语阵地，使得苏共主流意识形态话语地位岌岌可危，难以发挥思想引领的作用，给苏联造成了无法估量的损失。中国共产党在全面反思"苏联模式"的基础上从"跟随"、"依附"走向了独立自主，形成了自觉主动构建话语体系的意识。

一旦将马克思主义僵化地理解为空洞的政治口号和枯燥的理想说教，使原本充满人性魅力的马克思主义理论话语变成了脱离社会实际的神秘话语，将弱化马克思主义理论应有的理论说服力。人们对马克思主义理论的认识一旦"泛化"，即在实践领域遇到的一切问题都要从马克思主义理论中寻找解决问题的答案，这将损害广大人民群众活学活用马克思主义理论的自信心。而在我国历史上对马克思主义理论"形式化"的思想误区，通常是大力推崇政治运动式的宣传和教育，大张旗鼓、大喊口号，而不重视实际问题的解决。而要彻底扭转对待马克思主义在认识上的"僵化"、"泛化"、"形式化"局面，必须自觉推进马克思主义理论的创新发展。因为马克思主义对于社会问题的解决仅仅提供的是一般性的指导原则，并没有具体的途径。即使是一般性的指导原则，也要具体问题具体分析，结合实际情况灵活运用。[①]

三、促进话语权的合理分配，始终保持话语方式的有效性

美国经济学家诺斯认为，"大凡成功的意识形态必须是灵活的，以便能得到新的团体的忠诚拥护，或者作为外在的条件变化的结果而得到更多团体的忠诚拥护"。[②] 而要确保意识形态话语的生机和活力，意识形

[①] 《马克思恩格斯选集》（第4卷），北京：人民出版社1995年版，第217页。
[②] 道格拉斯·C.诺斯：《经济史中的结构与变迁》，陈郁等译，上海：上海人民出版社1994年版，第58页。

态话语管理的方式方法起到了决定性作用。

思想政治教育只有通过关怀人的感受、体验和感性需要,在符合人性的基础上才能有效提升人的精神境界,从而产生一种积极向上的精神力量。脱离了人性化的话语方式充满着说教口吻,往往比较空洞呆板,甚至滋生反感情绪,难以取得应有的话语效果。只有建立和完善科学、灵活的话语管理体制和机制,才能促进话语权的合理分配,为话语效果的实现提供前提条件。

尤其是当前人们从对财富的关注逐步转移到对生态、环境、灾难等问题的重视,人们在探寻如何增强风险承受能力的同时,对现实生活的价值和意义的追问不仅不会消退,反而更加强烈。人们趋于务实的精神需要使得思想政治教育话语必须通过人性关怀和情感渗透的方式来表达,为世俗人生提供精神指引,满足人的世俗和感性的需求。因此,对于多元化的群众话语,应建立灵活有效的管理体制和机制,而不能通过简单粗暴的行政手段处理思想问题。

因此,思想政治教育话语要深入人心,关键还在于话语内容和话语方式的有效性。历史的深刻教训表明,建立科学有效的话语管理体制和机制,激发社会创新活力,是新形势下思想政治教育话语不可或缺的重要任务。以高校思想政治教育话语为例,只有以平易近人、生动活泼的方式表达出来,才能让大学生群体对思想政治教育话语产生亲近感。习近平主席的演讲具有感染力的重要原因之一在于其善于运用有效的话语方式,他通过讲故事、打比方、引典故,用通俗的话语来讲明大道理和大原则,极富有亲和力和感染力。类似"国家好,民族好,大家才会好"、"打铁还需自身硬"、"鞋子合不合脚,自己穿了才知道"等朴实无华的话语让每一个中国人都能听得懂,并且能够入心入脑,向民众深入浅出地阐释了中国共产党的执政目标、领导干部自身素质的重要性、中国的道路自信,引领着话语方式朝着人文关怀、生活逻辑、平民风格的方向迈进。在这种话语方式的影响下,思想政治教育话语的亲和力日益凸显,这是思想政治教育话语植根人民、深入人心的基本条件。

领导干部和共产党员作为思想政治教育过程中的话语主体力量,他们的特殊地位决定了党员干部自身的言行举止具有广泛而深刻的社会影响力。在中国共产党思想政治教育话语创新的历史进程中,中国共产党人注重严于律己,以自身的示范性来赢得民众的认同。这主要源自于话语对象对话语内容的接受,不仅要看"说什么"和"怎么说",更要看"怎么做"。具有良好示范性的话语主体所传播的话语内容,能够争取广大人民群众对其人格的信任,进而投射到话语内容上,形成"言传身教"的话语效果。因此,话语主体自身示范性的实际行动是赢得话语权的前提条件,而话语主体的示范性不仅仅表现为个人的品质,还表现了话语主体所在组织的整体形象。在历史发展中,党内一些腐败分子破坏了党组织的公信力,在很大程度上影响了我国思想政治教育话语的权威性,造成话语双方信任关系的缺失。对此,中国共产党重视党风党纪教育,最大程度地维护了自身的组织形象,努力消除了阻碍思想政治教育话语功能有效发挥的各种阻力。

尤其是十八大之后,以习近平为核心的中央领导集体在全面推进依法治国的战略布局下,着力推进了我国反腐败的科学化进程,为实现社会公平正义迈出了坚实的步伐,提振了全国人民战胜腐败的信心,有效树立了话语权威,这对于规范党员干部言行,凝聚党心民心,具有重要和深远的意义。这种强调党员干部示范引领作用的党风廉政建设,将巩固党员干部"为民说话"的话语立场,有助于以实际行动力赢得话语权。

本章小结

本章选取了高校思想政治工作话语这一具有典型特征的思想政治教育话语为样本,从深层次上把握思想政治教育话语"变"和"不变"的

第三章　改革开放以来思想政治教育话语创新的历史考察

统一性,具体考察了思想政治教育话语的历史变迁和创新特征。

改革开放以来,大学生思想政治工作话语逐步形成、发展并自成体系,它是我国社会历史变迁和价值观念变化的反映,也是我国大学生思想政治工作在实践中取得重大进展的体现。大学生思想政治工作形成了独具中国特色的话语体系,其历史变迁呈现出四个鲜明特征:话语主体从零散化向体系化转变,话语对象从整齐化向复杂化转变,话语内容从权威性向交互性转变,话语载体从单一性向多样性转变。值得注意的是,高校思想政治工作话语无论随着时代如何发展,也有万变不离其宗的话语立场,以青年大学生的成长需求为立足点,体现了思想政治教育话语人民性的价值诉求。

由此,我国思想政治教育话语的创新发展可以归纳为四个规律性特征:(1)理论创新是话语创新的思想先导,为思想政治教育话语创新提供了先决条件。历次思想政治教育话语实现重大的历史突破,无不与马克思主义理论的重大创新密切相关。(2)实事求是是话语创新的方向保证,话语一旦偏离实事求是的思想路线,就难以发挥应有的说服力,容易偏离正确的航向,甚至走向歧途。(3)建设和改革实践是话语创新的源泉和动力,中国特色话语的形成深深地扎根于中国社会主义现代化建设和改革的实践之中。实践不仅铸就了话语的中国风格和中国气派,而且是推动话语创新发展的源头动力。(4)政治民主建设是话语创新的环境支撑,宽松民主的政治环境为鲜活生动话语的产生提供了良好的外部环境。

从整个历史进程上看,中国共产党的思想政治教育话语处于前进和上升的发展态势。话语创新发展的中国经验包括:关注人自身的成长和发展,始终保持话语立场的人民性。思想政治教育话语创新的价值目标,就是要对人的需要、人的价值、人的尊严和人的全面发展给予充分关注。只有保持话语内容同社会现实境况之间的相关性与契合性,尤其是保持与普通民众利益需要的关联性,才能赢得民众的认同。同时,只有自觉推进马克思主义理论的与时俱进，才能有效避免思想认识上的"僵化"、"泛化"、"形式化"。此外，对于多元化的群众话语，应建立灵活有效的管理体制和机制，促进话语权的合理分配，才能保持话语方式的有效性。思想政治教育要赢得话语权，关键还在于保持话语方式的有效性，这是思想政治教育话语植根人民、深入人心的基本条件。

第四章　思想政治教育话语创新的现实反思

思想政治教育话语现状是实现思想政治教育话语创新的逻辑起点，要寻求话语的创新路径，实现话语的应然状态，有必要对当前话语的实然状态进行深刻的现实反思。

第一节　高校思想政治教育话语的现状调查

高校思想政治教育话语作为思想政治教育话语的重要内容，是影响高校思想政治教育效果的重要因素。当前，大学生群体对高校思想政治教育话语认同状况如何，什么样的思想政治教育话语能够为大学生群体所认同等一系列问题，能够帮助我们对思想政治教育话语的现状形成客观认识，从而成为我们破解话语难题的突破点。

思想政治教育话语认同不仅仅体现为一种认知认同和情感认同，更表现为一种行为认同。认知认同即对思想政治教育话语的认知和理解程度；情感认同即对思想政治教育话语形成的内在情感状态，即赞同、相信等主观层面的态度；行为认同即大学生对思想政治教育话语的践行状况。其中，认知认同是认同产生的重要前提和基础，情感作为人对客观事物是否满足主体需要而产生的一种心理体验，通常以肯定或否定、满意或不满意、热爱或憎恨、赞赏或厌恶等心理状态表现出来的,并转化为一定的情绪,对认同活动起调节作用。① 大学生对思想政治教育话语的情感认同体现的是一种理解和赞同。当认知认同和情感认同达到一定程度,大学生群体对思想政治教育话语能够从理解和赞同上升为支持和信奉,进而产生一种持续稳定的认同,并外化为一定的行为表现。这种行为认同是认知认同、情感认同的具体体现,也是更高层次的认同,是高校思想政治教育的最终旨归。

由此,我们从认知认同、情感认同和行为认同三个维度来设计问卷,对高校思想政治教育话语认同现状展开研究。此外,从话语类型上看,高校思想政治教育话语主要包括思想政治理论课课堂话语、日常思想政治工作话语、高校思想政治教育研究领域的学术话语。本文所研究的高校思想政治教育话语主要涉及思想政治理论课课堂话语、大学生思想政治教育的规章制度话语、辅导员话语、网络思想政治工作话语等。我们主要从这四个不同的角度出发具体考察大学生群体对高校思想政治教育话语的认同现状。

一、调研对象和样本分析

我们从北京高校中抽样了5所大学,包括中国政法大学、中国石油大学、北京师范大学、北京化工大学、北京交通大学。在每所大学发放了130份问卷,一共回收问卷635份,删除无效问卷35份,有效问卷600份,占回收问卷的97.7%。根据认同的相关理论我们设计了相关问卷,并将每一份问卷的结果录入excel当中,通过SPSS7.0软件进行分析,得出了相关数据。

在所调查的600名在校大学生中,文科专业学生占68.5%,理工科学生占31.5%;男生占44.5%,女生占55.5%;汉族学生占76%,少

---

① 王东莉:《德育人文关怀论》,北京:中国社会科学出版社2005年版,第294页。

数民族学生占24%；来自于城市的学生占53%，来自于乡镇和农村的学生占47%；目前的学习成绩排名在班级30%以前的占56.5%，排名在中间的占36%，排名在后30%的占7.5%；在校期间担任过学生干部的占68%；政治面貌中学生党员占32.5%，共青团员占56.5%；大一学生占2.5%，大二学生占38%，大三学生占42.5%，大四学生占17%。如图1至图8所示。

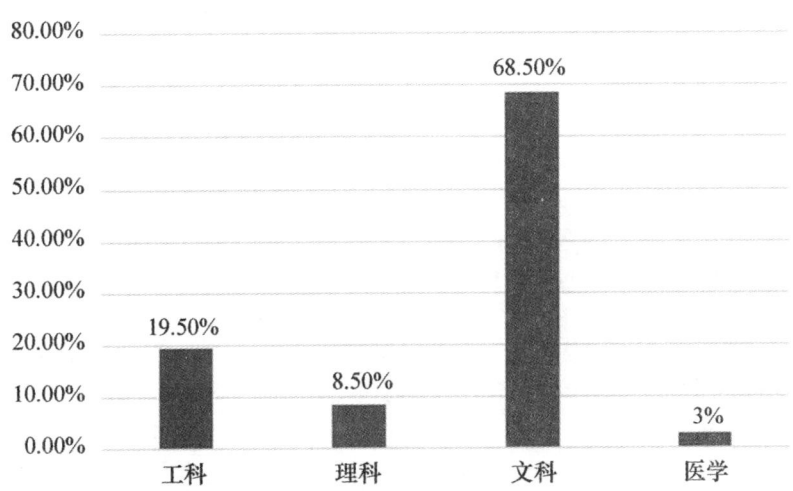

图1 调查对象的专业

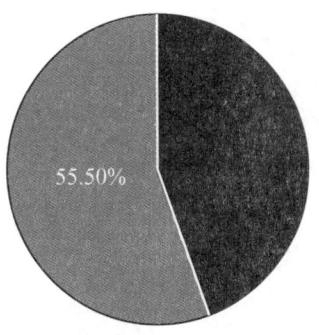

图2 调查对象的性别

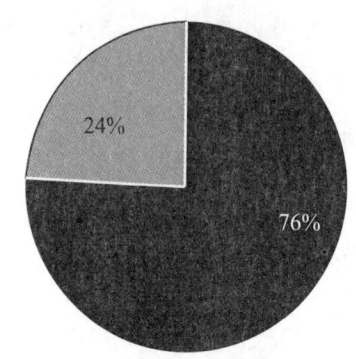

图 3 调查对象的民族

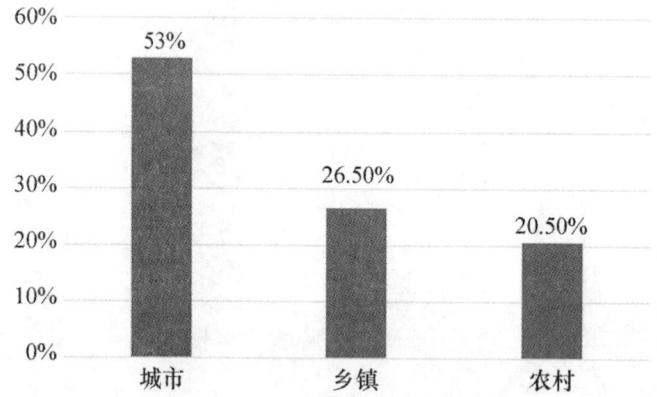

图 4 调查对象家乡所在地域

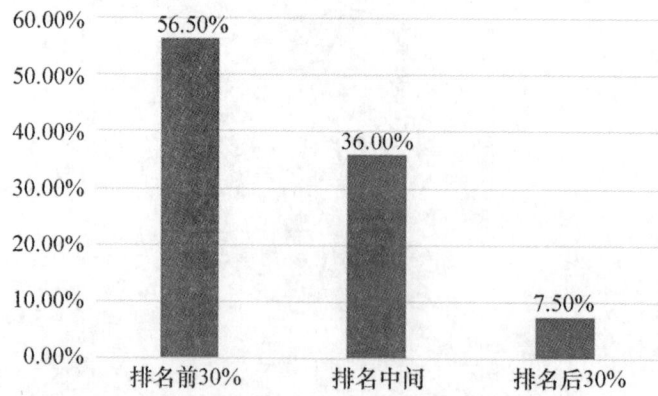

图 5 调查对象的学习成绩排名情况

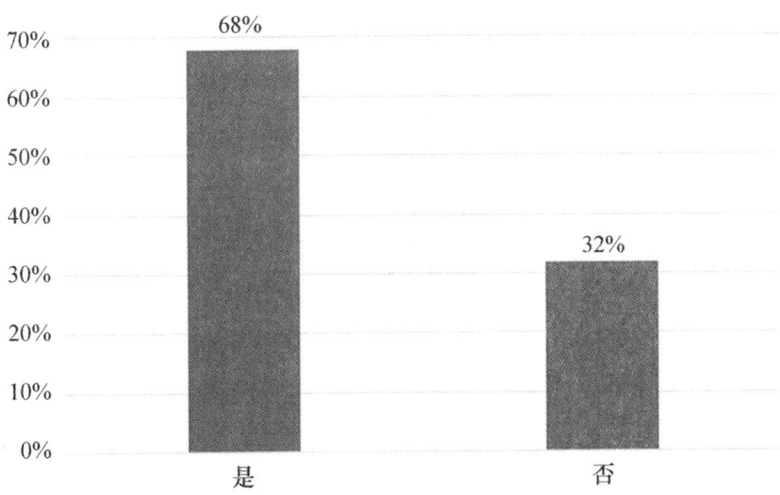

图 6 调查对象是否担任过学生干部？

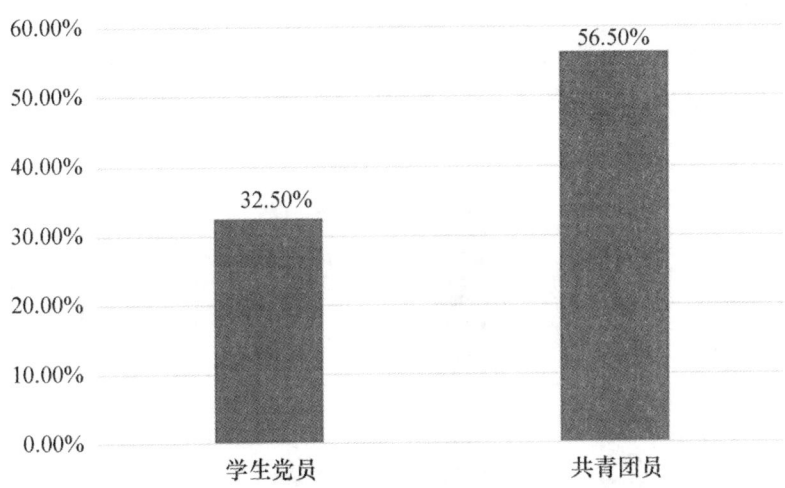

图 7 调查对象的政治面貌

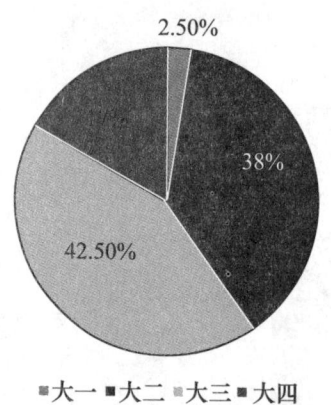

图 8 调查对象所在的年级

二、调查的主要内容

（一）高校思想政治理论课课堂话语现状的实证调查

调查显示，85%的大学生认为思想政治理论课课堂话语重要，其中，41.5%的大学生认为非常重要，43.5%的大学生认为比较重要。仅11.5%的大学生认为"不重要"，3.5%的大学生认为"无所谓"。如图9所示。

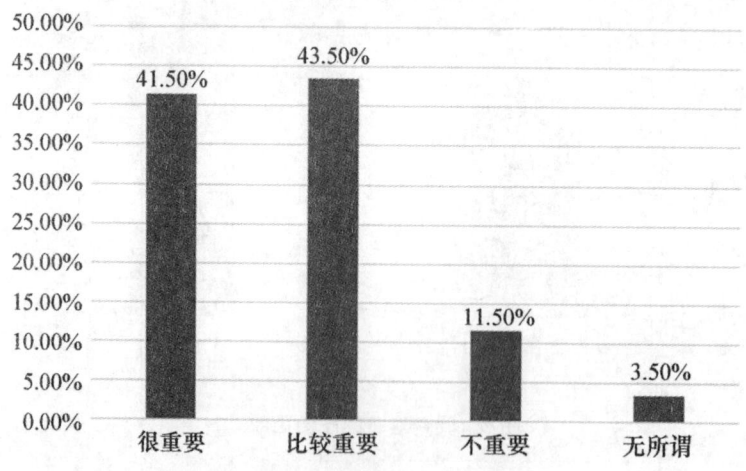

图 9 调查对象对思想政治理论课课堂话语重要性的认知态度

第四章 思想政治教育话语创新的现实反思

最受大学生欢迎的是《中国近现代史纲要》这门课程的话语风格，57%的调查者选择喜欢这门课的话语风格，而其他各门课程的话语风格受欢迎的程度都没有超过半数。由此，思想政治理论课的话语仍有较大的提升空间。如图10所示。

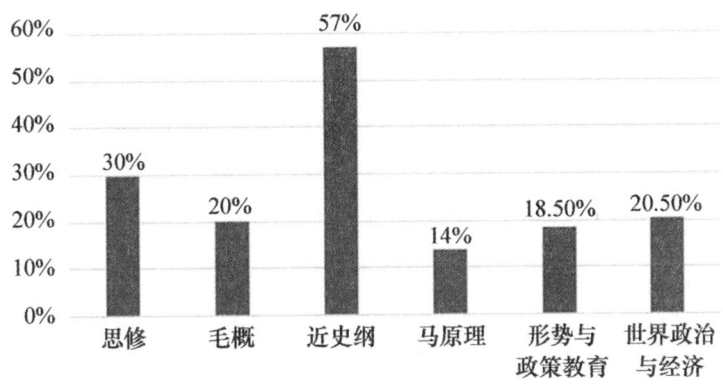

图10 课程话语风格受欢迎的人数比例

调查显示，67.5%的大学生思想政治理论课出勤率达80%以上。如表4-1所示。

表4-1 "思想政治理论课"整体出勤率

		百分比	有效百分比	累积百分比
有效	低于20%	2.0	2.0	2.0
	20%~40%	4.0	4.0	6.0
	40%~60%	11.0	11.0	17.0
	60%~80%	15.5	15.5	32.5
	大于80%	44.5	44.5	77.0
	没有缺课	23.0	23.0	100.0
	合计	100.0	100.0	

55%的大学生认为自己并没有积极投入思想政治理论课课堂教学。如表4-2所示。

表4-2 在课堂上积极投入和配合教师的课堂教学情况

		百分比	有效百分比	累积百分比
有效	否	45.0	45.0	45.0
	是	55.0	55.0	100.0
	合计	100.0	100.0	

38.5%的大学生认为学习思想政治理论课的目的是应付考试,33%的大学生认为学习思想政治理论课的目的是指导实践,25.5%的大学生认为学习思想政治理论课的目的是丰富自身,仅3%的大学生学习目的是出于自身兴趣。如表4-3所示。

表4-3 学习思想政治理论课的目的是什么?

		百分比	有效百分比	累积百分比
有效	应付考试	38.5	38.5	38.5
	有兴趣	3.0	3.0	41.5
	丰富自身	25.5	25.5	67.0
	指导实践	33.0	33.0	100.0
	合计	100.0	100.0	

到底大学生喜欢什么样的课堂话语呢?表4-2的调查数据显示,大学生喜欢的思想政治理论课的话语风格是风趣幽默、有思想深度、传授新的知识。如表4-4所示。

表4-4 大学生喜欢的思想政治理论课的话语风格

	选项	百分比	有效百分比	累积百分比
有效	风趣幽默	31.0	31.0	31.0
	有思想深度,能给予启发	26.0	26.0	57.0
	传授新的知识	21.0	21.0	78.0
	能够倾听学生不同的意见和看法	13.5	13.5	91.5
	容易使学生情绪上得到鼓舞	2.5	2.5	94.0
	教师注重创设学生交流的机会	5.0	5.0	99.0
	其他	1.0	1.0	100.0
	合计	100.0	100.0	

调查还显示，84.5%的大学生对思想政治理论课教师的理论水平表示认可；65%的大学生认为思想政治理论课课堂话语有自己的见解和分析，老师能够做到不照本宣科；39.5%的大学生认为老师善于运用生活事例解释课本知识；51.5%的大学生认为思想政治理论课课堂老师的话语有幽默感，善于活跃课堂气氛。如表4-5至表4-8所示。

表4-5 对思想政治理论课教师理论水平的认可态度

		百分比	有效百分比	累积百分比
有效	认可	84.5	84.5	84.5
	不认可	15.5	15.5	100.0
	合计	100.0	100.0	

表4-6 有自己的见解和分析，不照本宣科

		百分比	有效百分比	累积百分比
有效	否	35.0	35.0	35.0
	是	65.0	65.0	100.0
	合计	100.0	100.0	

表4-7 善于用生活的事例来解释课本知识

		百分比	有效百分比	累积百分比
有效	否	60.5	60.5	60.5
	是	39.5	39.5	100.0
	合计	100.0	100.0	

表4-8 有幽默感，善于活跃课堂气氛

		百分比	有效百分比	累积百分比
有效	否	48.5	48.5	48.5
	是	51.5	51.5	100.0
	合计	100.0	100.0	

针对思想政治理论课课堂话语存在的不足，52%的大学生认为思想政治理论课课堂话语陈旧，39%的大学生认为思想政治理论课课堂话语

吸引力不大，31.5%的大学生认为思想政治理论课课堂话语脱离实际生活，23.5%的大学生认为思想政治理论课课堂话语空洞乏味，30.5%的大学生认为课堂话语内容观点比较单一，15%的大学生认为思想政治课课堂话语不能充分调动学生的情绪和注意力，仅24%的大学生认为思想政治理论课课堂老师能够与学生有充分的对话和交流。如表4-9到表4-15所示。

表4-9 课堂话语内容陈旧

		百分比	有效百分比	累积百分比
有效	否	48.0	48.0	48.0
	是	52.0	52.0	100.0
	合计	100.0	100.0	

表4-10 思想政治理论课课堂话语吸引力不大

		百分比	有效百分比	累积百分比
有效	否	61.0	61.0	61.0
	是	39.0	39.0	100.0
	合计	100.0	100.0	

表4-11 课堂话语内容脱离实际生活

		百分比	有效百分比	累积百分比
有效	否	68.5	68.5	68.5
	是	31.5	31.5	100.0
	合计	100.0	100.0	

表4-12 课堂话语空洞乏味

		百分比	有效百分比	累积百分比
有效	否	76.5	76.5	76.5
	是	23.5	23.5	100.0
	合计	100.0	100.0	

表 4-13 课堂话语观点比较单一

		百分比	有效百分比	累积百分比
有效	否	69.5	69.5	69.5
	是	30.5	30.5	100.0
	合计	100.0	100.0	

表 4-14 不能充分调动学生的情绪和注意力

		百分比	有效百分比	累积百分比
有效	否	85.0	85.0	85.0
	是	15.0	15.0	100.0
	合计	100.0	100.0	

表 4-15 与学生有充分的对话和交流

		百分比	有效百分比	累积百分比
有效	否	76.0	76.0	76.0
	是	24.0	24.0	100.0
	合计	100.0	100.0	

此外，我们通过对中国政法大学两位连续多年被本科生评为"最受欢迎十大教师"以及一位在全校范围内深受学生喜爱的老师的课堂话语进行一个学期的调研，汇总了三位老师的经典话语。研究优秀教师课堂话语不仅能为我们了解和研究课堂教学的真实情况提供理想的视角，而且可就如何引导学生积极参与思想政治理论课课堂活动，为学习者创造交流信息、表达思想的课堂环境和机会提供借鉴意义。通过受学生欢迎的《马克思主义基本原理》课堂，我们发现，这里的马克思主义理论不是教条，而是生活道理，不是干巴巴的东西而是鲜活的因素。《中国近现代史纲要》课堂教师善于捕捉与教学内容密切相关的现象、情境或者问题，进行教学设计，以激发学生学习的兴趣，引导他们积极主动地进入课堂教学当中，从而更好地理解当今的世界，解答生活中遇到的实际问题。《思想道德修养与法律基础》这门课程运用体验式教学，在生动

的案例教学中让新入学的大一新生体会到了大学是什么？在大学到底干什么？人生是什么？怎样的人生才有价值和意义？等等。

（二）大学生对思想政治教育规章制度话语的认同现状

针对"你是否知道本校政策文件宣传栏的具体位置"这一提问，54%的大学生选择了"不知道"，44%的大学生选择了"知道"。如表4-16所示。这表明，当前大学生群体对学校规章制度话语的了解程度不高。

表4-16 是否知道本校政策文件宣传栏的具体位置

		百分比	有效百分比	累积百分比
有效	知道	44.0	44.0	44.0
	不知道	54.0	54.0	98.0
	知道一些	2.0	2.0	100.0
	合计	100.0	100.0	

针对"学校有关纪律规范、评优表彰、学分认定、资助政策等方面的学生管理文件，你什么时候会查看？"，53%的调查者选择"遇到问题时查看"。如表4-17所示。这表明，大多数学生碰到实际问题时才会查阅学校的规章制度。

表4-17 查看各种学生管理文件
（包括纪律规范、评优表彰、学分认定、资助政策等）的频率

		百分比	有效百分比	累积百分比
有效	随时都会查看	25.0	25.0	25.0
	遇到问题时查看	53.0	53.0	78.0
	偶然碰到时查看	17.0	17.0	95.0
	从不查看	5.0	5.0	100.0
	合计	100.0	100.0	

对于学校规章制度话语的总体印象，被调查者中81名学生认为规章制度话语具有严肃性，占40.5%。32.5%的学生认为规章制度话语具

第四章 思想政治教育话语创新的现实反思

有指令性，31%的学生认为规章制度话语具有权威性，30.5%的学生认为规章制度话语具有复杂性。如图11所示。这表明，高校思想政治工作规章制度话语中控制式的话语方式占据主要地位。

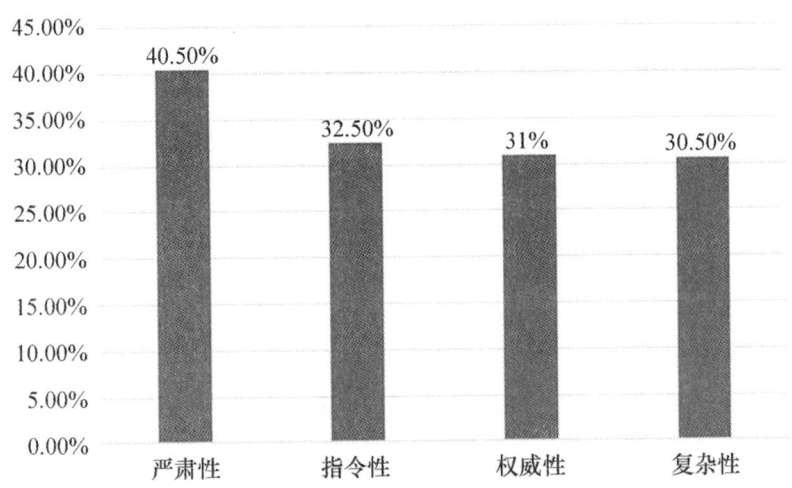

图11 对学校规章制度话语的总体印象

在众多的规章制度话语中，41.5%的学生认为最应该修改的学生管理方面的规章制度是保研制度。如表4-18所示。原因可能在于保研制度直接关系到学生升学方面的切身利益，同时学校奖学金制度、评优制度、发展党员制度、考试纪律等方面的规章制度发展相对完善。

表4-18 心目中最应该修改的学校学生管理的规章制度

		百分比	有效百分比	累积百分比
有效	保研制度	41.5	41.5	41.5
	奖学金制度	18.5	18.5	60.0
	评优制度	20.5	20.5	80.5
	发展党员制度	17.0	17.0	97.5
	考试纪律	2.5	2.5	100.0
	合计	100.0	100.0	

而学生在学校管理规章制度修改工作中是否拥有话语权呢？针对这一提问，50.5%的大学生认为"有一些话语权"。如表4-19所示。这说明，学生管理规章制度在做出修改的过程中一定程度上尊重了学生的意见。

表4-19 学生在学校文件和政策修改中的话语权

		百分比	有效百分比	累积百分比
有效	充分掌握话语权	22.5	22.5	22.5
	有一些话语权	50.5	50.5	73.0
	偶尔有话语权	15.5	15.5	88.5
	不太清楚	10.5	10.5	99.0
	完全没有话语权	1.0	1.0	100.0
	合计	100.0	100.0	

对于"你是否自觉遵守学校的规章制度"这一提问，65%的大学生选择"会自觉遵守"，25%的大学生选择"一般会遵守"，仅10%的大学生选择"偶尔会违反"。如图12所示。这表明，大多数大学生对规章制度话语在行动上会自觉遵从，行为认同度高。

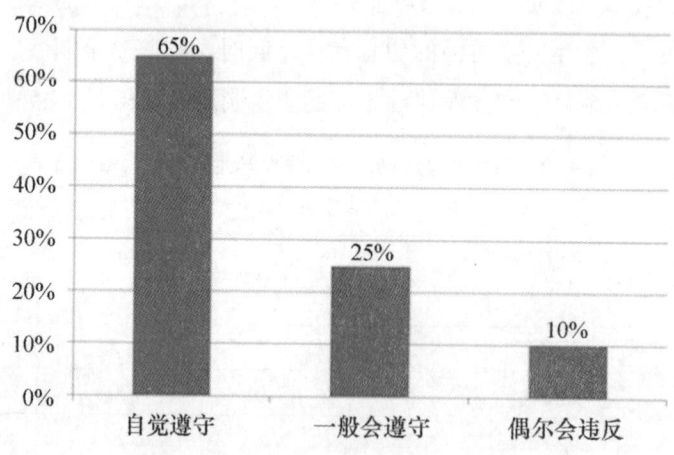

图12 自觉遵守学校的规章制度情况

(三) 大学生对辅导员日常工作话语的认同现状

针对"如果平时遇到学习和生活中的困惑,你会主动找辅导员倾诉吗?"这一问题,51%的大学生选择了"会主动找辅导员",其中32%的大学生选择了"偶尔会主动找辅导员",19%的大学生选择了"经常会主动找辅导员",49%的大学生选择了"不太主动找辅导员"。

针对"你愿意和辅导员进行交流的方式是什么?"的回答,34.5%的学生回答是"面对面交流",23%的学生认为是"通过开会方式交流"或"通过微信、微博等方式交流"。如表4-20所示。这说明,虽然"面对面"这一传统话语方式仍然被部分学生所接纳,但辅导员仍需要不断拓展多渠道的话语沟通方式,尤其是运用新媒体的交流方式。

表4-20 心目中最理想的与辅导员交流的载体

		频率	百分比	有效百分比	累积百分比
有效	面对面	69	34.5	34.5	34.5
	开会	46	23.0	23.0	57.5
	邮件	16	8.0	8.0	65.5
	微信、微博	46	23.0	23.0	88.5
	电话	6	3.0	3.0	91.5
	短信	17	8.5	8.5	100.0
	合计	200	100.0	100.0	

针对"在与辅导员进行交流时,能否建立平等的对话关系?"这一提问,43.5%的学生认为"能够建立对话关系",46.5%的认为"有时候能够建立对话关系",仅6.5%的学生认为"很难建立",3.5%的学生认为"不能建立"。如表4-21所示。这表明,高校辅导员这一群体能够和学生建立良好的沟通关系,这有利于增进大学生对辅导员话语的认同。

表 4-21 与辅导员交流时能否建立平等的对话关系

		百分比	有效百分比	累积百分比
有效	能	43.5	43.5	43.5
	有时候能	46.5	46.5	90.0
	很难建立	6.5	6.5	96.5
	不能建立	3.5	3.5	100.0
	合计	100.0	100.0	

针对"辅导员话语能够彰显出老师的权力?"这一提问，78%的大学生给予了肯定回答。如表4-22所示。这表明，绝大部分高校辅导员在与学生进行交流的过程中拥有话语权。尽管高校辅导员在高校整体管理和决策中并不占据主导地位，实际上在相当程度上，承担教学和科研任务的教师一般拥有更多的话语权，但在与学生群体进行交流和沟通中，辅导员拥有相当分量的话语权。

表 4-22 辅导员与学生交流时是否彰显出作为老师的权力

		百分比	有效百分比	累积百分比
有效	是	78.0	78.0	78.0
	否	22.0	22.0	100.0
	合计	100.0	100.0	

对于辅导员话语，学生的主观感受如何呢？针对这一提问，42.5%的学生选择了"愿意接受"，40%的学生选择了"勉强能够接受"，仅有10%的学生选择了"不太能接受"，6.5%的学生选择"没什么感觉"，1%的学生选择了"有逆反心理"。如表4-23所示。

表 4-23 对于辅导员日常工作中传达的话语的感受

		百分比	有效百分比	累积百分比
有效	愿意接受	42.5	42.5	42.5
	勉强接受	40.0	40.0	82.5
	不太能接受	10.0	10.0	92.5
	没什么感觉	1.0	1.0	93.5
	有逆反心理	6.5	6.5	100.0
	合计	100.0	100.0	

第四章 思想政治教育话语创新的现实反思

辅导员话语在多大程度上影响学生的实际行动？针对这一提问，40%的学生选择"较少影响自己的实际行动"，33%的学生选择"对自己的实际行动影响一般"，仅27%的学生选择"对自己的实际行动影响很大"。如图13所示。

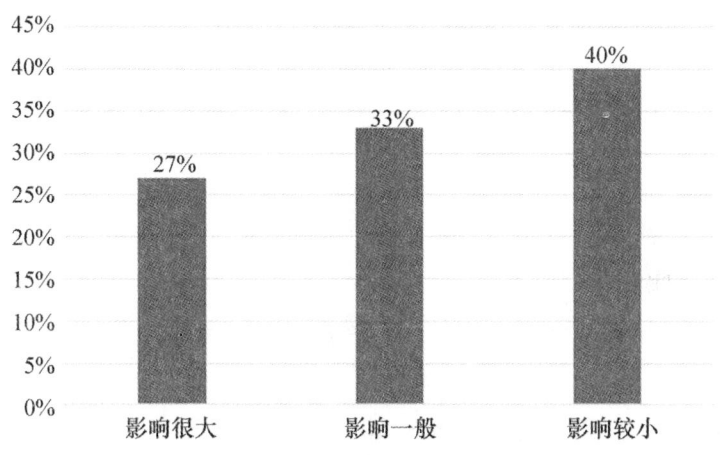

图13 辅导员话语影响学生实际行动的程度

（四）大学生对网络思想政治工作话语的认同现状

针对"了解国家大政方针政策和时事热点问题，哪些方式更容易让你接受？"这一提问，52%的被调查者选择"在网络上自行浏览"，31%的被调查者选择"去图书馆读书和读报"，21%的被调查者选择"学校通过文件通知的形式传达"，21%的被调查者选择"辅导员开会传达"，17%的被调查者选择"通过举办讲座和报告了解"。如图14所示。这表明，当前大学生群体更倾向于通过主动接受的方式了解国家政策和时事政治等，比如通过网络或去图书馆查阅报刊的方式获得相关信息。

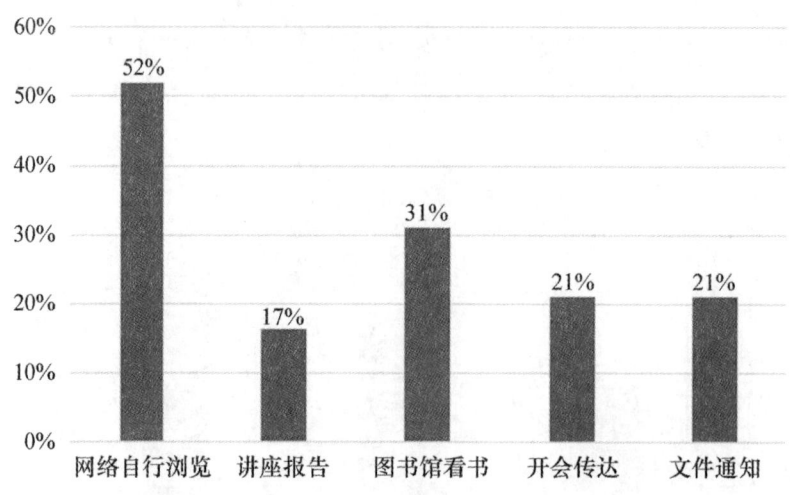

图 14　了解国家大政方针政策和时事热点问题的方式

针对网络思想政治工作话语，58.9% 的大学生选择会经过自己的理性思考作出评判，然后自行决定付诸行动；23% 的大学生选择会根据专家学者的观点进行推断然后付诸行动；18.1% 的大学生选择根据网络大多数人的评论决定是否付诸行动。

对于网络宣传中对中国共产党的奋斗目标的描述，55% 的大学生乐意于接受"更好的教育、更稳定的工作、更满意的收入、更可靠的社会保障、更高水平的医疗卫生服务、更舒适的居住条件、更优美的环境，期盼着孩子们能成长得更好、工作得更好、生活得更好"这一表达方式；43% 的大学生乐意于接受"立党为公，执政为民，求真务实，改革创新，艰苦奋斗，清正廉洁，富有活力，团结和谐"这一表达方式；仅 13% 的大学生乐意于接受"实现现代化、统一祖国、振兴中华"这一表达方式，仅 6.5% 的大学生乐意于接受"为共产主义奋斗"这一表达方式。如表 4-24 至 4-27 所示。

第四章 思想政治教育话语创新的现实反思

表4-24 立党为公，执政为民，求真务实，改革创新，艰苦奋斗，清正廉洁，富有活力，团结和谐

		百分比	有效百分比	累积百分比
缺失		0.5	0.5	0.5
有效	否	56.5	56.5	57.0
	是	43.0	43.0	100.0
	合计	100.0	100.0	

表4-25 实现现代化，统一祖国，振兴中华

		百分比	有效百分比	累积百分比
缺失		0.5	0.5	0.5
有效	否	86.5	86.5	87.0
	是	13.0	13.0	100.0
	合计	100.0	100.0	

表4-26 为共产主义奋斗

		百分比	有效百分比	累积百分比
缺失		0.5	0.5	0.5
有效	否	93.0	93.0	93.5
	是	6.5	6.5	100.0
	合计	100.0	100.0	

表4-27 更好的教育、更稳定的工作、更满意的收入、更可靠的社会保障、更高水平的医疗卫生服务，更舒适的居住条件、更优美的环境、期盼着孩子们成长得更好、工作得更好、生活得更好

		百分比	有效百分比	累积百分比
缺失		0.5	0.5	0.5
有效	否	44.5	44.5	45.0
	是	55.0	55.0	100.0
	合计	100.0	100.0	

三、调查的主要结论

（一）大学生对高校思想政治教育话语评价较高，但话语效果仍有较大的提升空间

调查显示，大学生对思想政治理论课课堂话语评价较高。85%的大学生认为思想政治理论课课堂话语重要，其中，41.5%的大学生认为非常重要，43.5%的大学生认为比较重要。最受大学生欢迎的是《中国近现代史纲要》这门课程的话语风格，其次是《思想道德修养与法律基础》这门课程的话语风格。大学生喜欢的课程话语风格是风趣幽默、有思想深度、传授新的知识。67.5%的大学生思想政治理论课出勤率达80%以上；84.5%的大学生对思想政治理论课教师的理论水平表示认可；65%的大学生认为思想政治理论课课堂话语有自己的见解和分析，老师能够做到不照本宣科；51.5%的大学生认为思想政治理论课课堂老师的话语有幽默感，善于活跃课堂气氛。

同时，思想政治理论课话语效果仍有较大的改进空间。调查显示，60.5%的大学生认为老师不能有效运用生活事例来解释课本知识；76%的大学生认为思想政治理论课课堂老师不能与学生有充分的对话和交流；52%的大学生认为思想政治理论课课堂话语内容陈旧；55%的大学生认为自己并没有积极投入思想政治理论课课堂教学。大学生对于思想政治理论课的学习动机有待进一步端正，38.5%的大学生认为学习思想政治理论课的目的是应付考试；33%的大学生认为学习思想政治理论课的目的是指导实践；25.5%的大学生认为学习思想政治理论课的目的是丰富自身；3%的大学生学习目的是处于自身兴趣。

此外，大学生群体对高校规章制度话语的行为认同较高，学生管理规章制度在做出修改的过程中一定程度上尊重了学生的意见，有效保证了大学生在高校的话语权。对辅导员话语、网络思想政治教育话语的认知认同和情感认同较高。数据表明，辅导员在大学生日常学习和生活中

发挥着重要的指导作用，超过半数的学生会主动向辅导员寻求帮助。绝大多数的大学生能够接受辅导员日常工作话语，辅导员话语在大学生群体中产生很强的影响力，但大学生对辅导员话语的行为认同较低。原因在于，一方面学生在思想道德方面存在"知行不一"的情况，另一方面辅导员话语不能完全契合学生的实际需要和心理特征，虽然能够入耳，但不能完全入脑、入心，这表明当前辅导员话语的说服力亟待提高。此外，当前大学生作为思想活跃、个性张扬、视野开阔的青年群体，不再被动地接受外部信息，对网络思想政治工作话语的理解和认同一般都要经过积极的自我建构，在行为认同方面并不盲目追随网络话语。但大学生群体的价值观尚未完全形成，因而迫切需要加强高校思想政治教育网络话语载体的建设，发挥网络载体的话语功能。

（二）高校思想政治教育话语主体具有较强的权威性，但悦纳度仍显不足

调查数据显示，大学生群体对高校思想政治教育话语存在知行不一的状况。具体表现为，大学生群体对学校规章制度话语认知认同和情感认同较弱，但行为认同较高；大学生群体对辅导员话语和网络思想政治教育话语的认知认同和情感认同较高，但行为认同较弱。知行不一的这一状况直接影响着高校思想政治教育的话语效果。

究其原因，规章制度对大学生群体具有很强的约束作用，话语内容一般较为繁琐，规定的往往是必须做的事情，以及违反相关规定后的惩罚措施，同时话语方式权威性和严肃性较强，更多以"压服"的方式而不是以"说服"的方式赢得话语权，因此大学生群体对规章制度的悦纳度较低。而辅导员话语和网络思想政治教育话语相对规章制度话语而言，内容更为丰富多彩，一般涉及大学生日常学习和生活的相关建议和意见，规定的是可以做的事情或者应该做的事情，呈现出正面引导的特征，同时辅导员话语和网络话语对于大学生群体有更强的亲和力和感召力，话语双方能够保持相对平等的对话状态，因此易于被大学生群体所

接纳，认知认同和情感认同高于行为认同。

而思想政治教育的最终目的是将教育对象的"知"转化为"行"，思想政治教育过程的基本矛盾最终落实在思想政治教育对象的知行矛盾上。只有引导教育对象由"知"到"行"，在道德实践中强化自己的情感，才能逐步形成一种良好牢固的思想道德品质。因此，真正意义上的思想政治教育过程，离不开思想政治教育对象对思想政治教育内容和目的的践行。要实现从"知"到"行"的矛盾运动的转化，要求教育者必须激励教育对象以主体的身份积极参与道德实践，进行道德探索，对自己选择的道德行为的善恶与价值持有负责的态度。只有提高大学生群体积极参与的主动性和积极性，不断提高高校思想政治教育话语的悦纳度，才能增进思想政治教育话语的感召力和说服力。由此，教育者不能仅仅停留在共性的概括与提示上，而应该注重个性品德结构和个性心理特征的分析和研究，在教育对象的自我调节、自我完善与发展中，逐渐培养教育对象的主体精神。总之，知而不信，信而不行，行而不远，都意味着"知"与"行"之间的基本矛盾尚未真正解决，"知"和"行"这一基本矛盾的最终解决取决于话语对象自身，取决于受教育者对思想政治教育话语真正意义上的"悦纳"。

由于认同强调的是发自内心的理解和赞同，要提升高校思想政治教育话语的悦纳度，必须在说话者和聆听者之间建立良好的信任关系，实现良好的沟通，增进双方的理解。调研表明，广大学生对思想政治工作的规章制度话语认知认同和情感认同较低，虽然大多数学生能够实现行为认同，但缺乏认知认同和情感认同的规章制度话语一般发挥着"事后惩戒"的效果，"事前警示"的话语效果作用并不明显。学校规章制度话语要提升悦纳度，亟待改变"以势压人"的话语方式，及时进行废、改、立的修订工作，增强针对性和可操作性，真正尊重学生的教育主体地位。尤其要保障学生在日常管理中的话语权，这将有利于在话语双方之间建立平等合作的沟通关系。虽然思想政治工作话语认同归根到底是一种价值认同，但情感认同直接影响着学生对思想政治工作话语的认知程度。正如霍夫兰的劝服理论认为，人的态度由三方面组成，即认知、情感和行为倾向，在形成或改变态度的过程中，起决定作用的因素是情感。

而要进一步提升辅导员话语的悦纳度，迫切需要辅导员和学生之间建立更为牢固的信任关系，在话语表达中需要倾注感情，激发学生的情感认同。辅导员还需要增进自身的人格魅力，发挥无声的话语力量，正所谓"言传身教"，以实际行动率先垂范，能够实现启迪人心的话语效果。此外，当前学生群体更乐于置身于网络开放性的话语环境之中，更多地通过朋辈交往形成对某种观念和行为的认同和效仿。网络思想政治工作话语要着眼于学生的精神需求，增加内容的时代感和感染性，顺应学生的认知特点，及时回应学生思想深处的困惑。要重视对话式的话语方式，提高学生主动参与的积极性。总之，辅导员要重视运用网络新媒体，将网下思想政治工作和网上思想政治工作有效结合起来，发挥话语合力的作用。

（三）大学生乐于接受务实的话语内容、说服式的话语方式和网络话语载体

高校思想政治教育话语不仅仅是传递给学生以知识性的因素，更是一种方法论和智慧的启迪，因此，高校思想政治教育话语更应积极引导当代大学生开展积极主动的思考，而不是被动地接受；更应引导当代大学生进行积极的创造，而不是单一的遵从。有说服力的思想政治教育话语离不开生动的语言，话语作为思想政治教育过程中重要的中介因素，发挥着重要的价值引导功能、说服功能、激励功能。调查数据和案例分析显示，大学生群体更乐于接受务实的话语内容、说服的话语方式和网络话语载体。

首先，在务实性的话语内容中，尤其要增强高校思想政治教育话语的价值引导功能。当前，高校思想政治教育话语内容更多围绕"应该做

什么"、"不应该做什么"展开，对于"为什么"则较少涉及，这是话语效果不佳的重要原因之一。因此，高校思想政治教育话语内容迫切需要改革创新，要深入了解学生的精神需要，着力帮助学生更好地实现成长成才，真正与学生的"生活世界"接轨，不断增强话语内容的务实性。只有紧密联系大学生实际生活的思想政治教育话语，才能体现人文关怀和人情味，吸引学生主动关注。一方面要增强话语内容对社会热点问题的回应力，帮助大学生群体树立正确的价值导向。当前，国内重大的群体性突发事件日益频发，国际范围内与中国切身利益相关的敏感政治事件时有发生，对大学生群体产生一定的思想冲击。加之大学生普遍具有良好的信息敏锐力，对社会热点问题具有很强的表达欲望，网络平台成为他们发表意见的主阵地，更不乏网络意见领袖的产生。大学生群体这种主动参与社会热点问题讨论的精神难能可贵，但由于缺乏系统、全面的思维能力，容易陷入片面的误解之中，形成错误的思想认识。尤其对于负面社会问题的宣传报道，学生群体容易产生悲观失望的情绪，甚至影响对我国改革发展进程的信心。这迫切要求高校思想政治工作者及时引导学生正确认识社会热点问题，增强独立思考、明辨是非的能力。

更为重要的任务在于，思想政治教育话语要增进以社会主义核心价值观为主导的话语共识。思想政治教育话语的凝聚力主要依靠理想信念教育、爱国主义教育、马克思主义理论教育等多样化的教育话语凝聚人心的力量，以引导学生形成正确的世界观、人生观、价值观。当前，思想政治教育话语凝聚力的发挥依赖于社会主义核心价值观话语体系的传播，在青年学生群体中赢得了广泛的话语共识，才能形成凝聚人心的强大动力。虽然在人们的思想观念和价值选择日趋多元化和复杂化的当今时代，整齐划一的思想引导已经变得不切实际，但社会主义核心价值观话语体系的宣传和引导，为广大青年群体提供了具有中国精神的价值理念，发挥着重要的价值引领功能，对个人的成长成才产生着重要的导向作用。

其次,话语主体应采取说服式的话语方式增强话语的感召力。"说服"一词源于英文"persuasion",现代汉语词典将"说服"解释为"用理由充分的话使对方心服"。真正的"说服"是通过说明道理和提供事实信息而使对方自觉服从或使对方自动出现某种服从性的或预期性的变化的一种教育方式。① 早在1956年,毛泽东提出,"思想改造的工作是长期的、耐心的、细致的工作,不能企图上几次课,开几次会,就把人家几十年生活中间形成的思想意识改变过来。要人家服,只能说服,不能压服。压服的结果总是压而不服。"② 思想政治教育话语的说服效果与其他工作的效果相比,有一定的特殊性和复杂性。思想政治教育话语的说服效果往往表现为直接效果与间接效果、近期效果和远期效果、精神效果与物质效果集合在一起的综合效果。

由此,高校思想政治教育话语能否对大学生产生说服力,关键性前提在于大学生自身能够做到"心服",大学生群体是高校思想政治教育话语效果的真正确立者和创造者。如果不是出于"心服",而是出于对控制式和劝导式话语方式的心理压力,即使话语对象从外部行为上看是符合社会要求的,但很可能是被迫接受的,无法形成长期的话语影响和作用,甚至导致道德领域的知行矛盾。尤其在当前,随着现代化进程的推进,人的生活方式和思想观念发生深刻的变化,人的主体地位不断提升,主体意识不断增强,这必然要求思想政治教育话语主体要通过平等对话的方式关注话语对象的主体性。心灵的碰撞是对话的前提基础和条件,这要求话语主体应较少使用命令指令性的话语方式,多采取平等对话、劝导说服的话语方式,通过促进相互理解产生信任。要培养话语对象的主体性,需要引导话语对象学会自主思考、自主选择。由此,要对

---

① 石欧:《德育困境中的病理性说服教育及其诊治原则》,载《湖南师范大学社会科学学报》,1994年第6期,第115页。
② 《毛泽东选集》第5卷,北京:人民出版社1978年版,第368页。

命令式和劝说式话语方式的局限性进行深入反思，在交往对话中实现人的自主性和创造性。

通过案例整理，我们发现，三位思想政治理论课教师都非常善于寓基本概念、基本原理于具体形象的事例、情节之中，从而使枯燥的概念生动化，深入浅出，通俗易懂，有助于学生形象化的理解和掌握这些抽象概念，有效激发学生的学习积极性，让学生发自内心地认同教师的课堂话语。三位老师恰当地运用了幽默，具有扩散性思维和逆向思维，产生了较强的话语吸引力和感召力。在语言表达中，思维要求语言介入，积极选择语言表达；语言使思维有凭借，能够更容易引发受众的兴趣和关注。教师在课堂话语中恰当使用幽默，有利于拉近与学生的距离，增进亲和力。此外，三位教师都善于从现实生活中举例论证，理论联系实际的说服力在课堂话语中得以彰显。他们对大学生群体的所思所想非常了解，较好地把握了大学生群体的思想特征和关注点，采取说服式的话语方式，从而提升了课堂话语的效果。

最后，信息时代高校思想政治教育要大力加强网络话语权建设。随着新媒体技术的日新月异，高校思想政治教育话语的传播从原来单一的社会实践载体或校园文化载体，逐步过渡为微博和微信等网络载体、校园环境载体、校园文化载体多样性载体齐头并进的发展趋势。特别是网络载体的建设，其规模和效应日益重要和凸显。各大高校开始占领网络思想政治工作的新阵地，开展网络思想政治工作话语的传播，网络思想政治工作话语逐渐走上科学化的发展道路。新形势下我们必须清晰地认识网络的深刻影响，利用好网络的话语优势，牢牢掌握网络话语的主动权，重视引导大学生网络语言使用的文明性和自律性，注重网络载体和传统载体优势互补，发挥多样性载体之间的合力效应。

第二节 我国思想政治教育话语面临的困境

依前文所述，话语权包含着"权利"和"权力"两个层面，思想政治教育话语权是思想政治教育主导权和定义权的重要体现。因此，思想政治教育话语权不仅体现为思想政治教育者和受教育者说话的权利，以及权利实现后话语所产生的控制力和影响力；还表现为思想政治教育者对话语内容和话语形式的主导权和定义权。这种权力源自于国家权力，诸如国家通过颁布思想政治教育政策和制度对思想政治教育话语内容和形式施加影响。通过判断话语主体享有何种权利和权力，可以将我国当前的思想政治教育话语分为三种类型，即主流意识形态领域的官方话语、日常生活领域的大众话语以及研究领域的学者话语。这三种不同语境的思想政治教育话语主体享有不同的话语资源，并结成不同的利益群体。当前，虽然日常生活领域的大众话语权日益壮大，但力量有限，同时，主流意识形态领域的官方话语、研究领域的学者话语不同程度地存在话语困境。

一、话语主体面临的困境

（一）官方话语权威增强但话语效果不佳

目前，官方话语往往从政治的宏大叙事出发，遵循着标准化的言说方式，规范性较强，往往给人权威可信的主观印象。但政府及其官员话语缺位、失位和错位的现象时有发生，容易引发不良的社会反响，严重削弱了官方话语的效果。在诸多突发社会事件中，政府及其官员由于缺乏突发事件的应急能力，不能及时公布信息，甚至为了躲避行政责任隐瞒相关信息，使得思想政治教育话语应有的疏导功能难以发挥，同时造成民众对官方话语的质疑。由于话语内容和话语方式的不恰当，政府和官员即使公开了事件的真相，也难以取得民众的信服，甚至在某些特殊情况下政府和民众之间关系的对立，严重削弱了民众对官方的信任。比如在云南"躲猫猫"事件、山西"疫苗事件"等社会突发事件中，官方话语不仅没能及时平息社会情绪，反而加剧了民众对事件细节的质疑。

针对高校思想政治教育话语，58.9%的大学生选择会经过自己的理性思考做出评判，然后自行决定付诸行动，23%的大学生选择会根据专家学者的观点进行推断然后付诸行动，18.1%的大学生选择根据大多数人的评论决定是否付诸行动。对于辅导员话语，42.5%的学生选择了"愿意接受"，40%的学生选择了"勉强能够接受"。针对"辅导员话语在多大程度上影响自己的实际行动"这一提问，40%的学生选择"较少影响自己的实际行动"，33%的学生选择"对自己的实际行动影响一般"，仅27%的学生选择"对自己的实际行动影响很大"。

这表明，大学生对高校思想政治教育话语的认同度仍有较大的提升空间。原因在于，一方面学生在思想道德方面存在"知行不一"的情况，另一方面高校思想政治教育话语不能完全契合学生的实际需要和心理特征，虽然能够入耳，但不能完全入脑、入心，高校思想政治教育话语的说服力亟待提高。当前大学生作为思想活跃、个性张扬、视野开阔的青年群体，不再被动地接受外部信息，对高校思想政治教育话语的理解和认同一般都要经过积极的自我建构。虽然教师享有特殊的教育权力，形成一定的教师话语主导。然而，表面上教师在思想政治教育过程中扮演着话语权威的角色，但实质上往往处于话语屈从的境地。教师所传达的思想政治教育话语一旦简单重复教材话语、规章制度话语，缺乏个性化、生活化的话语，很难满足学生的内心期待，对学生思想困惑的实际问题也难以给出令人信服的回答。

尤其是西方发达资本主义国家往往占据主导世界的话语权，对我国官方话语权威造成了一定的冲击。随着我国公民权利意识的觉醒，民众利益表达的意愿日趋强烈，利益表达的内容日益广泛，大众话语力量日益增强。加之新媒体的突飞猛进,人人都是自媒体。新媒体视域下大众话语的形成和发展,对官方话语形成了有效的监督,增强了大众话语对官方话语和学术话语的力量制衡。由此,每一个人既作为思想政治教育的话语对象而存在,同时作为思想政治教育的话语主体而存在,这使得思想政治教育的话语权的分配更加公平,有助于提升大众话语权。然而,社会转型时期人们不同程度地存在道德观念薄弱的问题,社会生活中见利忘义、道德冷漠事件时有发生,冲击公众道德底线的事例不再新鲜。以"大公无私"、"个人服从集体"为价值标准的官方话语接受程度普遍下降,人们对思想政治教育话语的需求呈现弱化趋势,官方话语权威受到了极大的抑制。

(二) 学者话语数量庞大但自信不足

由于多种因素的制约,越来越多的国际学术成果在中国广泛传播,但我们输入到国外的研究成果却很少,这种"话语逆差"使得学者话语自信不足,不少学者在研究过程中"言必称希腊"。正如张维为教授在上海梅赛德斯奔驰文化中心作了主题为《在全球比较中看"中国模式"》的演讲中提出:我们讲超越美国,超越西方,不仅是经济总量,不仅是百姓财富,而且也是话语的超越:我们要有自己的话语。"[1] 因此,提高我国学者话语的自信心尤其迫切,而这种自信源自于中国特色学术话语体系的形成和发展。只有努力构建我们自己的话语体系,自觉创造话语体系的"中国制造",在中国特色社会主义建设的伟大实践中汲取话语资源,才能"讲好中国故事,传播好中国声音"[2]。总之,思想政治教育话语要赢得国际学术话语权,必须形成自己的学术话语体系,才能增强对国际热点问题的回应力。

---

[1] 张维为:《中国人,你要自信!》,http://www.guancha.cn/video/2015_02_05_308677.shtml(访问时间:2015年8月12日)

[2] 习近平:《意识形态工作是党的一项极端重要的工作》。http://news.xinhuanet.com/politics/2013-08/20/c_117021464_2.htm(访问时间:2015年10月2日)

目前，我国思想政治教育话语以理论话语为主导，话语针对性和实践性较弱，对国际社会热点、难点和焦点问题的回应力还不够。尤其是我国国内重大的群体性突发事件日益频发，国际范围内与中国切身利益相关的敏感政治事件时有发生，在这些国际热点事件中，我国学者如果缺乏积极主动的话语自觉，不能及时给予回应，只能陷入"人云亦云"的话语被动局面。加之当前民众普遍具有良好的信息敏锐力，对社会热点问题具有很强的表达欲望，不乏网络意见领袖的产生。民众这种主动参与社会热点问题讨论的精神难能可贵，体现了中国公民政治参与的积极性和主动性，但由于缺乏系统、全面的知识和能力，容易陷入片面的误解之中，形成错误的思想认识。尤其是国际范围内对中国事件的负面宣传报道，容易使中国民众产生悲观失望的不良情绪，影响对我国改革发展进程的信心。这迫切要求广大学者及时引导国内外民众正确认识我国改革发展中的热点问题，同时应增强话语的国际意识，对共同面临的社会问题加强中国特色话语理论的解释力，占据世界学术理论话语的一席之地。尤其要学会运用国际化的话语形式来宣传中国特色社会主义理论，注重话语方式的自觉转换。在对外文化交流和传播中，为了增进沟通和了解，传播好"中国声音"，迫切需要我们创新话语传播方式，以争取和赢得国际学术话语权。

近年来，我国主动引领国际话语权的意识和能力显著增强。2015年12月，我国成功举办了世界互联网大会，力图在国际互联网建设领域抢占话语权，堪称迈出了建设国际网络话语权的坚实步伐。未来针对全球都面临的科技伦理、社会公德、个人诚信等一系列道德问题，我国学者应要主动出击，在国际范围开展思想讨论和学术交锋的过程中，主动回应现实问题。特别需要在当代中国马克思主义的理论视阈中对全球问题进行具有中国特色的理论解读，而不局限于西方的话语体系。

具体在思想政治教育研究领域，学者的话语自信尚未完全建立，主要表现为：

一是话语借用现象比较普遍。思想政治教育学科领域的研究者们大量借用哲学、教育学、社会学、政治学等学科的概念和术语，比如"内化"、"外化"的概念借用于心理学的研究，"思想政治教育主体"、"思想政治教育客体"的概念借用于哲学的研究等。虽然不乏创新的学术观点，但带有明显的移植痕迹，思想政治教育学科话语体系尚未充分建立起来，思想政治教育领域的学者话语对诸多热点理论问题难以形成有学科特色的理论解读。二是经验理性话语占据主导地位，科学理性话语发展滞后。目前，有关思想政治教育的研究多集中为经验总结，经验思维成为学者从事研究的基本思维方式。正是由于科学理性思维的缺乏，造成话语科学性和学科性明显欠缺。这导致一些具有社会影响力的学术期刊不接纳有关思想政治教育的研究成果，形成了对思想政治教育领域学者话语的偏见，阻碍了话语的有效传播。三是学者话语关注点狭窄，学术影响力比较弱。比如，有研究对1020篇思想政治教育领域高频被引论文的关键词进行统计后发现，频次最高的分别是"大学生"（261次）、"思想政治教育"（252次）、"高校"（132次）、"辅导员"（92次）、"思想政治理论课"（76次）。[①] 这表明，目前的学者话语集中在高校思想政治教育这一研究领域，而其他领域的思想政治教育话语关注度明显不足，严重限制了思想政治教育在多重社会管理领域功能和作用的发挥，不利于学科话语的长远发展。

（三）大众话语发展迅猛但力量有限

随着我国公民权利意识的觉醒，民众利益表达的意愿日趋强烈，利益表达的内容日益广泛，尤其是新媒体的突飞猛进，任何人都可以进入互联网发出声音，人人都是自媒体。新媒体视域下大众话语的形成和发展，对官方话语形成了有效的制约和监督，增强了大众话语对官方话语

[①] 王军：《思想政治教育学科期刊高被引论文分析》，载《思想理论教育》，2014年第8期，第60页。

和学术话语的力量制衡。比如网络问政充分拓展了广大民众参政、议政的渠道，有利于民众话语权的提升，培育民众的政治参与意识。在这样的时代背景下，每一个人既作为思想政治教育的话语对象而存在，同时作为思想政治教育的话语主体而存在。

然而，我国大众话语看似迅猛发展，实则力量有限，面临种种困境。目前我国大众话语多以宣泄式、感性化的话语方式出现在网络上，由于缺乏客观公正的说理，难以产生话语影响力。以微博话语为例，"一系列微博事件如重庆不雅视频事件、表叔事件、房姐事件虽然通过大众舆论发酵形成强大的话语攻势，并最终形成了对公权力的有效监督和制约"①，但微博语境下的大众话语难免批判有余而理性不足。甚至有的网民用制造谣言的方式对抗谣言，造成了网络流言蜚语的层出不穷，模糊了人们的视线，干扰了正常话语的有效传播，使得民众容易被某种偏激情绪所影响而成为古斯塔夫·勒庞所言的"乌合之众"。

这些大众话语的表达虽然满足了民众的一时之快，也契合了民众对话语民主的期许，但话语喧嚣的背后，是一种理性共识的缺失。比如有关民主的讨论，人们对"民主"的理解大多是"自说自话"，难以形成有效的交流和对话。因为有的理解的是自由主义的民主，有的理解的是人民群众当家做主，还有的理解的是民主集中制等。然而，只有理性的共识才是稳定的共识，才能形成大众话语的强大舆论力量，发挥应有的话语效果。而民众理性共识的形成有赖于民众对社会核心价值观的认同，有赖于稳定的理想和信念的形成，并以此共同捍卫约定俗成的道德法则。而当前大众话语缺乏理性共识的症结在于，大众话语容易受制于偏见和情感，难以形成独立、理性的价值判断。

同时，大众话语在与官方话语较量的过程中，一般处于弱势地位。由于法治的缺失，政府公权力容易超越法律的界限打压民众的利益表

---

① 郭讲用：《微博约架：传媒公共领域的实践困境》，载《当代传播》，2013年第3期，第65页。

达，限制公民的话语权。在官方话语和大众话语的博弈过程中，政府往往占据主导地位。加之我国保护公民话语权的法律和制度建设还不成熟、不完善，大众话语的发展步履艰难。

二、话语内容的说服力不足

思想政治教育话语内容的说服力即话语内容对教育对象的思想和行为趋向所产生的影响力和感染力。当前，在新的时代背景下，人们的思想和行为往往较少从外部直接授予，更多地体现为积极主动地选择外部传达的思想信息，在进行自我理解和认同的基础上主动建构自己的内在精神世界。而日常生活领域中的思想政治教育话语信息失真、陈旧老套、枯燥乏味，往往难以激发教育对象的认知兴趣，难以接受和认同，这使得大众语境下的思想政治教育话语内容的影响力和感染力不足。具体体现为：

（一）话语内容的真实性缺失

在理论学习报告会和思想政治理论课课堂上，我们常常遇到这样的情形：作为话语主体的报告人和教师滔滔不绝地传授一定的话语内容，但作为听众的话语对象却呈现出不同的反应。有一部分频频点头、热切关注；但也有一部分听不进去、无动于衷。为什么同样的话语内容呈现出不同的话语效果呢？原因虽然复杂，但在话语传播过程中信息失真的问题不得不引起我们的注意。这里所说的话语内容失真，分为"正向失真"和"负向失真"两种。①

---

① "所谓负向失真，即是说受教育者所据以做出选择和判断的经验还非常缺少、知识还非常不充分，所以他在理解那些实质上是超出了他现阶段水平的由各种教育信息所代表的教育内容时，便会有意无意地裁剪教育信息，把它们拼凑和组装成适合于自己当下理解程度的形式，从而曲解了原先的教育内容，造成信息在丢失或流失意义上的失真。所谓正向失真，即是说受教育者所据以做出选择和判断的经验已经足够充足、知识已经足够充分，所以他在理解那些事实上是低于他现阶段水平的由各种教育信息所代表的教育内容时，便会有意识地对这些教育信息进行增补，把它们扩充成适合于自己当下理解程度的形式，从而超越了原先的教育内容，形成信息在发展或完善意义上的失真。"参见黄航：《思想政治教育过程中的信息失真及其防治》，载《中州学刊》，2011年第1期，第41页。

在实践中，人们更多关注的是"负向失真"，即由于话语主体自身理论水平和认识水平的不足，曲解了原有的话语内容，将失真的话语信息传播给话语对象。加之官场存在的不正之风导致一些领导干部习惯于说"假话"，出于种种原因不敢将真实情况公布于众，从主观上故意传播虚假信息，这种情况较之主观认识偏差造成的信息传播失真更直接加剧了思想政治教育话语内容的"负向失真"。依据话语伦理理论和政治修辞理论，话语内容的真实性是话语效果实现的条件之一，思想政治教育话语内容的说服力必须以真实性为前提和基础。尤其在网络时代，广大民众的话语权得以增强，隐瞒真相的做法越来越遭遇到各种挑战。

而对于"正向失真"的情形，思想政治教育话语主体也要加以重视，应努力把握话语对象的认识水平，因为超越原有的话语内容必须以顺应话语对象的认识接受水平为前提基础。思想政治教育领域的理论家不能仅仅作为理论家而存在，还要成为教育家，善于把理论传播于众，产生良好的话语效果。

（二）话语内容发展滞后

在政治领域，从开会发言到工作总结，一些党政领导干部习惯于秘书代替写稿，并没有自觉形成自己的话语立场和话语态度。而写文章的人为了完成工作任务，习惯于"啃老本"，即套用上级的文件话语，或者直接照搬相关部门的稿子，不动脑也不用心，一来"图省事"，二来不容易出错，这直接导致了思想政治教育话语的陈旧。长期下去，写文章的人容易丧失主动发现问题和分析问题的能力，这使得本来应具有生机活力的思想政治教育话语成为令人生厌的陈词滥调。在宣传领域，官方媒体虽然在不断转变文风，但面对社会问题往往反应迟钝，容易陷入思想僵化停滞的状态，造成话语的陈旧枯燥，难以回应人们思想深处的困惑。

依前文所述，52%的大学生认为思想政治理论课课堂话语内容陈旧，具体表现为，60.5%的大学生认为老师不能有效运用生活事例来解释课本知识;31.5%的大学生认为思想政治理论课课堂话语与实际生活联系不紧密;30.5%的大学生认为课堂话语内容观点比较单一。还有部分高校师生认为学校的德育文件话语一般都简单复制上级教育管理部门的文件,缺乏针对性。德育教材话语、课堂话语以及日常德育工作话语普遍陈旧,滞后于学生思想实际,尤其是当代学生作为思想活跃、思维敏锐的年轻一代,学校德育话语创新的速度往往滞后于学生对话语创新的需要。这造成教师话语和学生话语相互之间很难找到契合点,形成难以逾越的话语障碍。

在企业、事业单位领域中,人们对思想政治教育的重要功能和作用难以形成客观理性的认识,很多单位的思想政治工作形同虚设。由于从思想上到实际行动上放松了思想政治教育,思想政治工作总结和工作计划多为形式主义的话语表达,主动创造的精神和能力明显缺失。在思想政治教育学术研究领域,大多趋于雷同,真正发现新问题、解决新问题的研究成果并不多。恩格斯曾提出,"一门科学提出的每一种新见解都包含着这门科学的术语的革命。"① 要避免思想政治教育话语的陈旧,离不开思想政治教育研究领域专业术语的创新。

总之,不同领域的思想政治教育话语相互影响、相互制约,使诸多思想政治教育话语呈现观念老、格调老、角度老的不足,严重削弱了思想政治教育话语的说服力。

(三) 话语内容科学性不足

目前,思想政治教育者所传播的话语内容多为泛泛而谈的理论教条,政治话语、公文话语盛行,缺乏实质性的内容,对现实生活难以形成有针对性的指导。不少思想政治教育话语内容成为了现行政策和制度的注释和解说,简单空洞的政治辩护词由于缺乏理论生命力而难以产生话语说服力。一项调查显示,"充分肯定、高度评价、圆满完成、正确

---

① 《马克思恩格斯文集》第5卷,北京:人民出版社2009年版,第32页。

领导、大力支持、提高认识、统一思想、政治高度"成为网友反感的官话和套话。① 马克思对空洞的宏论曾提出批评,"这种宏论通常是讲的人比听的人更过瘾。如果把这些轻氢球似的虚夸词句抓在手里挤一下,那就会一无所有,甚至原来使它们膨胀起来像个什么东西的空气也没有。"② 马克思和恩格斯还多次批评这种空洞宣传话语,将其比喻为"沙漠中的布道者"③,认为这种空洞说教无法产生应有的教育效果。

虽然日常工作领域的思想政治工作一般都在行政部门自上而下的管理体制中开展,话语不可避免地要受到行政管理部门的制约和影响。然而,思想政治教育话语并不局限于官方话语之中,它更多地包含在鲜活的现实生活当中。当思想政治教育工作者满足于对国家政策和行政指示的空洞化传达,甚至将思想政治教育话语等同于行政话语或政策话语,难以吸引话语对象的眼球。

因此,思想政治教育话语必须实现从"空洞说教"向"具体可行"的转变。"具体可行"的思想政治教育话语首先要解决"为谁说"这一前提性问题,只有以人民群众的利益为话语立场,才能用心说话、带着感情说话、才能让广大群众真信、真用。正如老子所言,"圣人常无心,以百姓心为心。"④ 意思是说,圣人没有固定不变的意志,而是以百姓的意志为意志。思想政治教育话语内容只有切实维护群众利益,才能建立和群众的话语连接点,使广大民众感受到话语生动、鲜活、强劲的真谛。其次,"具体可行"的思想政治教育话语要求我们为人们树立一套切实可行的行为规范,通过制度约束人们的行为,督促人们良好道德品格的形成。并通过建立具体规范的处罚措施,对违犯具体规则的人加以惩戒,以此才能引导人们自觉践行具体化的行为准则。

---

① 秦淮川:《党报刊登读者最反感官话:高度重视亲自过问》,载《燕赵都市报》,2013年1月10日,第3版。
② 《马克思恩格斯全集》第18卷,北京:人民出版社1965年版,第605页。
③ 《马克思恩格斯全集》第18卷,北京:人民出版社1965年版,第451页。
④ 参见《老子》第四十九章

三、话语方式和传播方式亟待创新

（一）命令式和说教式话语造成话语价值的遮蔽

在战争年代，中国共产党凭借深入细致的思想政治工作，奠定了坚实的群众基础。这一时期的思想政治教育话语以说服教育为主，通过严明的党风党纪和率先垂范的言传身教，形成了深入人心的思想政治教育话语，赢得了广大群众的普遍认同。类似于"从群众中来，到群众中去"成为这一时期思想政治教育话语的典范，让普通群众感觉可敬、可亲和可信。

新中国成立之后，党内从事思想政治工作的干部走上了领导岗位，掌握了行政权力，拥有了对人对事进行奖励和惩罚的权力。一些领导干部凭借对话语内容的优先占用而成为话语的支配者、控制者和传播者，习惯于运用"权力话语"取代"说服话语"。而命令式和说教式话语一般呈现出严肃性、刻板化、模式化的特征，难以释放思想政治教育话语塑造人、引导人的内在潜力。邓小平在1950年敏锐地指出："我们党内有这样一种人，老是拿共产党员的牌子和革命多少年的资格去压别人，硬要党外人士服从自己，说话态度生硬，架子摆得很大，以为这就是'领导'。其实只能令人讨厌，脱离群众，使自己陷入孤立和困难的地步。"[1]

对于学校规章制度话语的总体印象，40.5%的被调查者认为规章制度话语具有严肃性，32.5%的学生认为规章制度话语具有指令性，31%的学生认为规章制度话语具有权威性。这表明，高校思想政治工作规章制度话语中控制式的话语方式占据主要地位。针对"在与辅导员进行交流时，能否建立平等的对话关系？"这一提问，仅23.5%的学生认为"能够建立对话关系"，46.5%的认为"有时候能够建立对话关系"，

---

[1] 《邓小平文选》第1卷，北京：人民出版社1994年版，第157页。

26.5%的学生认为"很难建立"。此外,76%的大学生认为思想政治理论课课堂老师不能与学生有充分的对话和交流,仅24%的大学生认为思想政治理论课课堂老师能够与学生有充分的对话和交流。

这表明,在高校思想政治教育话语传播中,话语主体习惯运用这种行政命令话语取代说服话语。然而,教育者一旦丧失了应有的说话耐心,简单的命令式、说教式话语更容易取代说服话语。这造成教育者和受教育者之间形成了一种教育和被教育、塑造和被塑造的单向性的控制和劝说关系,受教育者由于在知识、经验、思想方面的不成熟,没有得到应有的平等话语权,经常处于"话语屈从"的境遇,即他们对思想政治教育话语没有选择权,只能被动地等待和接受。这导致教育者习惯于将自身作为权威而存在,以一种高姿态的话语表达方式,对话语对象进行强势灌输。这种话语方式使得训导式、教导式的话语充斥于学校思想政治教育的过程之中,往往忽视培养受教育者自我判断和自我选择的能力。

然而,有别于一般的教育话语,思想政治教育话语不仅仅是一种知识的传授,更是一种具有实践性的情感体验活动。在这个意义上,思想政治教育不仅仅是"塑造人"或"培育人"的过程,更是一种"引导人"与"激发人"的过程,主要是引导人形成正确的道德观念,激发人的动机、情感、潜能,以此促使人积极向善,达到人与外界的和谐发展,在教育者和受教育者之间形成"有血有肉"的"对话",这才是思想政治教育话语的真正意蕴所在。而在命令式、说教式的话语传播中,思想政治教育话语主体常常成为官方文本话语的"传话筒","放弃了自身的教育体悟和个性思想的生动表达,从而表象的'话语霸权'遮蔽了实质上的'话语沦丧'。"[①] 这使得话语对象自身的认知、情感和行为很难调动起来,积极性和主动性很难充分发挥,造成思想政治教育话语作

---

① 董金权、鲍昊喆:《情景逼迫:一种柔性暴力的生产——大学生思想政治教育双重失语现象的社会学分析》,载《学术论坛》,2014年第1期,第112页。

用和功能的遮蔽。

(二) 话语传播方式的滞后造成话语空间的窄化

思想政治教育话语一般通过固定的组织和单位进行传播，比如机关、学校、企业、事业单位的党组织和团组织担负着传播思想政治教育话语的重要任务。组织传播和单位传播一般通过政治学习、支部会议、参观调研等传播载体来开展思想政治工作，是思想政治教育话语传播的基本途径。然而，随着市场经济和信息技术革命的推动，目前单位传播或组织传播已经日渐弱化。当前思想政治教育话语更多在政府机关、军队和学校中发挥作用，在企业、乡村、社会团体组织等领域的作用相对微弱。然而，"思想政治工作的对象是人的思想，而人的思想具有普遍性。只要有人的地方，就有人的思想，从而形成人的思想领域"。[①] 由此，应及时更新话语传播方式和方法，适应不同社会领域和不同社会群体的需求，发挥其应有的话语功能。特别是在一些特殊社会群体中，比如农民工群体、留守儿童群体、空巢老人群体迫切需要思想政治教育话语的及时引导，关切人灵魂深处的渴望。在一些特殊的社会空间中，比如公共场所、新媒体空间，也迫切需要思想政治教育话语的适度介入，引导人们在社交环境中协调好人与人之间的关系。而思想政治教育话语单向灌输的传播方式远远滞后于社会发展的需要，这使得思想政治教育在面对日益多元化的现代社会时往往"力不从心"，社会工作、宣传工作等工作正逐步代替思想政治教育发挥社会引导作用。因此，在突飞猛进的网络技术发展的现代社会中，一方面要发挥组织传播和单位传播的传统优势，另一方面要充分挖掘社会传播的新方式和新方法。由此，积极寻求创新的传播方式，成为思想政治教育者必须面对的紧迫任务。

---

① 孙其昂：《社会学视野中的思想政治工作》，北京：中国物价出版社2001年版，第10页。

第三节 思想政治教育话语困境的原因分析

当前我国思想政治教育话语效果不佳的困境绝非单一、偶然因素所导致，而是主观和客观方面多种因素形成演变的结果。要彻底扭转话语困境，有必要从不同的视角深入剖析话语困境形成的原因，认识其症结所在，才能理清思想政治教育话语创新的障碍。

一、传统渊源：话语主体思想观念和思维方式的局限性

语言同思想和思维有密切的联系，语言作为人区别于其他动物的本质特征之一，是思维的工具，是思想的直接实现。马克思指出："思维本身的要素，思想的生命表现的要素，即语言。"[1] 思想政治教育话语作为语言在思想政治教育过程中的一种实际运用，是思想政治教育者思想观念和思维方式的重要体现。我国学者董方峰从思维方式的角度解释了语言和思维方式的内在联系，即"语言体现人类思维方式，对语言的控制就是对思维的控制。话语的重复最终会导致大脑神经的定型，因为思维和大脑是一体两面，思维的不断重复最终会通过神经系统的作用形成永久神经回路，且体现为固化的世界观"。[2] 由此，我国思想政治教育话语困境归根到底是一种思想方法的问题。由于思想观念和思维方式的局限性，使得当前我国思想政治教育话语出现"言之无物"、"言不及义"、"言不达意"的种种弊端。

（一）思想僵化

话语是思想的外化和表现，符合时代发展潮流和趋势的思想能够使

---

[1]《马克思恩格斯全集》第42卷，北京：人民出版社1979年版，第129页。
[2] 董方峰：《当代美国政治话语的本质——认知语言学家莱考夫的政治发现》，载《中国社会科学报》，2011年9月8日，第004版。

话语产生预期的良好效果,而保守僵化的思想可能起到抑制的负面效果。在观念定势的影响下,人们习惯于沿用陈旧话语,进一步造成了思想观念的保守;而保守观念又进一步加剧了话语陈旧的弊端。

在思想政治教育日常话语中,各式各样的"口号"由于易记易诵,容易广泛传播和激励人心,各级政府往往习惯于大力宣传各种"口号"。在特定的历史年代,甚至一度将"口号"宣传作为政绩工程,不惜一切人力、物力来搞"口号"宣传。因为口号越流行,人们越习惯于拿来就用,其背后真实的意义反倒很少被人认真关注了。虽然"口号是它所属于的那个时代、那个领域的大势所趋、发展所向"①,但"口号"容易将思想简约化,遮蔽话语本身所具有的丰富内涵。比如"中国特色"的概念泛化的结果是,不论好的或者不好的社会现象人们都习惯于归结于"中国特色",这种概念滥用造成了人们思想观念的僵化,习惯于拿来就用,不加以理性思考就将没有必然联系的事物联系到一起,违背了事物联系的特殊性规律,不利于思想观念的与时俱进。

(二) 权力思维

部分从事思想政治工作的领导干部由于自身职位和地位的影响力,习惯于运用强制性的行政命令来开展工作。然而,在新形势下,靠权力思维开展思想政治工作难以奏效,无法真正调动人们的积极性、主动性和创造性。因为权力思维使得人们遇事首先考虑的是领导者自身的权威、面子和利益,"以官为本、以权为纲、以仕途为个人事业的选择导向"②,习惯于用强制手段去解决思想问题,导致思想政治教育话语"以势压人"的弊端,难以真正被普通民众所接受和认同。

2015年8月,郑州市物价局副局长朱孝忠在听证会的一句话——"涨价是政府的一个工作职能"在网络广泛传播,引发舆论痛批。显然,

---

① 纪陶然:《口号中国》,北京:经济日报出版社2009年版,第13页。
② 石长地:《与官员谈心理健康与心理调适》,北京:国家行政学院出版社2010年版,第71页。

这位局长并没有认识到听证会程序正当的重要性，无视民众的合法权利，可为权力思维的典型代表。这些"权力话语"暴露了其特权思维的本质，难以服众，引人反感。

由此，要突破权力思维的局限性，就要树立非权力思维，比如权利思维、法治思维、规则思维等。传统权力思维模式下教育者和受教育者领导和服从的关系应逐步让位于协作的平等关系，教育者由过去思想政治工作的决策者、支配者应逐步转变为参与者和指导者。只有从传统的强制性、等级性的权力思维中跳出来，从权力观念转变为平等协商观念，才能真正提高思想政治教育的亲和力和影响力。正如毛泽东曾在《关于正确处理人民内部矛盾的问题》中提出，"思想改造的工作是长期的、耐心的、细致的工作，不能企图上几次课，开几次会，就把人家在几十年生活中间形成的思想意识改变过来。要人家服，只能说服，不能压服。压服的结果总是压而不服"，"企图用行政命令的方法，用强制的方法解决思想问题、是非问题，不但没有效力，反而是有害的。……凡属于思想性质的问题，凡属于人民内部的争论问题，只能用民主的去解决，只能用讨论的方法、批评的方法、说服教育的方法去解决，而不能用强制的、压服的方式去解决。"[①]

（三）"非黑即白"的简单化思维

"非黑即白"的简单化思维定势的存在严重阻碍着话语功能的发挥，值得我们深入剖析。这种简单化思维方式容易陷入二元对立、非此即彼的思维误区，将任何事物区分为两个极端——不是黑就是白，不是好就是坏，不是朋友就是敌人，简单化地处理社会问题。

当前，思想政治教育话语有时会出现"非白即黑"思维方式的影子，阻碍辩证思维方式的形成。比如对正面典型"高大全"形象的塑造，对反面典型模式化的报道；再比如在思想政治教育研究领域，一些

---

① 《毛泽东选集》第5卷，北京：人民出版社1964年版，第368页。

学者提出要彻底抛弃"政治主导一切"的思维方式,主张"去政治化"。这种极端化、绝对化的思维方式对思想政治教育话语创新形成了不可低估的障碍,如果不能从根本上实现简单化思维方式到辩证式思维方式的更新换代,将难以实现话语的革新。实际上,在新的历史时期既要避免夸大政治的倾向,又要防止否定政治的倾向。"在思想政治教育研究中,既不能抛弃政治,也不能不加区别地谈政治,需要从实际出发,作辩证处理。"①

恩格斯认为"非黑即白"的简单化思维方式实质上是在实行"服从对手的规则",即"因为我的对手说黑的,我就说白的——这纯粹是服从对手的规则,这是一种幼稚的政策"②。这种简单化的思维方式,导致思想政治教育话语难以令人信服。马克思恩格斯经常运用批判的方式进行论证,恩格斯解释说:"我总是宁可利用自由党人的证据,以便用自有资产阶级亲口说出来的话打击自有资产阶级。"③ 因此,要避免陷入"非黑即白"的简单思维定势之中,就要建立"复杂性思维"④。加之思想政治教育本身具有复杂性的显著特征,思想政治教育话语主体只有运用复杂性思维指导思想政治教育话语的创新发展,才能突破话语的诸多困境。

二、理论根源:对思想政治教育本质和作用认识的片面性

(一) 对思想政治教育本质认识的片面性

思想政治教育的本质是思想政治教育学科关注的核心问题。由于思

---

① 孙其昂:《思想政治教育学基本原理》,南京:河海大学出版社2004年版,第11页。
② 《马克思恩格斯全集》第35卷,北京:人民出版社1971年版,第437页。
③ 《马克思恩格斯全集》第2卷,北京:人民出版社1965年版,第280页。
④ 所谓"复杂性思维",是相对于简单性思维而言的,即运用复杂性科学的基本理论、观点与方法来思考、分析和研究问题的一种探究方式,它是以非线性、整体性、关系性、过程性等为主要特征的一种现代思维方式。参见杨美新、刘克利:《复杂性思维视阈下思想政治教育研究述评》,载《湖南科技大学学报(社会科学版)》,2013年第5期,第182页。

想政治教育本身具有鲜明的意识形态性，不少人将思想政治教育的本质理解为"意识形态性"，甚至将思想政治教育等同于意识形态教育。这种认识使得充满阶级性、斗争性的意识形态话语充斥于思想政治教育的过程中。类似的观点认为，思想政治教育的本质是"政治性"、"阶级利益性"，还有的认为思想政治教育的本质是"灌输"。与之对应的是，一些学者主张淡化思想政治教育的意识形态性，试图掩饰思想政治教育话语的政治主导性，要求用"公民教育"替代"思想政治教育"，认为德育仅仅只是一种道德教育，不包括政治教育、思想教育，提出"德育非政治化"。这种主张使得思想政治教育话语试图摆脱一定的阶级立场，呈现出一种"中性化"的特征。

这些对思想政治教育本质的片面认识，直接导致了思想政治教育话语的偏差。思想政治教育话语不仅有意识形态性的特征，而且具有非意识形态形式的特征。"从本质上看，思想政治教育具有意识形态性和非意识形态性的双重属性，但这二者的地位不能等同，思想政治教育的意识形态性始终居于主导地位，而非意识形态性居于从属地位"。[①] 对于这两个方面特征的关系，有学者指出，"一方面，统治阶级总是将德育看作服务于本阶级统治的工具，德育功能必然被注入极强的政治和阶级意识，因而成为占统治地位的统治意识的一部分。这就是德育功能的意识形态性。但这并不是说德育活动便只是认同并内化为统治阶级的功能期待和选择，而是社会各个阶层或阶级都有自己的德育功能期待；也许更为重要的，是尚有许多人类共同性的、非阶级性的东西，同样影响德育功能的价值取向。这就是德育功能的非意识形态性。"[②] 由此，我们在认识到思想政治教育意识形态功能的同时，不可忽视其非意识形态功能的发挥。

---

① 张澎军：《德育哲学引论》，北京：人民出版社2002年版，第224页。
② 石书臣：《论思想政治教育中意识形态性与非意识形态性的统一》，载《探索》，2003年第3期，第82页。

第四章　思想政治教育话语创新的现实反思

而更让思想政治教育话语陷入困境的是人们对思想政治教育灌输本质的误解。不少人仅仅从"灌输"的字面上去静止地理解其内涵，将灌输等同于"从外部硬性植入"，导致思想政治教育说教式话语方式的形成。列宁指出，"现代社会主义意识，只有在深刻的科学知识的基础上才能产生出来。……社会主义意识是一种从外面灌输到无产阶级的阶级斗争中去的东西，并不是一种从这个斗争中自发产生出来的东西。"① 由此，"灌输"是一个中性词，强调的是马克思主义理论话语需要通过教育的方式才能为人们所接受，不可能自发产生社会主义意识。灌输仅仅是思想政治教育的方法，而不能作为本质和原则来看待。随着时代发展和教育对象的变化，灌输的具体形式和方法需要不断调整和创新，需要更多地发挥话语对象的能动作用，增强灌输内容的科学性以及灌输方式的多样性。

（二）对思想政治教育作用认识的片面性

在历史上，人们对思想政治教育作用的认识出现过"万能论"和"无用论"两种错误的思想倾向，造成思想政治教育话语缺乏正确的价值定位。"万能论"过分夸大思想政治教育"生命线"的作用，认定思想政治教育能够解决一切社会问题。认识上的失误引起实践中的偏差，造成思想政治教育话语的扭曲。"无用论"即一些思想政治工作者对思想政治教育的作用缺乏正确的认识和定位，由于思想政治工作效果不能"立竿见影"，往往成为人们眼中"说起来重要、做起来次要、忙起来不要"的工作。由于不能客观认识思想政治工作的地位和作用，人们对于思想政治工作疲于应付，难以形成应有的工作态度。许多单位一提到理论学习，就想到开会；一提到支部活动，就想到听报告；一提到创先争优，就想到检查评比……由此，思想政治工作越来越流于形式，难以取得实际效果。而形式主义的作风一旦形成，长时间得不到扭转，容易导

---

① 《列宁选集》第 1 卷，北京：人民出版社 1995 年版，第 325 页。

致思想政治教育话语的陈旧单一，难以适应话语对象思想多元的现实要求。在实践中，思想政治教育作用的发挥依赖于遵循科学的方法。同时，思想政治工作不能光靠表面的文字和演说，还要靠实际行动。由于不能正确认识思想政治教育的作用以及作用发挥的方法，导致人们对思想政治教育作用的误解。人们直觉里的思想政治教育者仅仅凭借"一张嘴"，尽玩虚的，不来实的，造成思想政治教育话语亲和力和吸引力的下降，严重削弱了思想政治工作主体的话语自信。

三、实践根源：话语对象接受心理的复杂性和多变性

目前思想政治教育话语"高、大、全"的弊端源自于没有对人的思想品德发展进行深入分析，不分对象、不分层次地进行话语灌输，难以取得实际效果。新形势下人的思想正发生着深刻变化，思想状况更加复杂。然而，在物质条件日益改善的当前，人自身思想品德的发展并没有与社会发展同步。在经济活动领域，人们无止境地追求经济利润而无视市场经济的道德规则，诚信意识缺失，制假贩假行为猖獗。在政治活动领域，一批干部出现了贪污腐化、奢靡堕落的现象。在教育活动领域，受社会功利思想的左右，一些学校成为不以追求真理为目的的名利场，道德教育普遍缺失，道德教育效果不佳。针对这一现状，思想政治教育话语创新应更多着眼于提升人的思想素质、政治素质和道德素质。然而，话语表达并不是话语主体的个人独白，而要区分不同的话语对象。同时，话语内容的真理性同样影响着话语效果，听众的意见直接影响着话语的说服力。同时，话语对象心理的倾向性，是一种重要的接受心理，直接影响思想政治教育主体的话语表达。

（一）话语对象接受心理的复杂性

思想政治教育话语对象的接受心理作为一个复杂的系统，包括了接受能力、接受动机、接受需要、接受兴趣等子系统，其中，接受能力主要表现为话语主体的认知能力，是接受心理系统的基础。而"认知"指

的是"对事物的注意、辨别、理解、思考等复杂的心理活动"①。接受动机即话语对象接受话语的意图和目的。由于"动机的基础是人类的各种需要,即个体在生理上和心理上的某种不平衡状态"②。因此,接受动机的基础是接受需要,由于接受需要的层次性,在一个接受需要得到满足后,另一层次的接受需要就会逐步产生。接受兴趣是话语对象对话语是否有兴趣以及在多大程度上有兴趣,话语能够切合人们的接受兴趣,是话语能够吸引人的重要因素。而"兴趣又和认识、情感密切联系着。如果个体对某些事物没有认识,也就不会对它产生情感,因而不会对它产生兴趣。相反,认识越深刻,情感越丰富,兴趣也就越浓厚"③。这表明,人的接受兴趣并不是与生俱来,而与人的认知能力具有正相关性。由此,话语只有顺应受众的认知因素和情感因素,使产品在受众的心理上产生美感,才能吸引受众的注意力,提高受众的兴趣。由此,思想政治教育话语对象的接受心理成为影响话语效果的重要制约因素。这是因为"宣传思想工作是做人的工作,关键是要有吸引力和实效性。形式主义的宣传教育,尽管也费了力气,但收不到效果,达不到目的。经验说明,要做好宣传思想工作,在明确宗旨和把握正确方向的前提下,还需要了解人们的思想和心理,同时要讲究方式方法"④。

(二)话语对象接受心理的多变性

由于构成接受心理的子系统并不是固定不变的,这决定了话语对象接受心理始终处于发展变化之中。尤其在思想政治教育的实践活动中,话语对象的接受兴趣、接受动机、接受能力呈现出多变性、不平衡性的发展态势。处于相同话语环境之中的教育对象的接受心理千差万别,同

---

① 张春兴:《现代心理学》,上海:上海人民出版社1994年版,第22页。
② 彭聃龄:《普通心理学》,北京:北京师范大学出版社2001年版,第3页。
③ 叶奕乾、何存道、梁宁建编:《普通心理学》,上海:华东师范大学出版社1997年版,第475页。
④ 《宣传思想战线是我们党的一条极其重要的战线——江泽民同志在全国宣传部长座谈会上的讲话》,载《党建》,1993年第3期,第6页。

一教育对象在不同的时间和空间之中,其接受心理也具有差异性。因此,思想政治教育话语对象的接受心理具有不同的层次和差异。究其原因,思想政治教育话语对人的影响是一种潜移默化的发展过程。一个人在世界观、人生观、价值观方面的认识、情感、行为,是一个从无到有、从低级到高级、从简单到复杂、从量变到质变的矛盾运动过程。由于成长环境、知识结构、思维方式、心理特征不同,导致不同话语对象对思想政治教育话语的接受心理不同。同时,受各种外在环境因素的干扰,话语对象的接受能力还可能出现"倒退"的现象。这是思想政治教育话语实践长期性、艰巨性的重要原因。

总之,正是由于思想政治教育话语对象接受心理的复杂性和多变性,造成我们很难准确把握话语对象接受心理的状况。这导致一些思想政治教育者往往容易以自我为中心,并没有认真思考话语到底能不能使人理解、使人有兴趣、使人产生共鸣,造成思想政治教育过程中缺乏有针对性、有影响力的话语。思想政治教育话语经常滞后于时代发展的步伐,无法及时回应人们在纷繁变化的社会发展中遇到的各种思想问题。思想政治教育话语应有价值难以体现,甚至引起了话语对象的逆反情绪,导致了思想政治教育话语的接受障碍。正如蔡元培指出的:"言为心声,而人之处世,要不能称心而谈,无所顾忌,苟不问何时何地,与夫相对者何人,而辄以己意喋喋言之,则不免取厌于人"。

四、社会根源:时代环境的挑战性

一定的话语总是与一定的时代环境紧密联系,时代环境为我们当前创新思想政治教育话语内容和话语形式提供了外在条件。时代环境日趋开放、复杂和多变,尤其是各类思潮同马克思主义话语争夺话语空间,呼唤着思想政治教育话语的创新发展。由此,思想政治教育话语创新在全球化、网络化、市场化日益加深和加速的复杂环境之中应运而生,复杂的话语环境带来了新的契机,但同时带来了全新的挑战,并且是挑战大于机遇。

(一) 全球化趋势加强对思想政治教育话语的竞争力提出挑战

毋容置疑，人类正处在一个全球化的时代之中。由于全球市场、全球贸易的形成，世界各国的经济都成为一个整体紧密联系在一起，各国相互联系和相互影响的趋势日益凸显。正如美国社会学家罗伯森认为："作为一个概念，全球化既指世界的压缩，又指认为世界是一个整体的意识的增强"。[1] 在全球化的浪潮中，国与国之间的竞争除了经济、军事等综合国力的较量外，已经逐渐转向了话语权的竞争。在世界范围内，一个国家拥有了话语权，意味着拥有了凝聚人心、引导舆论的力量，这是巩固国家政权强有力的软实力。由此，全球化作为当今世界的发展趋势，它带来的是社会生活的根本性变化，深刻地影响着世界经济、政治、文化的格局，给思想政治教育话语创新带来了机遇和挑战。

全球化趋势加强有利于话语主体和话语对象知识范围的扩展、思想观念的更新、精神世界的丰富，这些都为思想政治教育话语创新提供了良好的主观条件。同时，全球化趋势也极大地丰富了思想政治教育话语内容。由于我们的经济活动是在全球范围内开展的，我们所倡导的世界观、人生观和价值观同样必须具有全球化的视野。全球道德秩序的构建、全球共同安全、全球环境伦理问题，都是任何一个国家不得不面对的全球问题。对此，思想政治教育要主动回应，扩展话语的国际视野，增强话语的开放性和包容性，与国际话语接轨。

然而，在全球化的话语世界中，人们更深切地感受到价值观念之间的冲突和碰撞，以美国为首的西方国家占据了话语权的优势地位。二战后，美国开始从历史和文化的层面挖掘属于美国的"熔炉文化"和"清教—扬基精神"，逐步建立了一套属于美国的主流价值观话语体系。凭

---

[1] [美] 罗兰·罗伯森：《全球化：社会理论和全球文化》，梁光严译，上海：上海人民出版社2000年版，第11页。

借经济发展优势，美国通过有目的、有计划地对民众传播"独立"、"自由"、"平等"、"人权"等核心价值观话语，大力宣扬资本主义的优越性，从而不断强化民众对自由民主话语体系的认同。随着全球化趋势的加强，美国的自由民主话语体系与美国的宗教信仰、传统价值观念进行反复的磨合和融合，通过先进的传播方式和方法在全球范围内占据了话语的主导地位。美国的宪法和《独立宣言》作为神圣不可侵犯的最高经典在全球范围内展开传播攻势，宣扬美国的三权分立制度，捍卫着资产阶级意识形态话语权，并通过各种手段不遗余力地抵制与其格格不入的意识形态，尤其是社会主义的意识形态。他们不仅通过报刊书籍、广播电影电视、互联网等传媒、各种文化交流活动、非法宗教组织输出话语，而且通过寻找、扶持各种与政府组织对立的个人和组织直接攻击他国的主流意识形态话语，形成了以美国为首的西方话语霸权。尤其是西方新自由主义思潮、民主主义思潮、普世价值思潮在与主流意识形态话语争夺话语空间的过程中，对我国思想政治教育话语权带来了挑战。加之东西方现代化程度的差距使得一些人对西方充满了向往，更容易接受西方话语体系的传播，这意味着当前国际范围内意识形态领域的竞争更加激烈，掌握思想政治教育话语权的任务更加艰巨，责任更为重大。

（二）网络化发展加快对思想政治教育话语的吸引力提出挑战

当前，新媒体迅猛发展，科学技术的日新月异带来了传播方式的巨大变革。这一变革不仅仅是技术上的重大突破，更是一次思想观念的革新。在网络化发展加快的时代背景下，话语主体的思维模式和思想观念得以更新和转变。因不受传播时空的限制，话语内容具有即时性、丰富性的特征。与传统媒体单向性的交流和沟通不同，新媒体带来了互动型、多样化的话语方式。人们既作为话语主体存在，同时又作为话语对象存在，在传播过程中并没有固定的话语方式，彰显着个性化的话语表达。此外，虚拟技术的发明与应用使得话语环境不仅仅停留在现实世界中，还包括符号化、数字化的虚拟世界，极大地拓展了话语空间。"新媒体所具有的超时空、双向互动、多人参与的传播特性，使得社会话语环境有了从权威环境向博弈环境发展的可能性。"① 总之，新媒体作为思想政治教育重要的话语载体，理所当然地成为了推动思想政治教育话语创新的前沿阵地。

同时，网络化步伐的加快发展使得思想政治教育话语功能的有效发挥面临种种挑战。首先，新媒体的兴起彻底颠覆了传统意义上话语主体的权威形象。其次，多元化的信息传播虽然给人们带来了丰富的信息资源，但良莠不齐、鱼龙混杂的信息容易造成人们思想上的迷茫和选择上的困惑。由于缺乏独立思考的能力，特别是价值标准的模糊，使得人们容易极端片面，有意无意地盲目追随和跟从他人的观点，容易受到网络舆论的控制。最后，思想政治教育话语在与新媒体话语交锋的过程中吸引力不足，难以抗衡集生动性、新颖性、时代化、个性化于一身的网络话语。同时，由于话语对象主体意识和开放意识在新媒体环境中日益凸显，受教育者占有信息的速度和广度往往超过教育者，这使得滞后于人们思想发展需要的思想政治教育话语难以产生吸引力，人们对陈旧枯燥的话语内容容易产生逆反情绪。网络中出现的"被教育"、"被和谐"等调侃性话语，反映的就是对被动接受一定的思想政治教育话语产生的排斥心理。由此，思想政治教育者要想在虚拟空间实现自身的话语权，不能简单照搬现实生活中的话语，只有积极地创新虚拟空间中的话语内容和话语方式，才能实现思想政治教育在新媒体环境中的话语功能，这无疑极大地增加了思想政治教育话语效果的不确定性。而新媒体总是以层出不穷的方式快速更新，飞信、人人网、微信等不同的新媒体工具带来了话语方式的不断变革。而新媒体形势下思想政治教育的理论研究在短时间内回应新情况、新问题，并取得重要的理论研究成果，实属不易。

（三）市场化发展加剧对思想政治教育话语的凝聚力提出挑战

2014年，我国先后部署了经济、文化、司法等各个方面的改革意见

---

① 施旭：《当代中国话语研究》（第一辑），杭州：浙江大学出版社2008年版，第3页。

和方案,随后召开的十八届四中全会,提出全面推进依法治国,而建立法治国家主要任务之一就是使政府与市场能够各归其位,并实现政府和市场的良性互动。在市场化发展加剧的时代背景下,思想政治教育话语创新迎来了良好的机遇,同时也面临多种挑战。

目前,市场深入发展进一步推动思想解放,带来了人们思维方式的重要转变,特别是法治思维的形成和发展,为思想政治教育话语创新提供了良好的思想基础。全面推进依法治国,为建立更为公平完善的市场提供了坚实的法律保障,这使得"权利公平、机会公平、规则公平"成为全面深化改革的关键词,也为思想政治教育话语创新提供了丰富的话语资源。尤其是当前我国把思想政治工作纳入到国家中长期教育改革和发展的规划中,这说明思想政治工作是全面深化改革进程中一项长期的重要任务。

然而,改革全面深化也带来了我国政治、经济、社会、文化各个领域前所未有的急剧转型,人们的利益关系、生活方式、价值观念的多样化日益凸显,不同层次和不同类型的价值判断标准和价值追求的相互碰撞愈加明显。在物质生活越来越好的大环境下,民众精神需要的满足被提升到了一个新的高度,政治冷漠、思想迷茫、道德沦丧、法制意识淡薄、心理脆弱等问题不同程度地体现了人们精神层面的种种问题。要创造性地解决这些时代课题,离不开思想政治教育话语凝聚力的发挥。在市场化深入发展的今天,思想政治教育话语只有通过创新发展才能实现话语的社会功能和个体功能,为全面改革提供坚实的精神积淀。

当前,思想政治教育话语创新成为一项富有挑战性的重要任务,面对不同的话语对象,不仅要创新话语内容,针对不同的话语对象确立不同层次的话语内容;还需要创新话语方式,推动话语方式的彻底转变。更为严峻的挑战在于,市场化的深入发展是进一步破除体制机制障碍的过程,必定从深层次触动不同的利益群体,引发一些利益集团的抵制和破坏。尤其是与市场化发展相伴随的官员腐败问题成为思想政治教育话语凝聚人心的巨大阻力,直接影响思想政治教育话语效果的实现。

第四节 思想政治教育话语创新的可能性和必要性

当前,在新的国际背景和时代背景中,思想政治教育话语面临着重要的机遇和挑战,思想政治教育话语创新不仅具有可能性,更具有必要性。

一、可能性

(一)我国社会主义建设取得的成就为话语创新提供了客观条件

改革开放以来,经过30多年的探索,虽然在军事力、教育文化影响力、人才竞争力等方面我国与美国等西方国家还存在一些差距,但中国在全世界经济发展中创造的"中国奇迹"为我国赢得国际话语权创造了前提条件,为增强我国主流意识形态话语的说服力提供了坚实的物质基础。中国共产党主导的思想政治教育话语与民众的实际利益需求具有紧密联系,这将进一步扩大话语的群众基础,增强话语在普通民众中的说服力。话语的说服力与一定社会所创造的经济成就密切联系,因为"哪种政治组织和意识形态能够带来优异的经济成就,哪种政治组织和意识形态就能生存、兴盛,并取代生产率低的政治组织和意识形态"[①]。同时,中国特色社会主义建设的实践是中国共产党思想政治教育话语创新发展的源头活水。改革开放在带来社会繁荣进步的同时,也给我们带来了经济、政治、文化等方面的重大挑战和现实问题。以实践为基础,积极回应现实中的各种挑战和问题,思想政治教育

---

① 王旬、杨雪冬:《全球化与世界》,北京:中央编译出版社1998年版,第213—214页。

话语才能实现创新发展。因为任何概念的推陈出新，绝不是闭门造车可以完成的，必须以社会发展的实践为着力点，才能实现话语体系的丰富和完善。

（二）中国特色话语体系的自觉建构为话语创新提供了主观条件

在当今时代，毫无疑问建立的是一套以西方话语为主导的话语体系，这是在西方国家具有相对优势的经济、文化、军事背景下确定的。为了增强国际范围内的话语影响力，我国开始自觉主动地开展对外交流和合作，向世界阐释和说明中国道路和中国精神。早在2012年，国家层面已经提出要建构中国特色社会主义理论话语体系。① 2013年习近平在全国宣传思想工作会议上提出，"精心做好对外宣传工作，创新对外宣传方式，着力打造融通中外的新概念新范畴新表述，讲好中国故事，传播好中国声音。"② 这表明，我国已经开始形成了积极构建中国特色话语体系的自觉性。

而在实践领域，我国正处于日益崛起的时代，逐步开始自觉主动建构社会主义核心价值观话语体系，取得了丰富的实践经验。早在1983年十二届二中全会上邓小平就指出："思想战线不能搞精神污染"。2006年党的十六届六中全会首次正式提出"社会主义核心价值体系"，并指出"社会主义核心价值体系是建设和谐文化的根本"③。由于"社会主义核心价值体系"是一个多层次的开放的价值体系，内涵比较宽泛，在

---

① 2012年6月2日，李长春同志在"马克思主义理论研究和建设工程"工作会议上的讲话中提出，"如何在学习借鉴人类文明成果的基础上，用中国的理论研究和话语体系解读中国实践、中国道路，不断概括出理论联系实际的、科学的、开放融通的新概念、新范畴、新表述，打造具有中国特色、中国风格、中国气派的哲学社会科学学术话语体系，是理论界和学术界面临的重大而紧迫的时代课题。参见李长春：《在马克思主义理论研究和建设工程工作会议上的讲话》，载《人民日报》，2012年6月4日，第001版。

② 《在全国宣传思想工作会议上强调胸怀大局把握大势着眼大事，努力把宣传思想工作做得更好》，载《人民日报》，2013年8月21日，第001版。

③ 《中共中央关于构建社会主义和谐社会若干重大问题的决定》，载《求是》，2006年第20期，第8页。

实际宣传中难以给人以深刻的话语印象。由此，思想家和政治家们开始对"社会主义核心价值体系"进行深入探讨，不断凝练概念和内涵、挖掘中国传统文化的精髓，推动了话语的创新发展，提出了"社会主义核心价值观"。由此，从"思想战线不能搞精神污染"到"社会主义核心价值体系"，再到"社会主义核心价值观"，集中展示了我们党对思想政治教育重要任务在认识上由被动应对到主动探索，从主动探索到深入建设的话语创新历程。

目前，针对"社会主义核心价值观"的概念理解和内涵阐释，学者们开始自觉构建一套具有中国特色的话语体系，其重要目标之一就是在世界层面上争夺文化领域的话语权，为"价值观"这一世界概念注入中国元素。借鉴我国古代儒家"仁、义、礼、智、信"的社会伦理规范，我国对"社会主义核心价值观"的概括和提炼展开了学术领域的大讨论。十八大报告明确提出要"积极培育社会主义核心价值观"，还就社会主义核心价值观提出了"三个倡导"。在社会主义核心价值观的话语创新中，我们积累了科学的思路和正确的路径，这为思想政治教育话语创新提供了重要的主观条件。

二、必要性

（一）我国思想政治教育自身发展的必由之路

近年来，人们在思想领域不同程度地存在价值观念错乱、理想信念迷失、人文精神凋敝的困境，这是思想政治教育实效性不足的重要表征。思想政治教育虽然经过三十多年的发展初步形成了一定的话语体系，但这一话语体系的影响力不足，不能有效解决人们的思想困境。由此，人们精神层面存在的现实问题呼唤着思想政治教育话语的创新。尤其当前我们进入"经济新常态"的发展阶段，迫切需要从单项改革转变为综合改革，从经济增量发展到存量发展，从表层治理到深层治理，如何创造性地解决这些改革纵深阶段的重大问题，必须依赖于人自身的发展,尤其要依赖于人的思想解放。思想政治教育话语只有积极回应时代的关切,反思自身的不足,促进人的思想解放,才能积极服务于改革发展。

此外,不断涌现和更新的社会需要,成为激发人们追求创新以满足社会需要的不竭动力。我国思想政治教育话语创新同样遵循这样的发展规律,社会需要的动态发展性直接决定着思想政治教育话语创新的必然性。比如党的十一届三中全会之后,农村推行"联产承包责任制",如何通过简明扼要的话语向广大农民传达党的这一重大政策变革,并让农民自觉自愿地理解政策、执行政策,是思想政治工作者需要解决的重要问题。在实际宣传中,"交足国家的、留足集体的、剩下才是自己的"这一简明生动的创新话语契合了广大农民的现实利益、思想实际以及接受心理,向广大农民阐释了国家、集体和个人三者之间不同的利益关系。通过将政策文本话语转化为普通民众易于接受的生活话语,不仅引导了广大民众的思想认识,更鼓舞了广大民众参与生产的积极性和主动性。

当前,"新时代"成为我国社会发展步入新阶段的新定位。思想政治教育不能脱离这样的"大逻辑","新时代"呼唤思想政治教育领域的新观念、新作为、新动力。因为人的思想素质的全面提升,尤其是人本身创造力的迸发能为经济社会发展增添无穷的精神动力,这正是思想政治教育的特殊优势所在。思想政治教育领域新观念、新作为、新动力的形成取决于思想政治教育的改革创新。2016年12月9日,习近平总书记指出,做好高校思想政治工作,要因事而化、因时而进、因势而新。①这三个"因而"深刻阐释了思想政治工作的规律性特征——创新性。当前,针对思想政治教育过程中面临的一系列突出问题,要深入分析问题产生的原因、因果关系、相互联系,认识到思想政治工作的战略意义。

---

① 《习近平在全国高校思想政治工作会议上强调:把思想政治工作贯穿教育教学全过程 开创我国高等教育事业发展新局面》,载《人民日报》,2016年12月9日。

在全国高校思想政治工作会议上，习近平提出，"高校的立身之本在于立德树人"①，在中国政法大学座谈会上，习近平总书记再次强调"立德树人"、"高校思想政治工作关系到高校培养什么样的人、如何培养人以及为谁培养人这个根本问题"。② 立德树人作为新时期高等教育的立身之本和中心环节，是高校人才培养的根本战略任务，而立德树人必须依靠高校思想政治工作的有效开展。由此，思想政治教育话语创新要找准适应"新常态"的着力点，为我国当前社会发展注入新观念、新作为、新动力。

（二）新时代党风建设的必然要求

思想政治教育作为有目的、有计划的针对社会大众进行政治观念和道德观点等精神影响的一种社会实践活动，具有巩固统治阶级执政合法性的重要作用。思想政治教育话语不仅是广大普通民众精神智慧的结晶，而且是统治阶级和一定政党执政思想的深刻反映。从某种意义上看，"语言本身就是一种政治，不仅是政治工具，还是政治本身。"③ 因此，思想政治教育话语具有鲜明的历史性、社会性，还具有深刻的阶级性、政治性。"对于一个人、一个政党、一个政权、一个民族来说，语言特别能体现他的质量、品格、气象与气数，你一张口就暴露了你是谁，想瞒都瞒不住。……改善生存必得从改善语言开始"。④ 由此，思想政治教育话语创新从一个侧面展现了执政党国家治理的能力和水平，是党内精神状态、政治生活的直接反映，直接影响着党的公信力和认同度。正如习近平主席指出，"文风不是小事"，"党风决定着文风，文风

---

① 《习近平在全国高校思想政治工作会议上强调：把思想政治工作贯穿教育教学全过程 开创我国高等教育事业发展新局面》，载《人民日报》，2016年12月9日。
② 《习近平在中国政法大学考察时强调 立德树人德法兼修抓好法治人才培养 励志勤学刻苦磨炼促进青年成长进步》，载《人民日报》，2017年5月4日。
③ 李书磊：《再造语言》，载《战略与管理》，2001年第2期，第110页。
④ 李书磊：《再造语言》，载《战略与管理》，2001年第2期，第111页。

体现出党风。"①

在我国，我们党一直将思想政治教育作为党在领导革命和建设过程中的"生命线"。尤其是在十八大召开以来，我国开始大刀阔斧地开展党风廉政建设，思想政治教育作为党风廉政建设的重要方式，能够帮助广大党员干部形成道德自律。因此，我国思想政治教育话语创新不仅仅是一个学术问题，更是党风建设的集中反映；思想政治教育话语的好坏不仅决定话语本身的效果，更直接反映了党风和政风，直接影响党的执政效果。思想政治教育话语创新不仅是思想政治教育语言表达效果提升的问题，更是加强党风建设的重要内容和必然要求。

在历史上，无产阶级的革命导师们一贯重视无产阶级政党开展思想政治工作的语言表达。比如，马克思在《致阿·卢格》文中曾严肃指出："我要求他们：少发些不着边际的空论，少唱些高调，少作些自我欣赏，多说一些明确的意见，多探讨一些具体的事实，多提供一些实际的知识"。②毛泽东不仅把文风作为衡量一个真正合格的共产党人的标准，还把文风作为党风好坏的重要指标。在反对长篇大论方面，毛泽东和邓小平以实际行动给我们做出了文风建设的率先垂范。毛泽东本人提出的"一切反动派都是纸老虎"、"星星之火，可以燎原"、"为人民服务"等脍炙人口的话语作为思想政治教育话语创新的典范之作，虽然文字简短，但闪耀着真理的光芒，具有强大的话语影响力和亲和力。邓小平的语言简明通俗，他提出的"两手抓"、"一个中心两个基本点"、"摸着石头过河"、"不管是黑猫还是白猫，捉到老鼠的就是好猫"以短小精悍、耳熟能详著称，在国内外具有广泛的话语影响力。

当前，国内外意识形态领域斗争日趋尖锐复杂，民众的思想更加活跃，价值取向更加多元。在这样的新形势下，如果不注重自觉推动思想政治教育话语的创新发展，将制约着党的学风、文风和作风建设，不利

---

① 《努力克服不良文风 积极倡导优良文风》，载《军事记者》，2010年第6期，第4页。
② 《马克思恩格斯全集》第47卷，北京：人民出版社2004年版，第42页。

于提升话语在广大人民群众中的凝聚力和影响力。习近平同志曾在中央党校开学典礼上,专门对省部级领导干部讲过文风问题。他一针见血地指出:"党的历史经验证明,文风不正,危害极大。它严重影响真抓实干、影响执政成效,耗费大量时间和精力,耽误实际矛盾和问题的研究解决。不良文风蔓延开来,不仅损害讲话者、为文者自身形象,也降低党的威信,导致干部脱离群众,群众疏远干部,使党的理论和路线方针政策在群众中失去吸引力、感召力、亲和力。"① 因此,创新思想政治教育话语在新时代势在必行。

(三)我国赢得国际话语权的必要举措

在当今的全球化时代,话语是一个国家经济贸易、科学技术、流行文化在国际范围内传播的重要媒介。"当前时代,谁的话语体系更具道义感召力和思想穿透力,谁的话语和叙事更能打动人,谁就拥有国际话语权,谁就在国际竞争中赢得优势。"② 一个综合国力强大的国家,必将带动其话语走向国际社会,当前国际竞争不仅仅是综合国力的竞争,更是一个国家在世界范围内话语权的竞争。而国际话语权的竞争,归根到底是一个国家价值观和传统文化的竞争。③ 在世界舞台,话语优势一直是以美国为首的西方国家在全球进行文化渗透的重要手段。中国社科院的一项调查表明,"40.22%、36.33%的被调查者分别认为新自由主义是市场经济的理论依据、普世价值是人类发展方向,12.19%、11.7%的被调查者分别认为中国特色社会主义是权贵资本主义、官僚资本主义。"④ 这表明,西方意识形态话语正以其强大的话语攻势吸引中国民众

---

① 赵世举:《文风关乎兴衰》,载《中国教育报》,2015年5月13日,第006版。
② 闫志民:《形成中国风格中国气派的话语体系》,载《求是》,2015年第8期,第31页。
③ 张国庆:《话语权——美国为什么总是赢得主动》,南京:江苏人民出版社2010年版,第130页。
④ 朱继东:《全球化的本质及其对中国意识形态的挑战》,载《前线》,2015第2期,第17页。

信奉西方的政治制度,我们在国际竞争中话语权建设还比较薄弱,在国际范围内建立一套与我国大国地位相匹配的话语体系,成为中国当前发展的一项迫切的战略任务。

由于思维方式和文化的差异性,外国人对汉语的表达内容和表达方式不熟悉,产生一种陌生感,成为话语传播的重要障碍。同时,目前英语是网络社会传播中的首选语言,占据优先地位,这对非英语国家在国际范围内的话语传播提出了严峻挑战。据一项统计表明,"在互联网上,美国控制的英语信息量占90%,法国控制的法语信息量占5%,其他语系所控制的信息合计为5%。互联网上流通的大部分信息为英语信息。网上各种语言的使用频率依次是英语84%、德语4.5%、日语3.1%、法语1.8%,其他语言仅占6.6%。"① 虽然短时间内,世界范围内"西强中弱"的话语地位不可能在短时间内改变,但让更多外国民众能够有兴趣了解"中国道路"、理解"中国精神"、认同"中国故事",是我们主动争取国际话语权的刻不容缓的前提基础。尤其是当前不少国家对"中国奇迹"感到震惊,仍然有不少国家带着"酸葡萄心理"来看待中国的发展,一些国家有意抹黑中国、分化中国。在国际风云变幻的舞台中,中国要赢得持续发展,必须以积极主动的态度赢得世界范围内的话语权。只有赢得国际话语权,才能赢得全球化时代国家发展的主动权。

本章小结

本章力图将思想政治教育话语创新置入时代发展的宏观背景之中,对思想政治教育话语现状进行系统论述。

高校思想政治教育话语作为思想政治教育话语的重要内容,是影响

---

① 徐强:《网络意识形态是网络文化软实力的灵魂》,载《中国高等教育》,2015年第11期,第59页。

高校思想政治教育效果的重要因素。我们从认知认同、情感认同和行为认同三个维度来设计问卷,对高校思想政治教育话语认同现状展开问卷调查。调查数据显示,大学生对思想政治理论课课堂话语评价较高,但话语效果仍有较大的提升空间;大学生群体对规章制度话语、辅导员话语和网络思想政治教育话语的认同存在知行不统一的状况。

当前,虽然日常生活领域的大众话语权日益壮大,但主流意识形态领域的官方话语、研究领域的学者话语不同程度地存在话语权减弱的现象。主流意识形态领域的官方话语往往从政治的宏大叙事出发,遵循着标准化的言说方式,规范性较强。目前,政府及其官员话语缺位、失位和错位的现象时有发生,容易引发不良的社会反响。而教师作为官方话语的"代言人",表面上扮演着话语权威的角色,但实质上往往处于话语屈从的境地。尤其是西方发达资本主义国家往往占据主导世界的话语权,对我国官方话语权威造成了极大的冲击。官方话语接受程度普遍下降,人们对思想政治教育话语的需求呈现弱化趋势。研究领域的学者话语主要问题表现为话语自信不足,具体在思想政治教育研究领域,话语借用现象比较普遍;经验理性话语占绝主导地位,科学理性话语发展滞后;学者话语关注点狭窄,学术影响力比较弱。同时,思想政治教育话语内容的影响力和感染力不足,主要表现为话语内容失真、陈旧和空洞。此外,思想政治教育话语方式和传播方式发展滞后,主要表现为命令式和说教式话语方式普遍存在,话语对象处于被动的状态之中,自身的认知、情感和行为很难调动起来,积极性和主动性很难充分发挥,容易造成思想政治教育话语作用和功能的遮蔽。而话语传播方式的滞后造成话语空间的窄化,话语能够发挥作用的空间更多的停留在政府机关、军队和学校中,在企业、乡村、社会团体组织等领域中作用发挥有限。

而造成我国思想政治教育话语主体困境、话语内容说服力不足、话语方式和传播方式发展滞后的原因是多方面的,有其深刻的传统渊源、理论根源、实践根源和社会根源。传统渊源主要表现为话语主体思想僵化、权利思维和非黑即白简单化思维的局限性，理论根源主要表现为对思想政治教育本质和作用认识的片面性，实践根源主要表现为话语对象接受心理的复杂性和多变性，而社会根源主要体现为全球化发展趋势加强、网络化发展速度加快、市场化发展加剧，在这样的时代背景下，思想政治教育话语竞争力、吸引力和凝聚力的实现异常艰难。因此，亟待从深层次根源上理清种种障碍，尤其要解决思维方式局限性这一关键问题。

当前，我国思想政治教育话语创新不仅具有可能性，更具有必要性。我国社会主义建设取得的伟大成就为话语创新提供了实践基础，中国特色话语体系的自觉建构为话语创新提供了主观条件。同时，我国思想政治教育话语创新是思想政治教育自身发展的需要，是我国改革开放的重要组成部分，更是新形势下党风建设的必然要求以及我国赢得国际话语权的必要举措。

第五章　马克思主义视域下思想政治教育话语创新的规律和原则

人类活动不是盲目随意的，而是有目的性的行为。活动目标的确立对人类活动顺利开展发挥重要作用，不仅为人类活动指明方向，而且为人类活动提供动力，为衡量活动成效提供了重要依据。活动的原则是从事活动过程中应遵循的基本行为准则，反映了活动的客观规律，对活动的顺利开展具有规范作用。

第一节　思想政治教育话语创新的基本规律

思想政治教育话语创新发展的规律是对思想政治教育话语主体、话语对象、话语内容、话语形式、话语环境、话语效果等要素之间本质联系的反映和发展趋势的科学概括。自觉运用规律，因势利导，将为思想政治教育话语创新目标和原则的确立提供前提条件。

一、顺应—超越规律

所谓"顺应—超越规律"即思想政治教育话语主体一方面要尊重话语对象的主体作用，顺应话语对象的思想实际和接受需要，另一方面应超越话语对象原有的思想品德发展水平，向受教育者传播具有先进性、前瞻性的社会意识,选择体现时代发展趋势的特定话语引领人们的精神发展。"顺应"和"超越"是辩证统一的关系,其中,超越以顺应为现实基础,否则超越将丧失根基,而顺应以超越为目标指向,由此才能发挥话语应有的功能和作用。总之,思想政治教育话语只有遵循"顺应—超越规律",才能帮助人在思想品德的现实基础上不断实现自我超越,使人超越自在自发的物欲追求,走向更高的生活品位和精神境界。

(一)"顺应"是"超越"的现实基础

"顺应"作为一个英译词,对应的英文是"adaptation",又译为"适应"。它源自于生物进化论的概念,后来被比利时的著名语言学家耶夫·维索尔伦借用,他认为语言选择的过程,也就是顺应(adaptation)的过程。[1] 语言顺应的本质是"语言是人类与其生存环境之间互相作用的一系列适应现象之一"[2]。由此,维索尔伦认为,语言的运用要与一定的语境相适应。借鉴语言顺应理论,思想政治教育话语作为思想政治教育过程中语言的使用,同样是一种语言选择的过程。在这个语言选择的过程中,思想政治教育话语主体不能以自我为中心,而应有自觉的选择意识和行为,即针对话语对象的思想实际和特定的话语语境,有针对性地选择恰适的话语内容和话语方式,使话语对象乐于接纳,进而内化为自身的行为方式。

从话语对象的视角出发,人的思想品德作为人生存和发展的重要素质,是人实现全面发展的重要支撑。思想政治教育话语创新的最终落脚点在于满足人自身发展的需要,提升人的思想品德发展,这根源于人的需要和人的思想品德具有的密切联系。对此,心理学家林崇德教授曾对二者的关系做出明确界定,深刻地揭示了人的思想品德形成发展的重要

---

[1] VERSCHUEREN Jef, *Understanding Pragmatics*, London: Edward Arnold Publishers Limited, 1999. pp. 55 – 56.

[2] VERSCHUEREN Jef, *Understanding Pragmatics*, London: Edward Arnold Publishers Limited, 1999. p. 266.

第五章 马克思主义视域下思想政治教育话语创新的规律和原则

规律。他提出,"品德结构的任何一种特征(道德认识、道德情感、道德意志和道德行为)都来自于需要这种内部动力,品德发展水平直接同需要的层次(主次)关系的发展有关。"① 由此,人自身的道德发展需要是道德发展的内在动力,思想政治教育作为一种外部力量,并不能直接驱动人的道德发展,只有通过作用于人自身的道德发展需要,才能激发人的内在力量,促进人的道德水平的提升。这为思想政治教育话语"顺应—超越规律"提供了重要的理论前提,正是由于人自身的道德发展需要在人的道德发展中发挥内因的主导作用,思想政治教育话语主体必须顺应人的道德发展需要,才能依托话语对象作用的发挥影响话语对象的道德发展,从而形成一定的话语效果。

尤其是话语对象因个性、兴趣、性格、认知水平等方面存在差异,其思想道德素质表现不同,这就要求思想政治教育话语主体要充分调查受教育者的思想实际,尊重和把握受教育者的思想差异,有区别、分层次地决定话语内容和话语形式,才能取得良好的话语效果。因此,受教育者的思想实际尤其是思想品德发展的需要始终是话语主体必须认真思考的重要参考和必要依据。同时,思想政治教育话语的创新要顺应一定的话语语境,既要顺应宏观的社会大环境,即社会经济、政治、文化环境,又要顺应微观的小环境,即话语双方所处的一定的时间和空间。由此才能促进话语内容、话语形式与话语环境的互动,充分发挥话语构成要素之间的合力效应。

总之,不以"顺应"为依托的"超越"容易导致形式主义话语的泛滥,造成话语对象难以发自内心地认同话语内容。实践中,我国思想政治教育话语"超越性"有余,但"顺应性"不足,教育者一般只关注受教育者"应该成为什么样的人",却忽视了受教育者自身"是什么样的人"。然而,"是什么样的人"直接决定着"可能成为什么样的人",进

---

① 林崇德:《品德发展心理学》,上海:上海教育出版社1989年版,第110页。

而才有可能达到"应该成为什么样的人"的层次和境界。正是由于长期忽视了"顺应"的重要作用，话语主体常常无视受教育者接受心理的复杂性和多变性，这直接导致思想政治教育话语内容和形式的简单化。比如过去我们向小学生倡导做"共产主义的接班人"，是忽视话语"顺应性"的典型表现。从小学生自身道德认知发展水平和道德发展需要来看，无法深刻理解到底什么是"共产主义"，什么是"接班人"，同时也难以激发小学生要成为"接班人"的内在需要。因此，这种脱离"顺应性"的思想政治教育话语虽然具有"超越性"，但由于远远超过了受教育者通过努力可以达到的高度，只能靠强行灌输来传播，难以取得长期效果。总之，思想政治教育话语的超越性必须以顺应性为现实基础，才能落地生根，从而收获应有的果实。

(二)"超越"是"顺应"的目标指向

由于人的意识具有选择性、创造性和自觉性，社会意识可能超越社会存在，这种超越是推动人类社会发展极其宝贵的精神财富。同时，人类社会发展的实践表明，推动社会实现跨越式发展往往需要一个基于现实做出的超越性的思想理论，才能指引人们思想观念的更新。马克思主义理论之所以成为真理性的存在，其重要原因之一就在于马克思主义理论的前瞻性，对人类社会发展进行了科学的预见。同样，以马克思主义理论为指导的，伴随我国改革开放进程形成的中国特色社会主义理论，同样由于其超越了人们对社会主义的认识，创造了不同于任何国家的独特的中国模式和中国道路，才发挥着思想和行为引领的重要作用。因此，思想政治教育作为一项启发人、塑造人的实践活动，有必要向人们传播超越性的社会意识。

思想政治教育话语的"超越性"首先根源于推陈出新的社会发展的需要，思想政治教育话语不仅要跟随时代发展的步伐，更要引领社会发展和时代进步，才能发挥其重要的引导功能。其次，思想政治教育话语发展的"超越性"取决于人的思想品德对立统一的发展规律，人的思想

第五章　马克思主义视域下思想政治教育话语创新的规律和原则

品德总是在原有的基础上不断超越自身,即"不断地实现自我超越,思想政治品德呈现循序渐进、螺旋上升的趋势,从而不断超越原有水平。"① 最后,思想政治教育话语要超越受教育者原有的思想道德水平基础,推动受教育者思想品德认知、情感、信念、意志和行为的协调发展,才能实现思想政治教育话语的个体功能。而要实现"超越性",思想政治教育必须以科学的理论为指导,建立在科学的理论基础之上。马克思主义理论从开始创立之日起就始终代表工人阶级的根本利益,马克思主义理论的价值追求决定了其理论可以占据道德的制高点。由此,以马克思主义理论为基石的思想政治教育本身就是引导人不断超越自身的一门科学。

总之,思想政治教育话语不仅要关注当下,更要展望未来。"顺应"固然是基础任务,不可忽视,但不能为了"顺应"而"停滞不前",而要在顺应的基础上不断积累,促进受教育者思想品德实现由量变到质变的飞跃发展,超越原有的思想品德状况,引领人们的精神发展。在实践中,思想政治工作者经常扮演着"消防员"、"灭火员"的角色,疲于应付各种突发事件,往往被动地做一些事后补救的工作。这是思想政治教育话语"超越性"不足的突出表现,不能及时发现一些不良的思想苗头,预测人们思想行为的发展趋势,导致思想政治教育话语内容和形式停留在"头痛医头、脚痛医脚"的发展阶段。因此,思想政治教育话语应在"顺应"的基础上不断实现"超越",引导人们思考"我可能是什么"的问题,而不仅仅是"我应该是什么"的问题,从而启发人们追寻一个更为完善的自我,并对此产生深切期待,而不仅仅让人局限于原有的思维方式和生活方式之中。

---

① 刘伟:《对思想政治教育适应超越规律的释疑》,载《桂海论丛》,2007 年第 9 期,第 56 页。

二、利益—价值认同①规律

利益—价值认同规律揭示了话语对象利益认同和价值认同的辩证统一性。思想政治教育话语功能的实现，归根到底就是要促使话语对象对话语内容形成价值认同，而这种价值认同的形成又必须首先引导话语对象形成利益认同，在此基础上才能升华到价值认同。利益认同是价值认同的前提条件，要求思想政治教育话语应尊重和关心群众的利益需求、引导和满足群众正当合理的利益需要、协调利益关系，同时价值认同是利益认同的最终旨归，只有实现从利益认同向价值认同的转化，才能形成思想政治教育话语的实效性。

（一）利益认同是价值认同的前提条件

思想政治教育话语只有准确表达社会各阶层在内的广大人民群众的根本利益，才能产生话语的巨大力量，而"并不依赖于高深莫测的深奥理论或美丽奢华的辞藻修饰"②。因此，思想政治教育话语能不能保持生机和活力的关键在于它所倡导的利益关系是否符合广大民众的期望，这是话语发展的客观规律。思想政治教育话语要发挥凝聚人心的重要功能，归根到底就是要促使话语对象形成价值认同。而这种价值认同的形成不是一日之功，必须首先着力于引导话语对象形成一定的利益认同，在此基础上才能升华到价值认同。正如马克思曾指出，"'思想'一旦离开'利益'，就一定会使自己出丑。"③思想政治教育话语要实现价值认

---

① 思想政治教育领域的"认同"指的是"认同主体出于自身利益需要的考虑，对思想政治教育自觉自愿的承认、认可、赞同乃至尊崇的倾向性态度，并主动以思想政治教育的要求来规约自己的言行举止，以求自身思想和行为与思想政治教育要求趋于一致的活动过程"。参见王易、朱小娟：《思想政治教育认同初探》，载《思想理论教育导刊》，2013年第5期，第43页。

② 黄传新、吴兆雷、叶政等：《社会主义意识形态的吸引力和凝聚力研究》，北京：学习出版社2012年版，第95页。

③ 《马克思恩格斯文集》第2卷，北京：人民出版社2009年版，第286页。

第五章 马克思主义视域下思想政治教育话语创新的规律和原则

同,必须以实现利益认同为前提条件,利益认同具体包括以下方面:

1. 尊重和关心群众的利益需求

历史经验向我们昭示,思想政治教育话语只有满足人民群众的利益需求,才能触动民众的内心世界,形成一定的话语效果。在革命战争年代和新中国成立初期,"保家保国保饭碗"、"打土豪,分田地"等一系列经典的政治话语影响深远,极富感染力和号召力,实现了思想政治教育话语与广大人民群众物质利益的相关性和契合性,正是话语利益认同规律的有效运用。思想政治教育话语首先要契合广大人民群众的物质利益,因为"物质利益是思想政治教育的基础"①。同时,由于人自身有尊重的需要和自我实现的精神需要,思想政治教育话语在关照人的物质利益需求的同时,还要关注人的精神利益的需求,保持二者的一致性和统一性。

2. 引导和满足群众正当合理的利益需要

随着社会分工的发展,我国社会形成了不同的利益主体。对此,思想政治教育要自觉调整话语的着力点,完善社会不同群体尤其是弱势群体的利益表达机制,引导群众客观理性对待自身的合法权益,形成正当合理的利益需要。特别是在处理社会突发事件的过程中,思想政治教育话语应正确把握当前群众的思想特点和利益需要。归根到底,思想政治教育话语效果的实现不仅在于"怎么说",更在于"怎么做",在引导群众形成正当合理的利益需要的基础上,要积极采取行动满足群众正当合理的利益需要,在实际行动中才能赢得话语权。

3. 协调利益关系

当前,竞争压力日益加剧,多元化的利益主体之间的矛盾将变得更加突出和复杂。对此,思想政治教育话语要着力于培养民众形成合理的

---

① 罗国杰:《马克思主义思想政治教育理论基础》,北京:高等教育出版社2002年版,第215页。

"义利观"。同时,复杂多变的利益关系以及发展变化的利益需求要求我们要协调好不同类型的利益关系,这就要求思想政治教育话语应尊重不同主体的利益需要,实现话语的自觉转换,才能赢得社会成员的持续认同。过去思想政治教育话语侧重于具体利益和局部利益,当前要兼顾具体利益和根本利益,局部利益和整体利益;过去思想政治教育话语关注精神利益,当前要兼顾物质利益和精神利益。总之,缺乏对这些利益关系的具体、妥善的处理,思想政治教育话语难以占据一席之地。

(二)价值认同①是利益认同的最终旨归

思想政治教育话语效果的取得,依赖于话语对象自觉地将话语内化于心,然后外化于行。这种由内到外的转化过程,实质是一种利益认同到价值认同的过程。尽管当前价值多元化是社会发展的客观存在,但由于人作为一种价值主体,不仅仅是作为差异性的个体而存在,更不可避免地产生个体与个体、个体与群体的交往合作关系,能够对某一价值观念形成一种一致性和统一性的认同成为人的精神需要。而从社会发展的视角来看,任何社会都需要一套稳定的秩序,这种秩序包含的就是社会对价值规范和伦理道德的普遍认可和赞同。只有形成价值认同,才能形成社会大众的理性共识,最大程度地化解各种不同价值之间的冲突,推动社会集体目标和集体行为的形成,维护社会的稳定运行。

然而,目前我国大众话语多以宣泄式、感性化的话语方式出现在网络上,批判有余而理性不足,甚至有的网民用制造谣言的方式对抗谣言,造成了网络流言蜚语的层出不穷,模糊了人们的视线,干扰了正常话语的有效传播,使得民众容易被某种偏激情绪所影响而成为古斯塔

---

① 所谓"价值认同"就是指"价值理想、价值取向和价值标准等方面的一致性和统一性。在实际生活中表现为寻求基本理想、信念的归属感和认同感;在社会生活中表现为对特定集团(党、军队等)行为方式、价值追求、道德规范的信赖、忠诚和践行。价值认同是集团内部凝聚力的源泉"。参见曹新高:《思想政治工作的一般规律:从利益认同到价值认同》,载《青岛行政学院学报》,2001年第2期,第73—76页。

第五章　马克思主义视域下思想政治教育话语创新的规律和原则

夫·勒庞所言的"乌合之众"。这些大众话语的表达虽然满足了民众的一时之快，也契合了民众对话语民主的期许，但话语喧嚣的背后，是一种理性共识的缺失。而民众理性共识的形成有赖于民众对社会核心价值观的价值认同，有赖于稳定的理想和信念的形成，并以此共同捍卫约定俗成的道德法则。而当前大众话语缺乏理性共识的症结在于，大众话语容易受制于偏见和情感，难以形成稳定的价值认同。因此，话语创新并不是随意的，而是建立在一套具有社会凝聚力和向心力的核心价值观话语体系基础之上的创新。

尤其在当今世界上，如何既能保持话语体系与时代发展同步，又能够反映和保障各个社会不同的利益群体和阶层生存与发展的合理利益需求，成为各国亟待解决的棘手问题。而一个国家核心价值观话语体系的确立，成为解决这一现实问题的重要突破口。因为核心价值观话语体系的建立和完善，使得具有多元文化特征的社会形成一套强大的凝聚力量，从而有效降低社会文化价值的多元性对社会造成的风险，促成价值认同的形成和发展。即使是在一个倡导自由主义精神、尊重文化多元性的美国现代社会，为了确保社会秩序的良性运行，仍然有必要形成一套具有普遍意义的核心价值观话语体系，不存在完全中立的价值立场。虽然美国试图在品格教育中保持价值中立，在对外宣传中，虽然美国一直以来以价值中立为幌子，甚至在全球范围宣扬"普世价值"，但是美国在任何时候都非常注重大力弘扬具有美国精神的核心价值观，形成了全球的文化影响力。因为任何一个国家和社会，只有通过制定和遵守有秩序的社会生活所必需的共同价值观，促进价值认同，才能保持社会的良性发展。

三、空间—时间协同规律

思想政治教育话语构成要素应在空间上保持结构的一致性，在时间上保持前后的连续性，这是构成思想政治教育话语效果的必要条件。

(一) 话语构成要素在空间上的协同

首先,话语内容和话语语境要保持一致或基本一致。一切话语都不可能离开其话语语境而独立存在,语境作为不可或缺的伴随因素始终对话语双方产生重要影响。话语内容是否适合一定的话语语境,成为决定思想政治教育效果的关键因素之一。思想政治教育话语内容总是随着一定的话语语境的变换处于发展变化之中,自觉不自觉地跟随时代发展和形势发展的脚步。话语主体要主动选择特定的话语内容,协调和控制思想政治教育话语的使用,使之与话语语境调整到一致状态。正所谓"到什么山唱什么歌",思想政治教育话语只有与一定的时间和空间保持协调性,避免陈旧和空泛,才能实现话语效果。

其次,话语目标和话语内容、话语形式在方向上要保持一致或基本一致。思想政治教育话语目标从空间上看,可以划分为社会目标、群体目标和个体目标,相应地,我们要围绕不同层次的话语目标建立与之协调的话语内容和话语形式。当前思想政治教育话语存在种种弊端,其重要原因之一在于缺乏一个明确而科学的话语目标,导致教育者话语自觉的缺乏。

最后,话语内容和话语形式要保持一致或基本一致。思想政治教育话语内容和话语形式既互相区别,又相互依存。一方面,话语内容决定话语形式,有什么样的话语内容就有什么样的话语形式,话语形式依赖于话语内容;另一方面,话语形式又反作用于话语内容,当话语形式与话语内容保持一致或基本一致时,能够促进话语内容被受教育者接受和理解,当话语形式与话语内容不协调、不一致时,阻碍话语内容的宣传效果。保持话语内容和话语形式的统一性,可以有效避免思想政治教育话语的困境。而要杜绝形式主义的错误倾向,必须推动话语内容和话语形式的协同创新。

(二) 话语构成要素在时间上的协同

时间协同强调的是话语目标和话语内容循序渐进,分阶段、有规律

第五章 马克思主义视域下思想政治教育话语创新的规律和原则

地向前推进,以保持其在时间上的连续性。前一阶段的话语目标和话语内容与后一阶段的话语目标和话语内容相互联系、相互渗透,实现良性循环的发展趋势。只有实现话语要素在时间上的协同,将思想政治教育话语目标和内容分成若干不同的阶段和层次,为不同的话语对象确定可以接受的话语起点,逐步推进,思想政治教育才能落到实处。

而人的思想品德发展的阶段性特征是确立思想政治教育话语要素在时间上协同规律的基本依据。人的思想品德是由知、情、意、信、行等诸多要素参与之中,其中,"知"即对思想政治教育话语的认识和理解程度,是情、意、信、行的先导和基础;"情"即对思想政治教育话语的情感和情操①,是知、情、意的催化剂,是行的强化剂;"意"即践行一定的思想政治教育话语过程中克服困难和排除障碍的精神力量,是知、情、信的重要体现和产生一定行为的杠杆;"信"即对思想政治教育话语产生的自觉信念,信是知、情、意的合力体现,是行的内在动力;"行"即对思想政治教育话语的践行,是知、情、意、信的最终目的和结果。伴随着人自身的成长和发展,处于不同年龄阶段的人在知、情、意、信、行方面表现出明显的差异性,人的思想品德发展呈现出从低到高的发展阶段。

较早提出道德发展阶段理论的当属西方的道德认知发展理论②,这一理论认为,人的道德发展是一个从低到高逐渐发展的有阶段的连续发展过程,家庭、学校的道德教育固然能够影响人的道德水平发展,但决定个体道德发展的真正动力在于个体道德的自主建构。皮亚杰提出了道

---

① 应该明确的是,情感和情操是相联系又相区别的两个概念,情感一般指的是人的性情、亲情、友情、爱情等方面,情操一般指的是人的道德感、荣誉感、责任感、使命感等。

② 学术界一般认为,道德认知发展理论最初由英国的约翰·杜威提出,他主要从哲学理性分析的角度阐述了道德发展和认知发展之间的关系,随后皮亚杰采取心理学的实证研究方法,进一步发展了道德认知理论,柯尔伯格提出了一个更为系统的"三水平、六阶段"的道德发展理论。

德发展的"三阶段"①,认为道德发展的规律是依次从一个阶段向另一个阶段递进发展,道德判断内容决定了道德发展的阶段划分。对此,科尔伯格认为道德判断结构决定了道德发展的阶段划分。道德判断的内容指的是人们思考的问题本身,而道德判断结构指的是人们思考问题的方式。科尔伯格认为,人有关道德内容的思维加工方式的不同决定了道德发展的阶段。但他们都一致认为,人的道德发展水平和认识发展水平呈现正相关,认识发展水平越高,人的道德发展水平提升越高。

由此,思想政治教育话语目标应按照时间递进的顺序分为短期目标、中期目标、长期目标来构建,依据人成长的幼儿期、学龄期、青春期、成年期、老年期相应地体现不同层次和类型的思想政治教育话语,以实现在时间上的协同发展。比如进行爱国主义教育,在幼儿期还不能真正理解什么是"祖国"的概念,难以产生对祖国的情感和情操,因此这一时期的爱国主义教育应从最低层次的话语目标和内容开始,比如开展"爱父母、爱亲人"的感恩教育,这一层次的思想政治教育看似与爱国主义教育没有明显相关性,但"爱父母、爱亲人"的话语契合了幼儿期儿童的认知发展特征。遵循时间协同的规律,"爱父母、爱亲人"——"爱同学、爱老师"——"爱他人、爱集体"——"爱祖国"的话语逻辑体现了纵向的衔接,建构了一个梯次发展的序列,呈现出了不同的发展程度和层次。

总之,思想政治教育话语目标和内容在时间上要实现协同,要充分考虑话语对象接受话语内容的渐进性和层次性,又要兼顾连续性和完整性,在选择和设计的过程中要遵循由浅入深、从低到高、由具体到抽象、从感性到理性的发展规律。

---

① "三阶段"即"前道德阶段、他律道德阶段、自律道德阶段",参见皮亚杰:《发生认识论原理》,王宪西等译,北京:商务印书馆1982年版,第20页。

第二节　思想政治教育话语创新的目标

思想政治教育话语创新的目标指的是思想政治教育话语创新所要达到的预期结果。这一预期结果并不是人们主观臆断的结果，当前我国社会发展的客观要求，是确定话语创新的时代依据，提升人自身思想素质、政治素质、道德素质的需要是确定话语创新的现实依据。

一、提高话语的科学化水平

思想政治教育话语创新的目的就是要增强思想政治教育的主导权和定义权，即实现思想政治教育的话语权。为了赢得话语权，思想政治教育话语主体应在思想上、文风上改进话语弊端，以清新的话语内容深入人心。当前，思想政治教育话语的科学性不足，主要体现为理论研究话语缺乏创新性、日常话语缺乏系统性、意识形态宣传话语缺乏自主建构性。因此，思想政治教育的发展和人自身的发展，都呼唤着思想政治教育话语科学化水平的提升。话语主体只有揭示、掌握和运用规律，才能实现话语的科学化。由此，所谓思想政治教育话语的科学化，就是运用科学的理论和规范实现与话语对象的沟通和交流，具体包括学术研究话语的科学化、日常工作话语的科学化、意识形态宣传话语的科学化。

首先，要提高研究话语的科学化水平。当前，思想政治教育研究话语存在种种弊端[①]，这使得思想政治教育学术研究话语难以产生应有的学术影响力，造成话语自信的丧失。因此，我们要不断强化思想政治教

---

① 这一弊端表现为，"概念复杂化、论证烦琐化、成果深奥化以及内容重复化比较明显，过分重视经验哲学式、纯粹学理式的从概念到概念的推演与说教，羁绊于'理论世界'的理性活动。……而不是以经济社会发展给思想政治教育提出的重大理论和实践问题为主要任务和主攻方向，思想政治教育理论研究正呈现出一种'学院化'的发展趋向"。参见陈勇、陈蕾、陈旻：《新时期思想政治教育研究范式的现状及发展析论》，载《思想教育研究》，2012年第11期，第13页。

育研究范式的学术化、规范化和逻辑化，提升研究的问题意识，以我国改革发展的重大理论和实践问题为突破口，形成话语的自觉意识。

其次，要提高日常工作话语的科学化水平。主要指的是思想政治教育者应运用话语创新发展的规律开展话语传播活动。这要求我们要把握思想政治教育日常工作话语的开放性、动态性、差异性特征。依据不同的话语对象，他们存在思想观念差异、性别差异、年龄差异、接受心理差异等，思想政治教育话语必然遵循差异性和个性化的原则。同时，我们要重视思想政治教育话语内容的深化和话语方式的转化，这要求我们及时对话语内容进行更新，增强话语内容的科学性。此外，我们还应依据不同的话语语境，自觉地推动话语内容和方式的转换。

最后，要提高意识形态宣传话语的科学化水平。马克思恩格斯特别强调马克思主义理论宣传话语必须建立在科学论证和事实的基础之上，针对当时理论宣传话语多是狂热的鼓动性话语，缺乏冷静深入的科学性话语，恩格斯给予了批判，指出理论宣传必须从理论上深入思考问题。[1] 马克思和恩格斯从来不把宣传话语当作万能话语，并且嘲笑那些相信宣传奇效的人。[2] 同时，马克思和恩格斯也从来不把宣传话语当作一种孤立的社会行为，他们提出，社会事件往往是政治理论宣传的契机，应重视利用社会事件推动社会主义的宣传。恩格斯提出，"利用雄辩的事实来宣传彻底改造的必要性"[3]。1857年，马克思曾批评英国财政大臣迪斯累里鼓噪乏味的演说。[4] 由此，意识形态宣传话语需要根据特定的时代背景来决定宣传话语方式、话语时机，利用社会事件和社会问题来推动话语的宣传效果。

---

[1] 《马克思恩格斯全集》第18卷，北京：人民出版社1965年版，第605页。
[2] 《马克思恩格斯全集》第9卷，北京：人民出版社1965年版，第349页。
[3] 《马克思恩格斯全集》第2卷，北京：人民出版社1965年版，第594页。
[4] 《马克思恩格斯全集》第12卷，北京：人民出版社1965年版，第264页。

二、提高话语的大众化水平

语言的形成和发展来源于人民群众,思想政治教育话语根本上来自于人民群众的实践创造。因此,思想政治教育话语主体应对人民群众的语言进行筛选、加工、总结和提炼。同时,思想政治教育话语仅仅停留在文件报告和书本报刊之中,还难以发挥应有的话语功能,只有被群众所接受和认可,才能对实践产生应有的作用。话语的"大众化"水平直接影响着话语在多大程度上被人们所认同,是话语创新发展的应有之义和重要目标。

到底什么是"大众化",毛泽东早在新民主主义革命时期就把马克思主义中国化与大众化有机统一起来。[1] 思想政治教育话语的"大众化"就是使思想政治教育话语主体"说人民群众喜闻乐见的话"、"说人民群众乐于接受的话"、"说人民群众能够认可的话"。推动思想政治教育话语的大众化主要依赖于话语主体,只有话语主体自觉摒弃"假、长、空"的话语,坚持"短、实、新"的话语,才能做到入耳、入脑、入心,使马克思主义理论能够为广大人民群众所理解和接纳。而要提高思想政治教育话语的大众化水平,首要任务是善于做好不同类型话语之间的连接和转换。所谓"话语转换",即不同话语语境中的思想政治教育话语相互作用、相互影响,呈现出话语交融、互补、统一的态势。

(一)官方话语、学者话语和群众话语的连接与转换

思想政治教育话语主要表现为官方话语、学者话语和群众话语三种形态,有必要理清思想政治教育话语的层次性,寻找不同层次话语的联

---

[1] 毛泽东指出,"成为伟大中华民族的一部分而和这个民族血肉相连的共产党员离开中国特点来谈马克思主义,只是抽象的空洞的马克思主义。因此,使马克思主义在中国具体化,使之在其每一表现中带着必须有的中国的特性,即是说,按照中国的特点去应用它,成为全党亟待了解并亟须解决的问题。洋八股必须废止,空洞抽象的调头必须少唱,教条主义必须休息,而代之以新鲜活泼的、为中国老百姓所喜闻乐见的中国作风和中国气派。"参见《毛泽东选集》第二卷,北京:人民出版社1991年版,第534页。

系和区别，以便灵活地使用话语达到一定的话语效果。不同形态的话语之间有其各自的生存土壤，都在完成各自的使命。其中，官方话语旨在传播国家的大政、方针和政策，其话语内容和话语形式具有规范性、稳定性和准确性的特征。学者话语旨在传播一定的专业理论研究成果，具有抽象性、思辨性、系统性的特征。群众话语则是在日常生活领域中群众用来交流和沟通所使用的语言，具有通俗性、生动性的特征。目前，这三个不同领域的话语区分明显，但联系不足，造成了三个不同层次话语的距离，不利于话语大众化的实现。① 要采取有效措施建立三种话语之间的连接和转换，重点在于推动官方话语和学者话语向群众话语的转换。要用群众话语来回答群众关心的问题，建立官方话语、学者话语和群众话语之间沟通的桥梁。②

（二）书面话语和口头话语的连接与转换

书面话语一般具有统一规范的内容和形式，口头话语与实际生活联系密切，更加亲切鲜活，易于打动人心。书面话语要和社会生活实际实现有效连接，增强书面话语对现实问题的理论回应力，才能增强话语的传播力。官方话语和学者话语一般集中以书面方式进行表达，而群众话语更多以口头方式进行传播。为了方便群众接收官方话语和学者话语，思想政治教育者要善于将书面话语转换为口头话语，用口语方式来表述书面话语，使得官方话语和学者话语更加生动形象、简明扼要。正如毛泽东提出的，"讲话、演说、写文章和写决议案，都应当简明扼要"，要"把那些'下笔千言、离题万里'的作风扫掉，把那些'夸夸其谈'扫

---

① 毛泽东曾对官方话语不能通俗化提出批评："我们的宣传有时也太刺耳，玫瑰花虽然可爱但是刺多扎手，'羊肉好吃烫得慌'。对于那些绅士，玫瑰花虽可爱，但因为刺多他们不大喜欢。"参见《毛泽东文集》第3卷，北京：人民出版社1996年版，第317页。

② 比如我们在宣传"中国共产党的奋斗目标"时，类似"立党为公、执政为民、求真务实、改革创新"的表述适合于官方话语和学者话语的表达，要使普通群众理解这一话语，就需要自觉实现转换。比如习近平将其转换为"更好的教育、更稳定的工作、更满意的收入、更可靠的社会保障、更高水平的医疗卫生服务、更舒适的居住条件、更优美的环境"，这一表达方式平易近人，贴近生活，更能向群众解释执政党的奋斗目标。

掉,把那些主观主义扫掉。"① 在口头话语中,思想政治教育者要善于用通俗话语将"大道理"变成"小道理"。

(三) 传统话语和现代话语的连接与转换

思想政治教育传统话语多表现为革命话语、阶级话语、斗争话语等,以政治主导性为特征。在战争年代,一般而言,由于国家的整体利益高于广大民众的个人利益,国家的政治利益高于国家的经济利益,强调政治意义的话语占据主导地位,发挥了重要的战争动员作用。而在历史环境发生重大变化的当今社会,这些传统话语难以适应现代社会的要求和人们接受的需要。正如童世骏提出的,"我们主流意识形态宣传中的军事化语言和工程类术语的超常使用就是一个很大的问题。……到处是工程、到处是硬邦邦的语言,哪有春风化雨润物无声的效果?"② 目前,思想政治教育领域时常出现政治化、空泛化、形式化的话语,其重要原因之一在于传统话语和现代话语之间的连接和转换不畅。因此,迫切需要实现传统话语和现代话语之间的连接与转换,形成富有时代特色的话语内容。

第三节 思想政治教育话语创新的基本原则

任何创新实践活动都必须遵循一定的基本原则,基本原则的确立,为思想政治教育话语的创新发展提供了重要的行动指南。要确立并正确运用思想政治教育话语创新的原则,首先必须明确原则确立的依据。由于思想政治教育话语创新原则是对话语发展规律的反映,规律和规律体系决定了原则和原则体系,只有反映思想政治教育话语发展规律的原

---

① 《毛泽东新闻工作文选》,北京:新华出版社1983年版,第38页。
② 童世骏:《意识形态新论》,上海:上海人民出版社2006年版,第336页。

则,才是正确可行的原则。由此,思想政治教育话语发展的客观规律为确定思想政治教育话语创新原则提供了科学的理论依据,是推动思想政治教育话语科学、高效、有效运行的核心和关键所在。思想政治教育话语创新不是简单随意的主观活动,需要遵循特定的规律,需要高屋建瓴,更需要统筹兼顾,才能坚守正确的航道,否则有全盘崩塌的危险。因此,以指引话语创新的路标。依据"顺应—超越规律"、"利益—价值认同规律"、"空间—时间协同规律",我们确立了思想政治教育话语创新的五个基本原则。

一、中国立场与世界眼光相结合的原则

所谓中国立场与世界眼光相结合的原则,就是在思想政治教育话语创新的过程中既要体现中国自身的态度、观念和方法,又要有展望世界的胸怀、视野和境界,保持中国立场和世界眼光是辩证统一的。虽然二者内涵不同,对话语创新的作用不同,但又密切联系、相辅相成。中国立场是思想政治教育话语创新的前提和基础,世界眼光是思想政治教育话语创新的拓展和延伸。话语缺乏中国立场,容易造成"人云亦云",话语缺乏世界眼光,容易造成自我封闭,都无法实现话语的创新发展。因此,思想政治教育话语创新要在中国立场和世界眼光有机结合中实现。

所谓"中国立场",其核心就是坚持以马克思主义理论为指导思想,牢牢把握社会主义主流意识形态话语权,以保证话语创新才不会偏离正确的航道。话语创新要求我们要聚焦中国问题,关切中国利益,"盲目崇外"、"盲目借鉴"、"盲目创新"无法思考和解决中国存在的现实问题。正如哲学家高清海先生所提出的,"中华民族的生命历程、生存命运和生存境遇具有我们的特殊性,我们的苦难和希望、伤痛和追求、挫折和梦想只有我们自己体会得最深,它是西

第五章 马克思主义视域下思想政治教育话语创新的规律和原则

方人难以领会的"。①

要建立话语创新的中国立场,首要任务是运用马克思主义的世界观和方法论,对于当前我国思想政治教育的现状、问题、特点和发展趋势提出自身的分析和判断,而不是追随他国的观点。"在中国的思想政治教育与国外尤其是西方学者德育理论的对照中来'查找'中国思想政治教育的'问题',在对西方学者德育理论的演绎中寻找解决中国思想政治教育问题的对策与出路的做法,以及在对西方相关概念和理论的简单借用中研究中国的思想政治教育、推进'思想政治教育国际化'的做法,显然无助于推动具有中国风格与中国气派、符合中国需要的思想政治教育理论和实践的发展"。② 由此,为了形成话语的中国风格、中国气派,思想政治教育话语创新要以中国立场为前提基础,自觉摒弃跟从西方话语的惯性思维。比如西方语境中"中国式过马路",一度将中国人等同于不遵守秩序、文明素质欠缺的落后民族。然而,依据科学的逻辑分析,过马路闯红灯事件与"中国式"并无必然联系,国外同样有很多集体闯红灯的案例。固然,规则意识欠缺是部分中国人闯红灯的原因,但道路红灯设置不合理、民众法不责众的群体心理与闯红灯也有一定关联。因此,对于西方媒体类似对中国人闯红灯的报道,我们不仅要反思我国公民道德素质存在的问题,更要反思这些问题与"中国式"、"中国特色"之间是否存在必然的逻辑联系。

思想政治教育话语以中国立场为立足点,并非意味着要时时刻刻说好话、唱赞歌。思想政治教育话语还要有登高望远、胸怀全局的世界眼光,从中国根本利益和长远利益出发,形成国际化的战略视野,否则思想政治教育话语创新无法取得长足发展。"在复杂多变的世界背景中考察当代中国的思想政治教育,把握其特殊性,探讨其可能和应有的发展

---

① 高清海:《中华民族的未来发展需要自己的哲学理论》,载《吉林大学社会科学学报》,2004年第2期,第56页。

② 沈壮海:《思想政治教育的文化视野》,北京:人民出版社2005年版,第321页。

路向"。① 话语主体既要善于表达自己，也要了解话语对象的语境，才能实现沟通和对话。尤其在当前全球化日益加深的今天，我国作为正在崛起的发展中国家，正稳步迈进国际舞台中心，世界范围内文化的交流和对话将更为频繁，一个国家只有赢得话语权才能赢得发展。在面对全球道德伦理问题时，我们需要主动出击，树立理论自信，用中国特色的学术话语体系解释全球化带来的诸多问题，切实"提高中国设置国际议题和制定国际规则的话语水平"②。思想政治教育话语要从整个世界的文明成果中汲取精华和养分，探寻中西话语体系的相通之处，以世界眼光增强对外传播中话语的影响力。

二、观念变革与范式转换相统一的原则

观念变革与范式转换相统一的原则，意味着思想政治教育话语创新不仅依赖于话语观念的变革，还依赖于话语范式的转换。③ 话语观念变革强调话语主体自觉革新滞后的思想观念，以摒弃脱离实际、生硬灌输的说教式话语方式，实现向生活化、个性化、多样化的新型话语方式转换。可以说，观念变革是思想政治教育话语创新的原点和起点，范式转换是思想政治教育话语创新的关键点和爆发点。观念变革为范式转换提供了前提条件，范式转换激发和促进观念变革。

话语创新的首要任务是变革思想观念，因为思想观念的变革要求用新的思维方式来分析和解决问题，新的思维方式形成带来新的话语，而新的话语反过来又促进思维方式的革新。当前，几个主要的思想误区普

---

① 沈壮海：《论思想政治教育理论研究的新范式与新形态》，载《思想理论教育导刊》，2007年第2期，第44页。
② 《加强文化交流 促进世界和平——在第十一届法兰克福国际书展开幕式上的致辞》，载《人民日报》，2009年10月14日，第003版。
③ 库恩在其《科学革命的结构》中指出，"从现代编史学的眼光来审视过去的研究纪录，科学史家可能会惊呼：范式一改变，这世界本身也随之改变了。科学家由一个新范式指引，去采用新工具，注意新领域。……在革命之后，科学家们所面对的是一个不同的世界。"参见[美] 托马斯·库恩：《科学革命的结构》，北京：北京大学出版社2003年版，第101页。

第五章 马克思主义视域下思想政治教育话语创新的规律和原则

遍存在于思想政治教育话语之中,一是"去政治化"倾向;二是全能主义倾向;三是形式主义倾向;四是反传统主义倾向。

"去政治化"倾向即"主张弱化、淡化或试图直接去掉思想政治教育的政治性本质,将思想政治教育直接定位于一种文化价值活动或中立性的社会工作"[①]。然而,思想政治教育话语一旦缺失了应有的价值立场,将阻碍其政治主导性功能的发挥。[②] 全能主义倾向即认为思想政治教育话语能化解一切思想领域的难题,能够让话语对象全盘接受和认同。这种思想倾向是背离实际的,因为当前人们的价值观念不可能整齐划一、完全雷同。同时,思想政治教育很多时候需要和其他工作有机结合才能发挥作用,不能单打独斗。思想政治教育者只能做属于自己工作范围内的事务,不可能做一切事务,事事都要管等于事事都不精通,也无法集中力量办大事。形式主义倾向即认为思想政治教育只是做给上级部门看的,不注重讲实话、讲管用的话。而反传统主义倾向即将思想政治教育话语视为已经过时、落后的话语体系,无法有效解决人们思想上存在的各种症结。这些思想误区直接影响着思想政治教育话语的传播,严重削弱了话语的应有力量。因此,思想政治教育者要自觉实现思想观念的变革,避免陷入思想误区之中。

同时,人类科学史的实践发展表明,科学的发展进步依托于研究范式的优化。思想政治教育话语创新依赖于研究范畴、研究视角和研究方法的更新,库恩将包括思维方式、概念范畴、研究视角、研究方法、学术共同体等称之为"范式",并认为学科的创新发展必须依赖于"范式

[①] 李辽宁:《当代中国"去政治化"话语评析》,载《红旗文稿》,2014年第4期,第30页。

[②] 有学者研究提出,"人文社会科学不仅摆脱不了政治的影响,甚至在一定程度上需要与政治相结合。正是由于这种结合,它们才能够发挥引导社会舆论、维护社会稳定的功能。当然,如果处理不好,一旦出现'泛政治化'的倾向,也会影响人文社会科学自身的发展。正确的做法是,人文社会科学既要坚守学科自身的主体性,又要对丰富多彩的社会生活给予足够的观照,在二者之间保持应有的张力。"参见李辽宁:《当代中国"去政治化"话语评析》,载《红旗文稿》,2014年第4期,第31页。

转换",是"范式转换"的过程和结果。因此,仅仅依靠观念变革还远远不够,思想政治教育话语要实现突破,还必须改变说教式的话语范式,具体体现为从研究概念、研究方法、学术共同体等不同层面实现范式转换。值得注意的是,思想政治教育范式转换不是一蹴而就的①,随着社会发展中不断涌现新的社会问题和理论困境,思想政治教育范式转换呈现出"否定之否定"的发展趋势,才能从根本上推动着思想政治教育话语的创新发展。

三、继承传统与追求现代相融合的原则

所谓继承传统与追求现代相融合的原则,就是在思想政治教育话语创新的过程中既要体现中国传统德育话语的精华,又要追求承载现代思想、审美意蕴和时代气息的现代化话语。继承传统和追求现代是辩证统一的,虽然二者内涵不同,但紧密相关、相辅相成。继承传统文化中德育话语精华是思想政治教育话语创新的基础,追求现代是思想政治教育话语创新的方向。中华文明博大精深,我国传统德育思想和话语具有特殊性和民族性,而现代化的德育思想和话语是具有普遍性和世界性。缺乏对传统精华的有效继承,思想政治教育话语创新将丧失民族根基;缺乏现代化的发展方向,当前思想政治教育话语存在的弊端无法根除。因此,思想政治教育话语创新要在继承传统和追求现代二者的有机融合中实现。

目前,思想政治教育话语从传统话语资源中汲取话语力量不足,主要源自于对传统文化所蕴含的丰富内涵和当代价值认识不到位。"思想政治教育"这个概念本身就是独具中国特色的话语,思想政治教育作为本土独创的学科,具有浓厚的中华文化底蕴。继承传统文化中思想政治

---

① 比如目前有学者强调思想政治教育"由人创生"、"为人所需"、"由人推动",针对思想政治教育实效性不足的问题,还有学者提出"研究范式的再转换"问题,提出了"科学实践观范式"。

教育的话语精华是思想政治教育话语体系创新的基础,一旦缺乏对传统精华的有效传承,思想政治教育话语体系的创新将丧失民族根基。当前,构成我国思想政治教育的话语资源主要包括以下内容:

(一) 马克思主义理论

马克思主义理论本身就是动态性、发展性、开放性的理论体系,具有与时俱进的理论品格。这要求思想政治教育话语汲取马克思主义理论活的生命力,自觉淘汰落后于时代发展的词汇,梳理旧的概念和范畴,深入挖掘富有时代特色学科概念的理论内涵,概括出回应时代问题、满足时代需要的新概念、新范畴、新表述。尤其是当前世情、国情、社情都随着时代发展不断发生着深刻变化,人的思想随着时代发展变化而呈现出复杂化、多元化的发展趋势,我们应从马克思主义的经典原著中挖掘符合时代发展需要的思想,不断推动马克思主义理论的创新发展,增强马克思主义理论对人的思想现象的解释力。尤其是党的十八大以来,习近平总书记立足全局和战略的高度,围绕思想政治工作发表了一系列重要讲话,蕴含了一系列新思想、新观点和新论断,充分体现了时代发展对加强和改进思想政治工作的迫切需要,彰显了思想政治工作在党和国家改革发展中"生命线"的时代意蕴,对推动思想政治教育话语体系的创新具有重要意义。

(二) 中华优秀传统文化中的德育观

在我国历史发展的长河中,德育思想源远流长。我国传统文化中德育的话语资源丰富多彩,历代思想家和政治家都留下了大量有关道德教育的诗篇,彰显出中国古代先贤饱含智慧的德育思想,至今仍不失启发意义。因此,我们应从中华传统文化的智慧中挖掘值得继承的德育思想,为传承中国特色思想政治教育话语体系奠定文化根基。我国传统德育话语资源丰富多彩,历代思想家和政治家都留下了大量的诗篇,"仁爱"、"忠孝"、"俭朴"、"坚韧"等话语蕴含宝贵而丰富的德育思想,深入挖掘这些传统话语资源对我们继承传统、开拓创新具有重要意义。

思想政治教育话语本身具有精神鼓舞性的本质属性，要发挥这种本质属性的重要作用，只有注重保持和发展中华民族传统文化中德育话语的特色和优势，同时使之更新且富有现代性和世界性的双重属性，才能以话语自身的独特性赢得国际范围内的话语权。中华传统德育话语主要体现在"以佛治心，以道治身，以儒治世的三玄、四书、五经，以及佛教经典三论、九经和一录中"[①]。这些宝贵的传统德育话语使得中华民族在历史灾难之中能够形成强大的精神力量，尤其在革命战争年代，无数革命志士能够"杀生成仁"、"舍生取义"，与儒家提倡的"仁以为己任"的人生哲学有内在联系。

（三）中国共产党思想政治工作的实践经验

话语的产生和发展离不开特定的社会实践，思想政治教育话语体系的形成深深地扎根于中国共产党领导的工作改革和发展的实践之中。尤其是改革开放后经济体制改革极大地推动了社会变革，一系列关于思想政治工作的理论和方法推陈出新，极大地促进了思想政治教育的创新发展。由此，中国共产党思想政治工作的实践经验是思想政治教育话语体系形成和发展的实践源泉和核心动力。中国共产党思想政治工作的实践铸就了思想政治教育话语的风格和气派；同时，中国共产党思想政治工作的实践是思想政治教育话语体系创新的原动力。"解决思想问题和解决实际问题相结合"、"两个文明"、"理论掌握群众"、"思想政治工作要注重人文关怀和心理疏导"等一系列话语的产生，正是中国共产党人领导中国人民在"摸着石头过河"的改革实践中对思想政治工作逐步形成的科学认识。

（四）思想政治教育相关学科的理论借鉴

思想理论是话语的灵魂，没有思想理论作为支撑，思想政治教育话

---

① 楼宇烈：《温故知新——中国哲学研究论文集》，北京：商务印书馆2004年版，第452页。

第五章 马克思主义视域下思想政治教育话语创新的规律和原则

语体系的创新难免偏离正确的航道。可以说,话语创新从本质上说是人类思想理论的产物和结晶。没有思想理论的进步,人的认识无法超越旧的思想束缚。当前,随着科学研究的深入开展,思想政治教育的相关学科诸如哲学、管理学、政治学、社会学、脑科学等推陈出新了一批学术研究的新成果和新思想,这为思想政治教育话语的创新发展注入了强大的思想动力。我们应及时借鉴这些相关学科的研究理论和研究方法,推进人才学和其他学科的交叉研究,开辟学科视野,凝练研究方法,为思想政治教育话语体系的创新提供理论源泉。

同时,在把握思想政治教育传统话语资源的同时,必须顺应现代化的发展趋势,不断探索思想政治教育领域现代化的话语内容、话语方式、话语传播载体,尤其要摸索微时代微语言的发展规律,使思想政治教育话语在传统与现代的有机融合中焕发新的生机和活力。话语现代化是思想政治教育话语由传统走向现代的不断改革的过程,思想政治教育话语追求现代必须建立在继承传统文化精髓的基础之上。语言现代化中"借用"和"旧词新用"都要直接从传统"旧"的语言中寻求突破口,而"创造新词"也并不是毫无根据地胡乱创造,也必须建立在对传统语言深刻理解的基础之上。

目前,思想政治教育话语缺乏现代感,这一弊端并不是一个偶然与孤立的现象,是由多种因素集合而成的。首先,思想政治教育话语内容实践指向不足,普遍存在内容上的陈旧和空洞,似乎游离于当今这个充满时代气息的鲜活的实践之外。其次,由于思想政治教育传播的主动性不足,导致话语主体往往重视话语内容的主导作用而忽视话语形式的能动作用。而当前伴随着我国各个方面的深化改革,一切都自觉不自觉地处于现代化的发展进程之中,社会政治、经济、文化发展的现代化呼唤着思想政治教育话语的现代化。因此,思想政治教育只有主动适应我国现代化进程中的新实践和新发展,加强思想引导,解决实践过程中民众存在的思想困惑,形成正面的舆论导向,才能推动思想政治教育话语的创新发展。

四、理论创新与实践探索相互动的原则

所谓理论创新与实践探索相互动的原则，就是要在实践发展过程中促进理论创新，同时要依托理论创新推动实践的探索，使得理论研究与实际工作实现互动发展、理论创新成果与实践探索成果实现融合发展。理论创新和实践探索是辩证统一的，共同构成了思想政治教育话语创新两个不可或缺的助推力量。虽然内涵不同、发挥作用不同，但密切联系、相辅相成。理论创新是思想政治教育话语创新的内在灵魂和前进方向，实践探索是思想政治教育话语创新的发展动力与实践基础。没有理论创新，思想政治教育话语创新将缺乏思想先导；没有实践探索，思想政治教育话语创新将无所依附。因此，思想政治教育话语创新要在理论创新与实践探索的互动作用中实现。

思想政治教育话语创新不仅是一项重要的理论课题，也是一项重大的实践课题。要实现理论创新首先要从保守禁锢的思想观念中脱离出来。我国改革开放的实践历程证明，思想解放成为触发理论创新的导火索。此外，思想政治教育话语的创新发展，必须依赖于在实践过程中的不断摸索。埃米尔·本维尼斯特指出，"脱离人类学习实践的语言创造和语言自生故事都是无稽之谈。"① 在中国革命和建设实践中，中国共产党人不断形成新观念、新思路、新方式、新方法，为推进思想政治教育话语创新发展提供了扎实的实践基础与强大的内在动力。尤其是建党90年以来，中国共产党在革命和建设中不仅积累了丰富的历史经验，而且总结了深刻的历史教训。在历史发展进程中，中国共产党所提出的思想政治教育话语成为战争取得胜利的精神动力。在不同的历史时期，"思

---

① [法]本维尼斯特：《普通语言学问题》，王东亮等译，上海：上海三联书店2008年版，第56页。

第五章 马克思主义视域下思想政治教育话语创新的规律和原则

想政治工作"这一概念话语的内涵和表述大不相同。从"思想工作"到"政治工作"再到"思想政治工作"的话语演变过程,体现了中国共产党在实践中对思想政治工作的认识日渐成熟。相比实践经验,实践教训给思想政治教育话语创新发展带来更深刻的反思,思想政治教育实践领域失败的教训深刻地启示着我们,思想政治教育话语必须以维护人民群众的根本利益为立足点,才能调动人们主动参与思想政治教育过程的积极性和创造力。而脱离人民群众实际利益的话语,无法有效说服群众,也无法真正实现"理论掌握群众"。

当前,习近平总书记针对新闻、政法、国企、军队、高校等不同领域人才队伍的思想政治建设都提出了具体要求。2016年2月,习近平在党的新闻舆论工作座谈会上强调,"要加快培养造就一支政治坚定、业务精湛、作风优良、党和人民放心的新闻舆论工作队伍。新闻舆论工作者要增强政治家办报意识,在围绕中心、服务大局中找准坐标定位,牢记社会责任,不断解决好'为了谁、依靠谁、我是谁'这个根本问题。"[①] 习近平将思想政治建设作为新闻媒体人才队伍建设的根本,体现了对新闻媒体人才政治素质的高度重视。2016年4月25日,习近平在全国政法建设工作会议上强调,要坚持把思想政治建设摆在第一位。此次会议明确了政法人才队伍思想政治建设的目标和任务,体现了我国全面推进依法治国的战略需要对政法人才思想政治素质的内在要求。2016年10月12日,习近平在全国国有企业党的建设工作会议上提出,"坚持党的领导、加强党的建设,是我国国有企业的光荣传统,是国有企业的'根'和'魂',是我国国有企业的独特优势。"[②] 2016年11月,习近平总书记在中央军委改革工作会议上强调,要坚持从思想上政治上建

[①] 《习近平在党的新闻舆论工作座谈会上强调坚持正确方向创新方法手段 提高新闻舆论传播力引导力》,载《人民日报》,2016年02月20日,第01版。

[②] 《学习总书记讲话:以党建工作的新作为推动国企的大发展》,载《人民日报》,2016年10月12日,第01版。

设部队，持续培育当代革命军人核心价值观，确保部队绝对忠诚、绝对纯洁、绝对可靠，永葆人民军队的性质和本色。2016年12月，习近平主持召开了全国高校思想政治工作会议，这是新中国历史上第一次召开如此大规模、高规格的全国高校思想政治工作会议，充分表明了新形势下加强和改进高校思想政治工作非常重要、极其迫切。2017年1月18日，中共中央印发了《关于新形势下加强政法队伍建设的意见》，明确将思想政治建设贯穿于政法人才队伍建设的始终。这些论述充分体现了时代发展对人才思想政治素质的迫切需要，为新时期我国各行各业思想政治工作的开展建设指明了方向、找准了方法，这正是思想政治教育话语创新的重要实践来源。

五、保持稳定与适度弹性相协调的原则

所谓保持稳定与适度弹性相协调的原则，就是在思想政治教育话语创新的过程中既要在一段时间内保持话语的稳定性，又要根据话语环境的发展变化及时对话语进行适时、适度的调整，使得话语的构成要素之间相互协调，以促进社会发展和进步。保持稳定与适度弹性是辩证统一的关系，虽然内涵不同、作用不同，但相辅相成、缺一不可。保持稳定是思想政治教育话语创新的必要前提和有力保障，适度弹性是思想政治教育话语创新的基本动力。因此，思想政治教育话语创新要在保持稳定与适度弹性相互协调的过程中实现。

在我国历史发展中，自上而下"运动式"的政治动员在特定的历史时期发挥重要的舆论导向作用，成为一定历史条件下快捷、高效的思想政治教育模式。"土地改革"运动、"整风运动"、"三反""五反"运动、"抗击非典运动"等运动式的动员方式，能够在短时间内调动各种行政资源，成为解决经济社会发展中重要问题的有效手段，在一定程度上维护了国家和社会的稳定。然而，随着我国经济实力的增强、社会治理手段的成熟、社会主义法治建设的加快，思想政治教育话语从"运动

式"走向"常态化"成为一种必然趋势。加之信息化社会话语传播的方便、快捷、及时的特征,使得更新节奏快、变化大的思想政治教育话语难以在民众中形成深刻的理解和认知。由此,当前新形势下,思想政治教育话语创新要稳步推进,遵循人们认识发展的规律,在潜移默化的常态化传播中增进理解和认同。不能朝令夕改,否则将破坏思想政治教育话语的威信,不利于经济发展和政治稳定。

在保持稳定的基础上,思想政治教育话语只有保持弹性,才能与时俱进地实现自我更新。值得一提的是,思想政治教育话语的"弹性"并不是绝对化的,必须保持一定的"度"。如何把握"度",成为思想政治教育话语创新的关键问题。由此,思想政治教育创新必须树立以人为价值归属的基本理念,深入考察话语对象自身道德发展的需要,同时考虑时代发展中对人的道德发展的需要。不考虑思想政治教育话语创新的价值需求,为了创新而创新,必然导致创新陷入"价值迷失"的境地,无法实现有意义的创新。思想政治教育话语创新只有真正顺应和体现绝大多数民众的需要、时代发展的需要,才能获得广大人民群众发自内心的支持,推动一个国家在经济、政治、文化等方面的不断发展和进步。

本章小结

本章通过深入分析思想政治教育话语主体、话语对象、话语内容、话语形式、话语环境、话语效果等要素之间的相互作用,提出了思想政治教育话语创新发展的三大规律:顺应—超越规律、利益—价值认同规律、空间—时间协同规律。

顺应—超越规律主要从话语内容的角度来揭示话语创新发展的规律。思想政治教育话语一方面要尊重话语对象的主体作用,顺应话语对象的思想实际和接受需要,另一方面应超越话语对象原有的思想品德发展水平,向受教育者传播具有先进性、前瞻性的社会意识,选择体现时代发展趋势的特定话语引领人们的精神发展。

利益—价值认同规律主要从话语对象的角度来揭示话语创新发展的规律。思想政治教育话语功能的实现，归根到底就是要促使话语对象对话语内容形成价值认同，而这种价值认同的形成又必须首先引导话语对象形成利益认同，在此基础上才能升华到价值认同。利益认同是价值认同的前提条件，要求思想政治教育话语应尊重和关心群众的利益需求、引导和满足群众正当合理的利益需要、协调利益关系，同时价值认同是利益认同的最终旨归，思想政治教育话语的接受过程归根到底就是话语对象从利益认同到价值认同的发展过程。

空间—时间协同规律主要从话语要素结构的角度来揭示话语创新发展的规律。思想政治教育话语构成要素应在空间上保持结构的一致性，在时间上保持前后的连续性，这是构成思想政治教育话语效果的必要条件。思想政治教育话语构成要素在空间上的协同主要表现为话语内容和话语语境、话语目标和话语其他构成要素、话语内容和话语形式要保持一致或基本一致；思想政治教育话语目标和内容在时间上要实现协同，要充分考虑话语对象接受话语内容的渐进性和层次性，又要兼顾连续性和完整性，在选择和设计的过程中要遵循由浅入深、从低到高、由具体到抽象、从感性到理性的发展规律。

依据社会发展的客观要求以及人自身思想品德发展的需要和现状，我国思想政治教育话语创新应提高话语的科学化水平和大众化水平。思想政治教育话语的科学化，包括学术研究话语的科学化、日常工作话语的科学化和意识形态宣传话语的科学化。要提高思想政治教育话语的大众化水平，首要任务是做好不同类型话语之间的连接和转换，包括官方话语、学者话语和群众话语的连接与转换、书面话语和口头话语的连接与转换、传统话语和现代话语的连接与转换。

依据话语创新发展的三大规律，我国思想政治教育话语创新应遵循中国立场与世界眼光相结合的原则、观念变革与范式转换相统一的原

第五章　马克思主义视域下思想政治教育话语创新的规律和原则

则、继承传统与追求现代相融合的原则、理论创新与实践探索相互动的原则、保持稳定与适度弹性相协调的原则。所谓中国立场与世界眼光相结合的原则,就是在思想政治教育话语创新的过程中既要体现中国自身的态度、观念和方法,又要有展望世界的胸怀、视野和境界,保持中国立场和世界眼光的辩证统一。观念变革与范式转换相统一的原则,意味着思想政治教育话语创新不仅依赖于话语观念的变革,还依赖于话语范式的转换。观念变革为范式转换提供了前提条件,范式转换激发和促进观念变革。所谓继承传统与追求现代相融合的原则,就是在思想政治教育话语创新的过程中既要体现中国传统德育话语的精华,又要追求承载现代思想、审美意蕴和时代气息的现代化话语。所谓理论创新与实践探索相结合的原则,就是使理论研究与实际工作实现互动发展、理论创新成果与实践探索成果实现融合发展。所谓保持稳定与适度弹性相协调的原则,即在思想政治教育话语创新的过程中既要在一段时间内保持话语的稳定性,又要根据话语环境的发展变化及时对话语进行适时、适度的调整,使得话语的构成要素之间相互协调,以促进社会发展和进步。过去,自上而下"运动式"的政治动员在特定的历史时期发挥重要的舆论导向作用,成为一定历史条件下快捷、高效的思想政治教育模式。随着我国经济实力的增强、社会治理手段的成熟、社会主义法治建设的加快,思想政治教育话语从"运动式"走向"常态化"成为一种必然趋势。在保持稳定的基础上,思想政治教育话语只有保持适度的弹性,才能与时俱进地实现自我更新。

第六章　马克思主义视域下思想政治教育话语创新的基本路径

依据思想政治教育话语创新的基本目标和原则，针对当前我国思想政治教育话语存在的主要症结，思想政治教育话语创新主要应从理念创新、理论创新、方式方法创新三个层面有效推进。理念创新主要依托于话语主体创新能力的提升；理论创新主要依托于话语内容的创新；方式方法创新主要表现为话语方式和话语传播方式的创新。

第一节　提高话语主体的创新能力

思想政治教育话语的创新，首先依赖于具有一定创新意识和创新能力的话语主体。话语主体只有具备并提高多方面的能力，才能为思想政治教育话语的创新发展提供不竭的动力。

一、更新话语理念

更新话语理念，即树立科学的思想方法，自觉运用思想政治教育话语创新发展的规律，不断推动话语的更新。新的理念指导新的行动，新的行动又促使新的理念的形成，更新话语理念是思想政治教育话语创新的根本与关键。

第六章　马克思主义视域下思想政治教育话语创新的基本路径

（一）人本理念

坚持人本理念，是现代思想政治教育必须具备的基本价值理念。思想政治教育话语视野下的人本理念强调思想政治教育话语要尊重人、理解人、信任人、关心人、提高人、发展人，以人自身的道德发展作为思想政治教育话语创新的价值旨归。

首先，"人本理念"意味着思想政治教育者应尊重话语对象的主体地位，发挥话语对象的主观能动性，促进话语对象自觉参与其中。当前，新的生存环境塑造了独立个性的新一代，人性苏醒、人格独立已成为当代人的精神追求。话语对象"不是一个被填充的容器，而是一个待被点燃的火种"①。因此，话语对象在思想政治教育话语创新过程中发挥着能动作用，既作为话语对象而存在，更作为话语主体而存在。思想政治教育话语效果的实现不再简单依靠"被动接受"，而主要取决于话语对象是否能够积极主动地接受话语内容。遵循利益—价值认同规律，思想政治教育话语只有与话语对象的利益诉求相契合，尊重话语对象合理正当的利益需要，才能有效引导话语对象的思想和行为，从而促成话语双方以平等的对话者的身份参与到思想政治教育过程中，有效增进话语沟通。

当前，人们普遍感觉不幸福，"幸福"作为一种重要的精神体验，与财富、地位、权力并不构成正相关关系，但与人自身的思想品德发展密切相关。总部在美国的调研机构盖洛普公司曾对全球135个国家人口的幸福感进行调查，结果显示，中国大陆排在第90位。为什么物质资料的极大丰富并没有提升我国民众的幸福感？部分人甚至开始怀念过去物质贫乏的新中国成立初期，认为那个时代虽然普遍贫困但精神生活丰富。造成这一社会心理状况的原因是多方面的，其中人自身思想品德发

---

① 杨国英、杨绍梅：《论以人为本的思想政治教育方法》，载《文山学院学报》，2010年第4期，第85页。

展的滞后,信仰的普遍缺失是其重要原因之一。张颐武解释中国人幸福感低迷的原因在于内心的焦虑——"'差一半'的状态","这种状态就是自我追求和现实境遇之间的不平衡,而解决之道在于依托'智勇仁强'的中国传统道德,创造一套新的商业文明。"① 思想政治教育话语创新要紧紧围绕人的精神发展的需要展开,更好地满足人们精神世界发展的自我需求,而不仅仅以国家和社会发展需要为本位。

为了更好地发挥话语对象的主动性,还应把握话语对象的差异性。要把握话语对象的差异性,就要将话语对象放入现实的生活中去把握,发掘话语对象的思想特征和心理特征,才能更好地遵循"顺应—超越规律"。人自身主体作用发挥得越充分,人的独特性和唯一性就越凸显,人的个体差异性就表现得更加明显。针对不同的话语对象,要有针对性地选择不同的话语内容和话语方式。比如针对大学生群体,他们思想活跃、思维敏捷、视野开阔、个性鲜明,但容易冲动、观点偏激,应多采取正面激励的话语使他们获得荣誉感和成就感,以激发他们的积极性和创造性。

此外,人本理念指导下的思想政治教育话语创新,就是要以人自身的全面而自由的发展为根本目标,塑造人作为人本来应有的良好个性和健全人格。"在思想政治教育过程中,要更多地关心人、理解人、尊重人、信任人,培养人的独立个性和创造精神,这就是我们今天应有的思

---

① 张颐武在"嵩山论坛"2014年会"华夏历史文明传承创新专题讲座"环节发表了题为《传统文化与新时期的商业文明》的主题演讲,他提出,"中产阶级的焦虑,源于'差一半'。比如三口之家,兴致勃勃去看一套房,很满意,掏钱时,发现自己只能支付房款的一半;刚毕业的大学生,买个40万的房子,小两口掏20万,双方父母掏了20万,把房子买下来了。"张颐武说,买房"差一半"的是中产阶级,在单位自己担任科长,总觉得自己早就该当处长,这"差一半"的还是中产阶级;在公司自己是中层,总觉得自己早该是CEO,这"差一半"的也是中产阶级,"想买别墅,'差一半'的人,同样是中产阶级"。参见尚国徽:《中国中产阶级的标签就是"差一半"》,http://news.dahe.cn/2014/08-23/103384031.html(访问时间:2015年8月23日)

想政治教育的基本价值观。"① 人要实现全面而自由的发展,必须以思想的解放作为前提条件,以此才能带动人自身的解放。在人本理念下关照思想政治教育这一实践活动本身,其根本目的就是要通过解放人的思想推进人自身的解放,实现人自由而全面的发展。因此,解放思想是思想政治教育的永恒主题。

(二) 交往理念

人是社会关系中的人,通过交往才能获得发展,马克思将"交往"区分为"物质交往"和"精神交往",认为物质交往是精神交往产生的条件,精神交往是物质交往的结果。②

语言作为交往的重要工具,发挥着交流和沟通的重要作用。"马克思主义把语言作为思想交流的工具来看待,认为语言是承载着意识形态的符号材料,它没有自足的存在。意义并不是来自于语言体系本身,而是来自于活生生的话语交际,是参与话语交际的主体之间的关系和社会历史语境决定着意义生成。"③ 由此,话语意义的产生取决于话语双方之间的交往。同时,"语言的本质在于交往"④。依据马克思的交往理论,思想政治教育话语是一种精神交往的过程。在交往理念下关照思想政治教育话语,将有助于我们对其展开更为深刻的理解和认识。

树立交往理念,话语双方应建立平等的合作关系。巴赫金认为,唯有"对话交流才是语言生命的真正所在之处"⑤。为了实现对话交流,必须确立平等、理解、交流的合作关系,话语主体才能摆脱话语灌输者的角色定位,进而转变为帮助话语对象实现成长和发展的促进者和启迪者,从而建立真正的对话关系。交往理念有助于话语双方确立平等精神

---

① 项久雨:《思想政治教育价值与人的价值》,载《教学与研究》,2002 年第 12 期,第 57 页。
② 《马克思恩格斯选集》第 1 卷,北京:人民出版社 1995 年版,第 72 页。
③ 陈然兴:《叙事与意识形态》,北京:人民出版社 2013 年版,第 10 页。
④ 钱中文:《巴赫金:交往、对话的哲学》,载《哲学研究》,1998 年第 1 期,第 61 页。
⑤ 巴赫金:《陀思妥耶夫斯基诗学问题》,上海:上海三联书店 1988 年版,第 252 页。

交流的关系,这是实现话语效果的前提基础。

树立交往理念,话语主体应激发话语对象主动参与交往的全过程。"要理解的内容需要从互动中创造出来。在理解之前,会话人必须赢得对方的合作,保持双方对对话的介入,这样才能够在互动中形成对语言的确切理解。"① 虽然思想政治教育话语主体在知识和阅历方面具有一定的优势,但这种优势一旦过于凸显反而成为一种劣势,不仅不利于与话语对象实现平等沟通和交流,而且容易阻碍自身的发展和进步。因此,为了保证话语对象参与交往的全过程,话语主体要充分尊重话语对象,淡化自身知识和阅历的相对优势,赢得话语对象的参与和合作。同时,话语主体需要预先了解话语对象的心理特征、认知能力、道德状况等方面的情况,增进对话语对象理想追求和利益选择的理解。根据话语对象道德认知水平的差异,话语主体应选择能够为话语对象理解的话语内容,凸显话语内容的真实性和可信性,不断增进双方的对话沟通。

二、建立话语自信

话语自信是话语主体对话语内容的自我认同,是对话语内容的坚定信念,话语自信是话语影响力形成和发展的一种持续的内在精神动力。事实表明,"越是自信的人,越容易有吸引力,也越有话语权。"② 因此,思想政治教育话语权的建构离不开思想政治教育领域的话语自信,话语自信的确立是掌握话语权的内在条件。同时,话语自信是树立话语自觉的先决条件。缺乏话语自信,话语主体难以先发制人、先声夺人,无法形成话语自觉意识,直接影响话语主体创新能力的形成和发展。当然,话语自信不能凭借主观臆断产生,那么自信到底从哪里来?话语的自信

---

① 甘伯兹:《会话策略》,北京:社会科学文献出版社2001年版,第271页。
② 张国庆:《话语权——美国为什么总是赢得主动》,南京:江苏人民出版社2010年版,第140页。

第六章 马克思主义视域下思想政治教育话语创新的基本路径

除了来源于我国改革开放伟大实践所取得的成就和经验以外,还源自于话语主体自身的创新能力。只有不断强化学科意识、树立问题意识、培养开放意识,才能建立话语自信。

经过三十多年的艰辛探索,思想政治教育学科从无到有、从弱到强,学科体系逐步建立和完善。然而受多种因素的综合影响,思想政治教育学科自信并未确立起来。比如攻读思想政治教育专业的本科生高考第一志愿选择这一专业的人寥寥可数,老师一般都要进行大量的稳定专业思想的教育工作,这说明思想政治教育的价值并未被普遍认可。更严峻的挑战在于,思想政治教育领域的研究者学术自信尚未建立起来,部分原因在于,马克思主义话语淡化、边缘化倾向直接影响着思想政治教育学科自信的建立。这一现实境遇不仅源自于思想政治教育学科自身发展的不成熟,而且受我国整个学术研究话语体系不够健全的影响。目前,我们尚未形成中国特色学术研究的话语体系,在世界范围内,西方话语更具有强势地位。因此,强化学科意识的首要任务是破解对西方学术话语的盲目崇拜和依赖,破解对其他学科话语的简单套用。要建立自身的话语体系,以更加专业的学科概念和范畴来传递本学科的相关知识,促进学科的科学化发展。

传统"闭门造车"式的理论研究,不仅无法积极回应现实问题,而且降低了学术研究话语的应有影响力,进一步导致了话语自信的降低。当前,改革发展进程中出现的问题是实践的呼声,遵循理论创新与实践探索相互动的创新原则,思想政治教育话语主体必须在实践中发现真问题,突出研究的实践指向,才能推动真正的问题意识的建立和形成。因此,思想政治教育话语主体应聚焦人们思想领域存在的迫切需要解决的问题,以话语对现实问题的回应力和影响力来赢得话语自信。

理论层面的问题意识就是"在科学研究中积极主动地发现有价值的命题并采取科学的方法加以解决的自觉意识,在学术探索中要有反思精神和批判精神"①。树立理论层面的问题意识，要及时将各学科新的理论研究成果运用到思想政治教育基础理论的研究之中，为思想政治教育话语创新注入理论支撑的先导力量。而实践层面的问题意识要善于发现和总结"真"问题，比如信仰迷失、诚信缺失、道德滑坡、仇富心理等，哪些是真问题？哪些是伪问题？问题产生的根源是什么，如何解决？要解决这些实践层面的问题需要我们深入调查。只有深入社会实践，才能从实践中汲取话语批判和话语建设的动力。

保持自身与外界的密切交流，是思想政治教育话语实现创新发展的关键。培养开放意识②，要注重运用世界眼光和开放思维吸收和借鉴人类的一切文明成果。只有克服封闭性和局限性，将自身纳入开放的世界之中，思想政治教育话语才能不断吸收新思想。思想政治教育话语主体要不断拓展学术视野，吸收多学科的研究成果，借鉴多学科的研究方法。同时，要学习和借鉴西方国家公民教育话语创新方面的经验和优势，运用先进的话语传播方式取得话语优势的地位。

三、提高思维能力

语言和思维有着密切的联系，语言随着思维能力的产生而产生，并随着思维能力的发展而发展。一方面，语言促进思维能力的形成和发展；另一方面，思维能力反过来推动和制约语言的发展。③ 思想政治教育话语主体能否适应话语创新要求，取决于其能否及时变革思维方式、提高思维能力。当前形势下，思想政治教育话语主体迫切需要树立系统思维和发展思维。

---

① 王学俭：《现代思想政治教育前沿问题研究》，北京：人民出版社2008年版，第1页。
② "开放意识是现代系统论的基本要求，它表现为系统与外界环境的相互交流。"参见王锁明：《推进马克思主义时代化需具备九种意识》，载《学习与实践》，2011年第4期，第47页。
③ 陈慧媛：《试论思维与语言的关系》，载《思想战线》，1998年第11期，第52页。

第六章　马克思主义视域下思想政治教育话语创新的基本路径

(一) 系统思维

系统思维即运用系统的理论和观点而不是孤立的方式来看待问题。"系统"具备特殊的属性，主要表现为：(1) 层次性。"系统"意味着不同层次事物的集合，单一的个体无法构成系统，系统必须建立在多元性和多样性的基础之上。同时，不同事物之间不是简单的排列组合，而是通过一定的方式有机组合而成。(2) 相关性。构成系统的组成部分之间具有相关性，是相互作用和相互依赖的关系。将毫无关联性的事物联系和堆砌在一起，也无法构成系统。(3) 整体性。系统是由多元性和多样性事物组成的有机整体，因此分析和解决问题要考虑全局和整体，防止孤立的、碎片化的思维方式。由此，树立系统思维，就是要树立层次性思维、相关性思维和整体性思维。

习总书记运用整体性思维，将高校思想政治工作作为一项系统工程，强调发挥多方合力育人的作用。他明确指出，"各门课都要守好一段渠、种好责任田，使各类课程与思想政治理论课同向同行，形成协同效应。"[①] 运用层次性思维，提出了高校思想政治工作的主要内容包括马克思主义理论教育、社会主义核心价值观教育、心理健康教育。[②] 还从我国整个历史发展的脉络中系统梳理了中国特色社会主义法治建设历程，将全面推进依法治国作为一个系统工程，并将法治人才培养作为全面推进依法治国的重要内容。[③] 而整体性思维、层次性思维和相关性思

---

① 《习近平在中国政法大学考察时强调 立德树人德法兼修抓好法治人才培养 励志勤学刻苦磨炼促进青年成长进步》，载《人民日报》，2017 年 5 月 4 日。

② 习近平提出，"要坚持不懈传播马克思主义科学理论，抓好马克思主义理论教育，为学生一生成长奠定科学的思想基础。要坚持不懈培育和弘扬社会主义核心价值观，引导广大师生做社会主义核心价值观的坚定信仰者、积极传播者、模范践行者。要坚持不懈促进高校和谐稳定，培育理性平和的健康心态，加强人文关怀和心理疏导，把高校建设成为安定团结的模范之地。"参见《习近平在中国政法大学考察时强调 立德树人德法兼修抓好法治人才培养 励志勤学刻苦磨炼促进青年成长进步》，载《人民日报》，2017 年 5 月 4 日。

③ 《习近平在中国政法大学考察时强调 立德树人德法兼修抓好法治人才培养 励志勤学刻苦磨炼促进青年成长进步》，载《人民日报》，2017 年 5 月 4 日。

维正是系统思维的重要体现。

运用系统思维来看待思想政治教育话语，就要从话语构成要素的相关关系中认识思想政治教育话语，将其作为一个具有不同层次和类型的大系统，构成这一大系统的不同要素之间密切关联。思想政治教育话语主体要从整体上把握不同话语构成要素之间相互作用的方式，善于发掘话语系统运行的规律。依据前文所述思想政治教育话语创新发展的三个规律，话语主体应注重和话语对象进行平等交流和对话，建立信任关系，还应针对话语对象关心的热点问题和思想实际有的放矢，发挥话语对象的能动作用，促成话语对象向话语主体转变。尤其要注重话语对象接受心理构成要素（包括动机、兴趣、认知、情感、意志等子系统）的运行方式，通过调动不同构成要素的作用，促成接受心理这一子系统的良好运行。

目前，在思想政治教育过程中，话语内容多以知识灌输话语为主，注重话语对象认知能力的培养，对话语对象的接受动机、兴趣、情感、意志等方面关注不足。树立系统思维方式，话语主体要努力使话语内容和方式满足话语对象的接受需要，激发接受动机和接受兴趣，才能有效提升话语对象对话语内容的认知效果，并努力改变说教式的话语方式，充分调动话语对象情感、意志方面的心理因素，使话语对象的认知、情感、意志能够协调发展，发挥系统的整体优势。

（二）发展思维

思想政治教育话语主体只有积极面对新形势、解决新问题，才能增强思想政治教育的主动性和创造性。要推动思想政治教育话语自觉主动地与社会和时代发展同步，克服话语陈旧的弊端，关键是树立发展思维，即用发展的眼光和方法来审视思想政治教育话语，保持话语与时俱进的品质。

正如习总书记明确指出，依法治国和依德治国相结合是中国特色社会主义法治道路的鲜明特点，进而提出了立德树人、德法兼修的法治人

第六章　马克思主义视域下思想政治教育话语创新的基本路径

才培养目标。还专门将"尊法"提到了"学法、守法、用法"的前面，强调了"尊法"的统领性地位。① 这正是运用发展思维对中国特色社会主义法治建设和法治人才培养的深刻总结。此外，习近平总书记明确提出青年人才是国家发展活力和核心竞争力的集中体现。②③ 他这一论断正是运用发展思维看待青年成长成才而得出的深刻结论，创新了马克思主义的青年人才观，将青年人才的价值提到了更为重要的战略地位。一般而言，核心竞争力是一个国家能够长期获得竞争优势的能力，人才是人力资源中素质和能力较高的劳动者，往往体现了一个国家的综合实力。而思想道德素质作为人才的核心素质，是一个国家核心竞争力的重要体现。"德"是青年人才成长成才的前提和基础，"德"只有与"才"相匹配，"才"只有以"德"为引领，青年人才才能真正成为国家和人民需要的栋梁之才，夯实中国特色社会主义建设事业的核心竞争力。由此，高校思想政治工作必须切实抓好思想引领这一基础性工作，将思想价值引领贯穿大学生思想政治工作的全过程和各个环节，才能体现高校思想政治工作助推国家核心竞争力的战略意义。

当前，我们树立发展思维，就是要建立实践生成性思维，这一思维的形成使得话语主体能够把思想政治教育话语看作是一个不断完善发展的实践生成过程。在近代西方哲学发展中，形成了本质主义思维和生成性思维。本质主义思维注重对事物固定本质的追问，注重预设性。目前，思想政治教育话语主要以本质主义思维来呈现，重视建立确定性的概念、范畴、规律和方法，但具有思维的局限性。李德顺教授总结了这

---

① 《习近平在中国政法大学考察时强调 立德树人德法兼修抓好法治人才培养 励志勤学刻苦磨炼促进青年成长进步》，载《人民日报》，2017 年 5 月 4 日。

② 《习近平在中国政法大学考察时强调 立德树人德法兼修抓好法治人才培养 励志勤学刻苦磨炼促进青年成长进步》，载《人民日报》，2017 年 5 月 4 日。

③ 习近平在讲话中指出，"青年强则国强，中国的未来属于青年，中华民族的未来也属于青年。"参见《习近平在中国政法大学考察时强调 立德树人德法兼修抓好法治人才培养 励志勤学刻苦磨炼促进青年成长进步》，载《人民日报》，2017 年 5 月 4 日。

种思维存在的三个主要缺陷:"抽象性、隔离性、凝固性"①。本质主义思维方式主要运用概念和逻辑推理来界定思想政治教育,将具体的思想政治教育实践抽象为预设的过程,注重传递给话语对象准确的、精准的规则和规范,话语内容以"是什么"为主,而忽视"为什么"。而生成性思维注重对过程和关系的探析,注重将话语对象置于具体的情境之中。

思想政治教育话语作为一种语言的实践运用,不能为每一个话语对象预设统一的话语模式。由此,本质主义思维方式越来越不适应当今多元化社会发展的要求,推动本质主义思维方式向实践生成性思维方式的转变,成为突破瓶颈的必然选择。当前,互联网的快速发展,有效拓展了思想政治教育的话语空间,话语主体应在实践中自觉探索互联网时代话语传播的规律,不断创新话语内容和形式,主动赢得网络话语权。尤其要把握互联网对人们认知方式和价值取向带来的深刻影响,才能更好地转变话语方式。在认知方式上,人们普遍注重从自身的亲身感受和体验中得出结论,倾向于感性思维,乐于接受新事物和新观点,习惯浏览图片和简短文字,较少关注与实际生活疏远的长篇大论。在价值取向上,注重个人利益,重物质享受轻精神提升,重权利保障轻义务履行。由此,思想政治教育话语要适应人们认知方式和价值取向的变化,依据时代的发展变化及时进行调整,将"大道理"变成通俗易懂的生活话语,才能有效克服空洞陈旧的话语内容和生硬灌输的话语方式带来的种种弊端。

四、重塑话语形象

由于话语主体自身的政治信念、道德品质、人格特征、知识才能、

---

① 李德顺:《21世纪人类思维方式的变革趋势》,载《新华文摘》,2003年第5期,第4页。

第六章　马克思主义视域下思想政治教育话语创新的基本路径

感情意志等通过一定的话语呈现出来，势必对话语对象产生一定的影响，因此，话语主体总是通过一定的话语形象的建立来维护其唯一性的存在。在思想政治教育过程中，话语主体主要是通过特定的话语来与话语对象进行沟通和交流，引导话语对象实现价值认同。思想政治教育者的话语，不仅是思想观点、态度立场、能力水平、内在情感的反映，而且是教育艺术和技巧的反映。思想政治教育者的话语形象即人们通过一定的话语对思想政治教育者产生的主观印象和评价，这种主观印象和评价成为话语主体性的存在。

区别于一般话语主体的形象，由于思想政治教育不仅仅是一种知识的传授，更重要的任务在于传授一定社会的主流价值观，要对人们的思想和行为施加影响。思想政治教育话语形象具有道德性、人格化、示范性的重要特征，思想政治教育主体应通过话语展现出高尚的道德情操、完善的道德人格、良好的道德示范，形成言传身教的良好教育效果。总之，思想政治教育话语效果的实现，除了取决于话语内容本身真理的力量以外，还取决于话语形象的人格力量。而思想政治教育者的话语形象在话语双方交往的过程中逐渐形成，良好的话语形象能够增强话语主体的威望和信誉，对话语对象产生积极的心理暗示，产生极大的凝聚力和感召力；而不良的话语形象不仅损害思想政治教育者的自身形象，也削弱了思想政治教育话语的效果。一般而言，我国思想政治教育者话语往往被定格于呆板乏味、陈旧空洞等形象之上，因此，思想政治教育者亟待通过话语创新和转换实现话语形象的扭转。

（一）官员话语形象的重塑

官员是政府的形象代言人，是对广大民众进行思想政治教育的主要话语主体。话语对政府官员极其重要，官员政治利益和政治地位的获取离不开良好的话语形象的树立。政府官员对广大民众开展大政方针政策的宣传离不开借助一定的话语来进行沟通和交流，从而赢得民众的支持和认可。毛泽东曾深刻地批评党八股，梅德韦杰夫也曾指责俄罗斯政府官员讲空话和套话,这说明,话语形象不仅是一种公共形象,更是一种政党形象、政府形象。

然而,受历史和现实多重因素的影响,政府官员文风话风问题积习已久,民众和官员之间产生诸多的不信任,造成话语交往中的隔阂。习近平曾深刻指出,"当前,在一些党政机关文件、一些领导干部讲话、一些理论文章中,文风上存在的问题仍然很突出,主要表现为长、空、假。……现在以会议落实会议、以文件落实文件、以讲话落实讲话的现象依然存在。"① 一项问卷调查中,在回答"您所见的官员讲话中,最让您感到不能忍受的是哪一种情况"时,"冗长、口号多、老生常谈、念稿成为'官话四恶'。"② 而要彻底改变官员不良的话语形象,需要从以下几个方面重点突破。

首先,官员要自觉改变话语方式。我国计划经济体制下形成的官方话语,一般以命令式和训导式的话语方式实现与民众的沟通和交流,这一时期官员垄断了大部分社会信息,形成了话语强权,导致"官腔官调"的蔓延。然而,"居高临下"的话语方式无法实现与民众的有效沟通,反而造成话语之间的隔阂。因此,官员亟待扭转不当的话语方式。在接受"官员话语形象调查"时,被调查者选择"共鸣、真实、言之有物、幽默、精短,这五要素比重分别为 23.3%、18.8%、17.3%、14.3%、10%。"③ 因此,官员要自觉以这五个要素为目标,自觉提高话语水平,赢得民众的支持和信任。其中,要实现"共鸣"这个目标,要求官员要自觉转变观念,从"官本位"转变为"民本位",从"权力话语"转变为"协商话语",以平等对话的话语方式进行沟通和交流。

其次,官员要不断加强自身的党性修养和文化修养。官员良好话语形象的形成不是朝夕之功,但话语失误很容易损坏形象。究其原因,政

---

① 《努力克服不良文风 积极倡导优良文风》,载《求是》,2010 年第 10 期,第 4 页。
② 杨敏:《话语个性稀缺症》,载《决策》,2007 年第 9 期,第 14 页。
③ 杨敏:《话语个性稀缺症》,载《决策》,2007 年第 9 期,第 15 页。

第六章　马克思主义视域下思想政治教育话语创新的基本路径

府官员身份、地位、权力的特殊性决定着其话语权的特殊性，官员话语并不仅仅代表个人，更多是党自身的形象。官员的话语与自身的党性修养密切联系，具备良好党性修养的官员，其话语一般通俗易懂、朴实清新；相反，党性修养差的官员无视密切联系群众的优良作风，往往话语虚构浮夸，让人生厌。由此，文风话风问题看起来只是个人素质和能力的问题，其实不然，从深层次看，反映的是一个人内在素质和自身修养方面存在的问题。要彻底摒弃老话、废话、空话、套话、假话，必须不断加强马克思主义的理论修养，提升思想道德素质，密切联系群众，以此不断增强党性修养。

同时，官员要凝练一种为普通民众所悦纳的话语，依赖于良好的知识储备和思维能力。通过多读书和勤思考，提高文化修养，官员才能形成开阔的理论视野、扎实的理论功底和灵活的理论思维，提炼出新思想、新思路、新观点。此外，官员还要全面了解民众关注的焦点问题，客观研判问题产生的深层次原因，才能说接地气的话、说民众喜闻乐见的话。通过调查研究可以增强官员与民众沟通的能力，促进官员自觉运用话语传播的规律，树立良好的话语形象。官员要努力将调查研究和读书思考紧密结合，不断提升话语能力。

最后，要形成以民意为导向的干部选拔体制，营造宽松民主的政治生态。在回答"影响官员表达和沟通最根本的原因这一问题时，被调查者的排序是：能力因素—性格因素—体制因素—环境因素。"[①] 这表明，造成官员话语障碍的因素除了自身能力、性格以外，还取决于政治体制和政治生态环境问题。在现有的人才选拔过程中，官员讲话一般是对"上"不对"下"，为了不说错话，大部分官员发言时都不能"脱稿"，甚至不敢说真话。作为新时代的官员，不应该再停留在"念稿"阶段，迫切要求官员敢于说真话，说发自内心的实话。这要求加快我国民主化

---

① 杨敏：《话语个性稀缺症》，载《决策》，2007年第9期，第15页。

进程,实现干部选拔任用体制和机制的创新。只有当干部的权力真正来源于民众的授予时,才能真正对民众负责,说民众乐于接受的话。此外,一些官员认为负面信息公开公布会造成社会不稳定,造成政绩受到影响,由此不敢及时公布事件真相。然而,在转型矛盾突发时期,社会治理过程中出现负面事件在所难免,但试图隐瞒真相,阻碍群众了解真相,只能进一步激发矛盾。因此,要使得官员敢于说真话,就要彻底改变官员政绩评价标准,推进行政权力运行程序化和公开透明化。

(二)教师话语形象的重塑

教师作为学校思想政治教育的话语主体,承担育人的重要职能,对学生产生重要影响。课堂作为思想政治理论课教师话语传播的主阵地,不只是简单地传授知识,还要帮助学生成为具备完整人格的人。在现实中,思想政治理论课课堂话语给人枯燥乏味的印象,部分教师习惯于"照本宣科"和"一言堂"。还有的教师习惯于将中国作为课堂案例讲解的负面典型,甚至把个人生活的不如意和牢骚搬到课堂,给学生留下消极的话语印象。由于学生对教师话语形成的主观印象和评价直接影响着课堂教学效果,因此良好的教师话语形象能够增进学生对教师的信任,从而有效发挥课堂话语的育人功能。

要充分发挥课堂话语的育人功能,首要任务是树立良好的教师话语形象,增进学生对教师的信任。要树立良好的话语形象,思想政治理论课教师要树立应有的课堂话语底线思维,将学术研究和课堂教学严格区分开来。针对社会矛盾凸显、叠加过程中呈现出的各种社会问题,不仅要"敢讲",还要"会讲",要给以科学的、合情合理的解释,而不是肆意地宣泄情绪。要树立教师应有的道德底线,而不能打着"批判"的旗号发牢骚,肆意抹黑。要恪守政治底线和道德底线,自觉完善道德修养,树立责任意识,形成强大的人格魅力,才能以自身的言行为榜样教育学生形成良好的道德品质。

同时,教师在说服学生之前有一个自己说服自己的过程,这就要求

第六章 马克思主义视域下思想政治教育话语创新的基本路径

教师自己备课时要领会教材话语,并将教材话语转换为课堂话语传递给学生。高校思想政治教育话语主体在向学生传播既定的政治价值观念之前,需要对多元价值观进行筛选、甄别,积极主动地建构自我认同的价值观念。尤其在社会变革时期,社会矛盾错综复杂,社会思潮相互激荡,教师更需要主动提高自身的政治敏锐性,培养政治理论修养和专业素养,增强对国家政策话语、规章制度话语、时事政治话语的理解能力,对这些话语真信、真懂和真用,在认知认同和情感认同的基础上推进行为认同。如果不加以理解转换,教师不能成为真正意义上的话语主体,将会导致"话语在场"但"自我缺席",即话语表达中丧失了自我思想的融入,即使在课堂上滔滔不绝,但实际上仅仅只是扮演了"传话筒"的角色。要保证课堂话语的效果,需要教师具备扎实的理论功底。如果教师对教材话语理解不够透彻或本身就有一些疑惑和认识误区,将导致个人表达被教材话语"套牢",丧失言说的个性,造成话语的"不作为"。① 而学生对此往往采取消极逃避的态度,一些学生直接用逃课的方式远离课堂,还有一些即使没有离开课堂,但很难真正主动理解和吸收课堂话语内容。

(三)学者话语形象的重塑

学者以理论研究的方式关照世界、以现实批判的方式反思世界、以科学真理的力量引领世界。学者不仅是真理的代言人,而且是敢于向权威和权势说真话的人,因此学者话语应具有严谨性、客观性、良知性、创造性的重要特征。学者只有通过科学的求证发掘客观存在的真理,以高度的社会责任感创造性地开展研究工作,才能以学术道德来赢得话语权。

---

① "话语不作为"即言说者不需要考虑"谁在说"、"对谁说"、"说什么",也不需要理会"在什么场合说"、"怎样说"、"为什么这样说",只要自己的话语经验中存放着话语克隆体,都可以完成无实质意义的话语行为。参见谭学纯:《透视"话语不作为"》,载《中国社会科学报》,2010年12月21日,第008版。

从事思想政治教育研究的学者肩负着对大众进行思想舆论引导的重要职责，其职责的特殊性在于向社会大众宣传马克思主义理论。然而，思想政治教育领域的部分学者对待马克思主义理论不求甚解，习惯于照搬一些生硬的口号和结论，说教意味浓厚。有的人故弄玄虚，文章洋洋洒洒，但话语方式晦涩，很难看懂中心思想；有的人东拼西凑，对于无法解释的理论问题惯用"扣帽子"的方式吓唬人。这些缺乏规范性的话语难以释放马克思主义理论的说服力，反而丧失应有的生命力。因此，亟待重塑学者话语的应有形象。

一方面，学者要树立责任担当精神。支持学者不断进行"更为彻底讨论"的力量源自于对学术的担当精神和对社会的担当精神，同时这种担当能够促使学者将社会需求和研究兴趣有机结合，以高度的责任感致力于创新成果的产生，推动学术研究话语的创新。学者作为社会精英普遍介入社会公共事件的评论、智库建设、法律政策起草等具体的社会事务工作，这需要学者在纷繁复杂的社会活动中保持学者应有的担当精神，以高度的道德责任感为推动社会进步而献言献策。

另一方面，学者要致力于传播新思想。虽然新的学术思想依赖于宽松自由的学术环境，但也离不开学者自身批判精神和钻研精神的支撑。20世纪20年代中期，美国哥伦比亚大学师范学校教授哈桑和梅等人对传统的道德教育方法提出了质疑，通过一项历时5年的研究，他们发现传统的品格教育违反心理学的客观规律，不可能培养出真正的道德或品格，由此掀起了心理学视角下品格教育的研究，推动了新的学术思想的产生，为道德教育开辟了新的实践路径。因此，要积极支持学者话语的推陈出新，让学者成为话语创新的领军人。为了让更多普通大众从学者传播的新思想中获得精神启迪，学者要善于运用通俗化的话语方式传播新思想。以李大钊、毛泽东等为代表的青年马克思主义者最早用通俗易懂的话语方式宣传马克思主义理论，启迪了民众的觉醒。艾思奇《大众哲学》把高深的哲学理论用普通民众喜闻乐见的通俗化方式进行表达，有效推动了哲学大众化运动。虽然一些西方学者诸如施特劳斯曾认为学术语言应该是晦涩的，避免向大众泄露"真理"，然而美国智库中的诸多学者致力于把许多专业问题进行通俗化表达，为美国赢得国际话语权发挥了关键作用。由此，学者话语不应是高深莫测的思想和理论，而应是通俗易懂、接地气的话语体系。

五、优化话语环境

（一）创设良好的社会环境

环境对人的性格、心理乃至人格都有影响，并间接地影响教育对象的接受心理。一个民族、一个地区甚至一个组织或更小的群体范围都有着自己独特的传统风俗、风土人情、语言文化等，这些都影响着人格的形成。当人们处于某一集体环境中时，彼此之间会形成潜移默化的影响。人受社会客观环境的影响如同自然物受环境的影响一样大，良性环境能促进人格的完善。而思想政治教育环境是构成思想政治教育过程的要素之一，是思想政治教育话语系统的外部条件。促进人和自然的协调与和谐，使人在优良的自然环境和社会环境中工作和生活，也是开展"以人为本"思想政治教育的重要条件，是人的思想品德形成和发展的客观基础。现代社会环境对人们主观世界的影响越来越复杂和突出，改革开放以来，出现了诸如创新环境、网络环境、竞争环境等新的环境因素，它们为思想政治教育创造了新的契机，也使思想政治教育面临更大的挑战。所以，优化思想政治教育环境成为我们更好地开展思想政治教育的一项重要任务。思想政治教育要把促进人与人、人与社会、人与自然界的协调和谐作为一项重要的教育内容。要使思想政治教育真正达到说服人、感染人、教育人的目的就要坚持"以人为本"的原则，重要的途径之一就是要创造良好的外部环境，使思想政治教育的过程充满人情味，切实提高其亲和力、向心力和凝聚力。

(二) 弘扬正确的社会导向

社会导向主要指社会的政策导向和自觉的舆论导向。思想政治教育环境作为对思想政治教育过程产生影响的一切自然条件和社会条件的总和，总是要反映一定社会的经济政治要求、为一定的社会经济政治制度所制约。这就决定了在进行思想政治教育环境优化的过程中必须坚持社会导向性原则，使得思想政治教育环境的优化向着有利于本社会统治思想的方向发展。同时，政策导向与思想政治教育是一种相辅相成的关系，共同为党的总目标而奋斗，政治导向的正确性及它对时代发展的指导性是思想政治教育的"大气候"。同时由于它总是代表党和政府的政治方向，对思想政治教育具有重要制度性的影响力。当社会形成了正确且为广大群众共同认同的政策导向时，思想政治教育就能事半功倍。而社会自觉的舆论就是要求，思想政治教育者要充分利用宣传媒体及文化艺术作品对公民思想政治品德特殊的渗透力与影响力，通过向社会广泛宣传教育，从而使全社会形成一种自觉的、符合社会发展的社会舆论。在这样的环境下，通过社会舆论的潜移默化，能够使人在不知不觉中受到心灵的感染、情操的陶冶、理论的学习，提高自己的思想道德品质。因此，广播、电视、报纸、刊物等大众媒体，要坚持团结稳定，正面宣传为主，树立正确的舆论导向，广泛宣传构建和谐社会过程中涌现出的新事物、新典型。并及时批判与社会主义现代化建设背道而驰的丑恶现象，引导人们自觉批判和抛弃它们，从而教育广大干部群众认清它的危害性。尤其要优化网络环境，加大计算机网络与大众传媒的控制与管理力度，对众多信息要过滤、筛选，防止反动、迷信、暴力、色情、庸俗的不良内容通过传媒与网络传播。

(三) 塑造良好的社会风气

人是最宝贵的资源，要造就全面发展的人，就要注重开发人的价值、能力和个性。这就要求根据社会发展的新形势，加强和健全制度建设，优化思想政治教育的社会环境质量，形成良好的社会风气，为人的

第六章 马克思主义视域下思想政治教育话语创新的基本路径

发展提供一个和谐舒畅的平台。当前，我们所处的时代是讲求效率和效益的时代，一个人的价值体现在他为所处的社会创造的价值。要使每一个人在现有的社会条件下发挥最大的才能，创造最高的价值，就必须有一个和谐的社会环境。思想政治教育就是要帮助人们建立良好和谐的人际关系，形成有利于人才脱颖而出的宽松环境，提供有利于培养人的积极向上精神状态的社会氛围。而思想政治教育环境又是一个复杂的大系统，其中任何一个环节都不能忽视。思想政治教育的效果如何，有赖于整个社会大环境，尤其是社会风气、文化舆论等软环境的影响。只有把每个环节有机地结合起来，才能从整体上形成良好的思想政治教育环境，从而有利于思想政治教育实践活动的开展，有利于人的全面发展和社会的繁荣稳定。而整个社会风气的好坏又集中表现在党风上。党风的优劣，直接关系到党的生死存亡，关系到国家的繁荣稳定。因此，领导干部和领导机关要继承党的优良传统，倡导实事求是、理论联系实际、密切联系群众、批评与自我批评等优良作风，以此来引导良好社会风气的形成。

（四）营造良好的微观环境

思想政治教育的环境是影响人的思想品德形成与发展，影响思想政治教育活动的一切外部因素的总和，包括社会宏观环境和微观环境。社会宏观大环境的开放和宽松是思想政治教育有效进行的前提，只有在开放的环境中，个体的差异性才能得到真正的尊重。同时，在差异性的基础上还要寻求共识，但这种共识不是一味强调服从和认同，而倡导个体在共识之中仍然形成自己的内在判断。如果说社会导向这样的"大气候"对思想政治教育的环境优化十分关键，那么"小气候"的作用也千万不可忽视。任何人都处在一定的社会关系之中，人的社会关系从某种意义上说，就是思想政治教育的微观环境。思想政治教育的微观环境具有自发性、渗透性、感染性等育人特点。良好的微观环境能促进思想政治教育的有效开展，反之亦然。只有把一个单位、一个社区、一个家庭的"小气候"营造好,才可以与社区文化、企业文化、校园文化等结合,才可以借助于广泛的社会力量,通过广泛的社会参与调动一切积极因素,搞好每一个局部的微观环境的优化,最终实现整体推进。因此,既要注重宏观环境的营造,创造安定团结的政治局面、积极向上的精神环境、健康文明的文化环境、和谐融洽的人际环境,以良好的大气候熏陶教育环境;同时又要努力营造积极向上的微观环境,注重发挥家庭、学校、邻里、单位、社区等微观环境的作用,使宏观环境和微观环境之间相互协调,形成合力,共同促进教育对象积极进取,健康向上。同时,在人结成的各种社会关系中,既有积极健康的社会环境,也有消极落后的社会环境。因此,思想政治教育者要善于选择和利用适合受教育者思想品德形成和发展的优良环境,努力为受教育者营造一个积极向上的微观环境。思想政治教育者还要学会把握适当的时机,利用重要的时事要闻,发挥舆论的教育力量,努力创造良好的微观环境,以提高思想政治教育的话语效果。

第二节 推进思想政治教育话语内容的创新

话语内容的创新作为思想政治教育话语创新的重要组成部分,主要包括优化话语内容的结构、推动马克思主义理论的创新发展、塑造务实和个性化的话语风格。

一、优化话语内容的结构,突出核心价值观话语的主导力

在文化视野中关照思想政治教育成为近年来研究的热点,思想政治教育具有文化功能逐步成为一种共识。其中,文化强国的理念备受关注。文化强国的内涵如何界定,到底什么样的国家属于文化强国呢?目前,国内学界广泛讨论,得出了不同的界定,但比较一致的观点认为,建构一套独立的在国际上具有影响力的社会主义核心价值观是文化强国

的根本性要求。可以说,社会主义核心价值观是中国特色社会主义文化之"魂",思想政治教育的重要任务之一就是通过传播社会主流价值观帮助社会成员建立起一套牢固的思想观念体系。因此,思想政治教育作为核心价值观教育的重要阵地,准确定位社会主义核心价值观话语在思想政治教育话语内容体系中的作用,是优化思想政治教育话语内容、在国际范围内赢得话语权的首要任务。然而,如何确立社会主义核心价值观教育在思想政治教育话语内容体系中的地位和作用,成为当前亟待解决的理论问题。如果不加思考拿来就用,将任何马克思主义理论的创新成果都纳入思想政治教育话语这个"大筐"之中,势必不利于话语的创新发展。

依据话语创新保持稳定与适度弹性相协调的原则,我们将世界观、人生观和价值观教育作为思想政治教育话语的基础性内容,将理想信念教育、爱国主义教育、集体主义教育、公民道德教育、形势与政策教育等作为思想政治教育话语的主导性内容,将生命伦理教育、心理健康教育、改革创新时代精神教育等作为思想政治教育话语的拓展性内容。其中,基础性和主导性内容是话语内容体系中稳定性强、认同度高、覆盖面宽的话语内容,而拓展性话语是话语内容体系中具有时代性、灵活性、新颖性的话语内容。依据不同的话语特征,基础性和主导性内容需要在保持话语稳定的基础上注入新的论据,而拓展性话语内容需要依据社会发展需要而不断变化,凸显实践特色和时代特色。比如科学发展观教育、党的群众路线教育等都应纳入拓展性话语内容之中。社会主义核心价值观教育作为当前重要的战略任务,分别融入了各种不同类型的话语内容,应发挥中轴线的定位作用,以此带动整个话语内容体系的有序运转。

借鉴美国核心价值观话语的发展经验,所谓"自由"、"民主"、"公平"、"正义"等相关概念并不是一成不变的,这一套话语体系保持了自身良好的弹性,总是随着美国历史发展的演进,不断融合时代内容。以"自由"为例,曾经一度美国的价值澄清理论推崇个人的绝对自由,提倡权利而回避义务和责任。比如有学者主张,"在德育中,教师要保持价值中立,不要告诉学生什么是正确的,而是让他们自己去选择。"① 然而,绝对自由的观念使得美国品格教育并不给予学生明确的价值标准,造成这一时期的品格教育逐渐走向衰落。这是由于青少年时期人的认知能力和判断能力的偏差,使得青少年对待一些道德事件难以形成客观的道德判断。缺乏明确价值立场的德育话语不仅不能提高青少年的道德认知,反而由于缺乏明确的话语立场,造成人们价值标准的模糊。由此,美国新品格教育运动逐步吸取教训,旨在扬弃传统品格教育中对"自由"的狭隘理解,尤其是摆脱了"价值中立"的立场,使得这一时期"自由"、"个人主义"等德育话语,不再是绝对化、极端化的概念,同样强调责任、传统文化等内容,对引导青年学生相信什么、支持什么、认同什么提供了明确的价值标准。

二、推动马克思主义理论创新,增强话语的解释力

新形势下,推进话语内容的创新,主要任务在于增强思想政治教育对社会问题尤其是人们普遍存在的思想问题的解释力。

一方面,马克思主义理论本身就是动态性、发展性、开放性的理论体系,具有与时俱进的理论品格。这要求思想政治教育话语汲取马克思主义理论活的生命力,自觉淘汰落后于时代发展的词汇,梳理旧的概念和范畴,深入挖掘富有时代特色学科概念的理论内涵,概括出回应时代问题、满足时代需要的新概念、新范畴、新表述。尤其是当前世情、国情、民情、社情、党情都随着时代发展不断发生着深刻变化,社会发展

---

① [美]托马斯·里克纳:《美式课堂——品质教育学校方略》,刘冰等译,海口:海南出版社2001年版,第8页。

和人的思想道德品德发展的需要随着时代发展变化而呈现出复杂化、多元化的发展趋势,思想政治教育话语主体应建立科学的思维方式,主动推动理论的创新发展。另一方面,不同的时代背景,话语对象的接受心理不同、利益不同、语境不同,思想政治教育话语内容要赢得民众的持续认同,以保持话语内容对社会现象和社会问题的解释力为必要条件。

尤其在当前,亟待从国家层面、社会层面、个人层面提出人们共同遵循的价值规范,不断凝聚发展共识、引导人们自觉追求一定的共同目标。可以说,社会主义核心价值观形成的对社会现象和社会问题的有效解释构成了思想政治教育话语内容说服力的决定要素,极具时代特色,主要体现为对社会主义核心价值观现代性内涵、民族性内涵和真实性内涵的深入发掘,集中体现了主流意识形态话语的灵活表达和理论的创新发展。社会主义核心价值观所倡导的"富强"、"公平"、"平等"、"民主"和"自由"契合了我国现代化建设的需要,同时也满足了现代化进程中人们对于平等、独立和个性解放的精神追求。所倡导的"爱国"、"文明"、"和谐"体现了民族性内涵,体现了中国风格和中国气派,有效激发了广大民众对中国文化传统的归属感、认同感和荣誉感。所倡导的"公正"、"法治"、"敬业"、"诚信"、"友善"彰显了真实性内涵,这样的价值标准客观把握了时代脉搏、贴近了现实生活、契合了民众的接受心理。

三、推进话语内容的务实化和个性化,增强话语的吸引力

话语内容的务实化即思想政治教育话语内容遵循一切从实际出发的原则,以事实为依据,杜绝说空话、说大话和说假话。"没有群众对话语内容的认同,将无法取得思想政治工作的实效。话语是人的生存现实的反映,折射着人们的'生存空间'和'规范空间'和'审美

空间'。"① 思想政治教育话语要真正被话语对象所接受和认同，必须使话语内容落到实处，回归人们现实的生活世界，真正关切实际生活中人的生存和人的发展。遵循话语创新的人本理念，思想政治教育话语内容必须融入群众的需要，探索话语内容务实化的发展道路。

以高校思想政治教育话语为例，调查数据表明，针对"执政党奋斗目标"的网络话语表达，55%的学生更乐于接受"更好的教育、更稳定的工作、更满意的收入、更可靠的社会保障、更高水平的医疗卫生服务、更舒适的居住条件、更优美的环境"这一表达方式，43%的学生乐于接受"立党为公、执政为民、求真务实、改革创新"这一表达方式，仅13%的学生乐于接受"统一祖国、振兴中华"这一表达方式，6.5%的学生乐于接受"为共产主义奋斗"这一表达方式。这说明，当前大学生更加认同趋于务实的话语内容。

话语内容的务实化发展是扭转思想政治教育话语不接地气的重要途径，这要求我们从话语对象的思想实际出发，客观冷静地研判人们的思想实际以及发展趋势。面对深化改革进程中人们层出不穷、纷繁复杂的新情况和新问题，推动话语内容务实化必须以实际行动取信于民，尤其是要创新思想，敢于摆脱思想局限，创造性地解决群众的实际困难，通过付诸实际行动赢得话语权。习近平主席讲话凸显亲民务实的话语风格，形成了特殊的言语氛围和格调，使用广大群众喜闻乐见的语言表达社会主义核心价值观，在思维方式、感情和作风上更加贴近人民群众。这与党中央倡导的转变工作作风、密切联系群众、反对形式主义和官僚主义的主张一脉相承，为思想政治教育话语创新树立了榜样。

而当前，思想政治教育话语普遍缺乏个性化，话语风格往往是四平八稳、趋于雷同。人们习惯于沿袭整齐划一和固定不变的话语内容，"人云亦云"、"千人一面"的现象屡见不鲜。"从1984年到1991年，思

---

① 张颂：《语言存在的三重空间》，见《语言传播文论（续集）》，北京：北京广播学院出版社2002年版，第179—185页。

第六章 马克思主义视域下思想政治教育话语创新的基本路径

想政治教育内容停留在'爱国主义、四项基本原则、社会主义道路、道德教育、共产主义教育'等内容上"①。诚然，这些话语是相对稳定、不易变动的，但在基础性的话语内容中注入新鲜的个性化的话语，是思想政治教育话语内容保持活力的重要途径。依前文所述，人们更多期待能够产生共鸣的个性化话语。而话语共鸣是话语对象接受一定的话语内容产生的一种积极的心理现象，以情绪的波动为重要标志。而情绪波动的前提是话语内容能够入心入脑，这在客观上要求话语具备独特性和新颖性的特征。

要实现话语内容的个性化，依赖于灵活运用人类文明发展过程中彰显真理性、思想性的话语资源。因为语言作为思想的外化，思想的贫困造成语言的贫困。要彻底改变话语，必须利用丰富话语资源充实人们的思想，这要求我们加强话语资源的梳理，建立话语资源库。其中，马克思主义经典文本话语是思想政治教育话语的重要资源，思想政治教育者要认真读原著，努力掌握原著的基本观点和基本思想，活学活用，把经典原著的观点和深化改革中的重大理论和现实问题结合起来，推动实践的发展。中华传统文化中"仁义"、"慎独"、"自省"、"修身"等具有民族特色的话语凝聚了中国特色的价值观念，为思想政治教育话语内容创新提供了深刻的思想源泉，深入挖掘这些词汇的时代内涵，才能有效继承传统中的思想精华。遵循中国立场与世界眼光相结合的原则，思想政治教育话语创新主体还要具有海纳百川的视野，充分吸纳和借鉴反映人类社会文明进步的经典话语，筛选反映当今现实和社会心理的流行话语，占据丰富的话语资源。

当然，思想政治教育话语内容个性化的发展道路要谨慎适当，遵循话语创新的基本原则。为了实现话语内容的个性化，不假思索地任意借用一些话语资源，有可能引发误解。固然思想政治教育话语体系不应该

---

① 罗洪铁、周琪主编：《思想政治教育学理论的形成和发展研究》，北京：中国文史出版社2014年版，第113页。

排斥潮流和时尚,但仍应遵循话语发展的规律,适应中国国情,对人类社会话语加以冷静思考,合理借鉴。

第三节 推进思想政治教育话语方式的创新

所谓思想政治教育话语方式的创新,是指话语主体推动话语表达方法和形式不断丰富、发展、完善的实践过程。目前,思想政治教育话语方式主要表现为理性话语、宏观叙事话语、劝导式话语,新的时代背景下要改进这些话语方式的不足,推动话语方式的创新发展。

一、以情感话语弥补理性话语的不足

(一)理性话语的优势和不足

目前,思想政治教育话语大量地以理性话语的方式出现在主流意识形态领域、日常工作领域和学术研究领域。理性话语能够传递一种规范式、权威式的知识,具有明显的指令性和目的性,以理想化、理论化和规范化的话语为主导,有利于人的理性精神的培育。

然而,理性并非人类生活的全部,人的思想和行为总是与一定的态度、认知、动机、情绪、意志等主观情感因素和心理因素紧密相连,在现实话语交往之中,具有深刻情感体验的感性话语始终伴随着现实生活中的人。虽然早在古希腊人们就开始重视理性的作用,正是出于对理性精神的崇尚,西方科学发展史才呈现出辉煌的面貌,但西方理性主义发展到极端造成了工具理性的泛滥,使得人类被科技所束缚。随后,人们开始大力倡导非理性,试图将人从理性的局限中解救出来。在思想政治教育过程中,对理性话语的重视使得话语主体更多地关注实现话语目标的手段,即重视话语内容和话语方式的选择,而容易将对话语对象排除在关注的范围之外。思想政治教育的理性话语固然重要,但只注重理性话语的运用容易使思想政治教育远离人类最本真的情感体验，遮蔽思想政治教育话语启迪心灵的重要作用，导致枯燥的说教式话语普遍存在。因此，情感话语的缺失无疑是当前思想政治教育话语效果不佳的重要归因。

思想政治教育话语不仅需要理性的话语表达方式，更需要注重激发人的情感，从心灵深处感染人，真正打动人心。特别需要注重调动话语对象的情感体验，通过情感话语提升话语的审美韵味。习近平主席在2014年5月4日与北大师生座谈时，将社会主义核心价值观的养成比喻成"扣第一颗纽扣"，将正确的世界观、人生观和价值观比喻为"总钥匙"，展示了核心价值观对人生的重要性。将凝练为24个字的核心价值观比喻为凝聚社会共识的"最大公约数"，含义深刻、引人深思。习近平还指出，"青年处于人生积累阶段，需要像海绵汲水一样汲取知识"，多读经典，将学习同思考、观察同思考、实践同思考结合起来。青年要处优而不养尊，受挫而不短志，正确对待成败得失，下一番心无旁骛、静谧自怡的功夫，克服浮躁之气。① 将青年比喻为"海绵"，生动形象，令人印象深刻，为青年人才锤炼意志品质提供了重要指导。

（二）情感话语的重要作用

情感是人际交往活动中的重要纽带，人的一切理智活动与具体行为中都包含着情感反应。情感话语发挥出的独特作用日益满足了当今时代人们从理性回归感性的精神需要，具体作用表现为：

一是激励作用。霍夫兰的劝服理论认为，人的态度由认知、情感和行为三部分组成，在形成或改变态度的过程中，起决定作用的因素是情感。康德曾经说过："思维无感性则空，直观无概念则盲。"② 情感话语能够有效激发话语对象的兴趣，提高话语对象参与话语交往过程的积极性和主动性。而兴趣一旦持久稳定，能够促进话语对象意志力的形成，

---

① 《习近平在中国政法大学考察时强调 立德树人德法兼修抓好法治人才培养 励志勤学刻苦磨炼促进青年成长进步》，载《人民日报》，2017年5月4日。
② 康德：《纯粹理性批判》，邓晓芒译，北京：人民出版社2004年版，第2页。

支撑话语对象对特定话语内容专注力的形成和发展。心理学的研究成果表明，话语对象的接受需要总是在一定的情感状态当中产生和发生变化的，情感对需要的产生发挥着重要的催化作用。因此，情感话语激励着思想政治教育话语对象兴趣和需要的产生。

二是调节作用。积极的情感话语能够增强人们对信息的接受动机，而消极的情感话语弱化人们对信息的接受动机。[①] 无论科技手段和传媒技术发展多么迅猛，人类认识过程中的形象思维、灵感思维的产生，需要人们保持平稳愉快和朝气蓬勃的情感状态，依靠良好的情感调节好自身的心理状态才能产生。

（三）情感话语的有效运用

情感话语的有效运用可以发挥疏导社会情绪的重要作用，促进民众对话语的接受和认同，而不恰当的情感话语将会导致话语对象不良情绪的起伏，产生误解甚至对立情绪。2011年铁道部发言人王勇平"信不信由你，反正我是信了"这一句话将公众的"质疑"情绪推向了"愤怒"情绪，可谓是情感话语运用失误的典型案例。因此，思想政治教育话语主体要注意发挥情感话语的正面效应。

思想政治教育要通过情感话语引发情感共鸣进而实现对话语对象的有效劝服，使话语对象与话语主体的态度趋同，这要求话语主体能够客观把握话语对象的心理动机和需求。因为心理沟通学的研究表明，有效的沟通要求双方准确地了解自我，也要准确地了解对方，只有在相互了解的基础上求得相互理解，才能进而形成积极的情感交流。情感话语的表达方式是一门艺术，要运用情感话语激活人类心灵中情感这一块"最柔软的地带"，唤醒人的心灵深处被过多理性所遮蔽的精神感悟能力，激发人的道德情感，才能增进情感沟通。孔子开创了中国特色的诗意话

---

① 孟昭兰：《人类情绪》，上海：上海人民出版社1989年版，第7页。

语传统，孔子说："不学诗，无以言。"① 虽然诗性话语并不直接等同于诗，但他们都具有浪漫性、理想性、超越性的特征，往往将深刻的人生哲理以一定的比拟、具象的方式表达出来，充分激发人的情感。在一定程度上能给人的灵魂带来深刻影响的话语并不是抽象化的理性话语，而是能够唤醒人的情感的诗性话语。由此，思想政治教育话语主体要继承传统中诗意的言说方式，有效激发话语对象的情感体验。

二、以生活叙事弥补宏大叙事的不足

（一）宏大叙事的优势和不足

依前文所述，意识形态叙事理论认为，意识形态和叙事有着密切的关系，叙事是意识形态话语重要的一种表达方式。我国思想政治教育话语往往以"国家"、"民族"、"革命"为典型内容，以建构一种统一的主流意识形态话语为己任，发挥着重要的政治导向功能，鼓舞和凝聚人心。对于宏大叙事的特征和要素，利奥塔形象地指出："伟大的英雄，伟大的冒险，伟大的航程以及伟大的目标。"② 在革命战争年代，以"伟大"为核心的宏观叙事式话语成为主导思想政治教育话语的重要形式，塑造了人们的精神信仰，为取得革命的胜利指明了方向。

然而，宏观叙事对普遍性、抽象性的重视容易导致不经论证的权威话语的形成。在我国历史发展进程中，宏大叙事话语曾经发生扭曲和异化，大一统的话语形式试图塑造整齐划一的道德人格形象，最突出的例子莫过于对正面人物使用"高、大、全"宣传话语的报道，这种极端化的宏大叙事方式，采用居高临下的话语方式宣传绝对权威的思想和观点，容易脱离人们日常生活实际和思想实际。

---

① 参见《论语·季氏》。
② ［法］让-弗朗索瓦·利奥塔尔：《后现代状态：关于知识的报告》，车槿山译，南京：南京大学出版社2011年版，第2页。

（二）生活叙事的理论依据和实践诉求

马克思的生活世界理论为生活叙事提供了坚实的理论依据。"马克思认为人的生活世界并不是哲学家通过哲学反思构建的观念世界，而是以物质生产实践为基础的、具有感性现实性的世界，它是物质生活与精神生活、日常生活与非日常生活的和谐统一。"① 思想政治教育话语应体现人类物质生活和精神生活、日常生活和非日常生活的有机统一，因此单一的宏大叙事方式不能满足人的精神发展需要，还要依靠日常生活叙事启迪人心。遵循顺应—超越的规律，思想政治教育宏大叙事话语体现了思想政治教育超越性的特征，指引着人类的道德理想。与此同时，思想政治教育话语也要关注人的日常生活，尊重人的个性自由和发展，顺应人的需要。思想政治教育话语主体要将宏大的历史背景与个人日常生活的关注有机结合，在宏大叙事中彰显个人的生活叙事。

同时，思想政治教育的实践诉求呼唤着生活叙事的话语方式。在思想政治教育的实践中，人们习惯于以脱离人的生活世界的宏观叙事式话语传递给话语对象，干巴巴和冷冰冰的说教式话语难以达到良好的话语效果。究其原因，思想政治教育的重要任务是促进人的思想进步，需要人自觉主动地参与话语沟通，依靠人自身的体悟才能实现。当前，儒家思想传播海内外，将孔子的个体生活以叙事的形式表达出来，堪称生活叙事的典范。因此，理性的道德规范和宏大的道德理想，只有回归到日常生活和现实中，也只有与生活世界中的人的真实生活经历、情绪感受、生活体验联系在一起，才能触及人的心灵世界，产生亲和力和说服力。

（三）生活叙事话语的有效运用

生活叙事话语的运用并不是要完全排斥宏大叙事话语，而是纠正过于偏重宏大叙事的话语方式，将关注人的个体生命的生活叙事话语注入

---

① 王光秀：《马克思生活世界理论研究》，山东大学2013年博士论文，第122页。

第六章 马克思主义视域下思想政治教育话语创新的基本路径

其中。要有效运用生活叙事话语开展思想政治教育,话语主体要摆脱话语权威的角色设定,从生活世界中把握人的客观存在,了解话语对象的心理世界,使用人性化的话语方式,主动将宏大叙事的政策话语、文本话语、理论话语转换为实际中的生活话语。在现实生活中,话语对象的接受心理虽然复杂多变,但却可以为人们所认知。因为话语对象的接受心理,直接与人所表达出来的语言密切相关,通过话语的沟通和交流可以客观把握话语对象的动机、需要和情感,了解其思想品德发展的现状,为话语内容和形式的选择提供客观依据。

尤其在当下,思想政治教育要注重人作为虚拟存在的生活世界,实现思想政治教育话语方式在新的生活境遇下的创新发展。在虚拟生存的生活世界中,人们具有更加独立、开放、自主的意识,话语表达方式更为自由和多样,这要求思想政治教育话语主体要通过生活化叙事方式来实现与话语对象的平等沟通和交流。同时,在网络传播空间中,人们以更为真实的方式展示自我的本性,这在一定程度上促进人的全面发展的同时对人的道德自律提出了更高的要求。思想政治教育的有效开展一方面依靠引导人们道德自律的形成和发展,另一方面需要加强对人在互联网世界中虚拟生存的引导和规范,净化网络生存环境。这要求思想政治教育话语主体要尊重话语对象的差异性,遵循网络叙事的特点和规律。2015年2月,复兴路上工作室制作的三分钟视频宣传片《中国共产党与你一起在路上》在网络上传播国内外,展现了充满活力的中国风貌。在话语表达方式上该短片用描述性话语代替了概括性话语,用细节性话语代替了宏观性话语,对海外受众不甚了解的中国文化背景进行了生活化叙述,在国外民众中获得了广泛好评。这种"故事化、生活化、细节化"的话语方式,注重表达的人情味,极具人性魅力,能够产生强烈的感染力。

三、对话劝导的不足

（一）劝导式话语的优势和不足

劝导式话语在话语对象缺乏成熟的自我认知的情形之下，能够有效发挥话语指导行动的重要功能①，还有助于帮助话语对象形成规则意识，尤其在法纪教育过程中，能够清晰明确地向话语对象传递话语信息和表达情感，帮助人们端正认识。当前，人们的财富意识、竞争意识、自由意识有效地调动起来，但规则意识并未得以有效培育。从这个意义上看，劝导式话语是思想政治教育话语方式必不可少的组成部分，是帮助人在实现社会化过程中重要的话语方式，能够帮助话语对象在社会生活中依据一定的道德规范有效控制自己的行为。

然而，劝导式话语也存在自身的局限性，话语对象缺乏自我选择的机会。在劝导式话语方式中，话语对象虽然拥有一定的选择自由，但由于话语主体在知识、经验、年龄、身份等方面的相对优势而形成的话语权威，导致话语对象难以选择不同的态度和意见，往往只能服从。这种服从往往不是心甘情愿的，是一种"压服"而形成的"屈从"，而不是"说服"带来的"服从"。这种服从在特定的时间和特定的场景中能够发挥作用，但在很大程度上忽视了话语对象的自主性和自主权，即使劝导式话语多数是引导话语对象去做"对"的事情，但过分依赖这种规训式的表达方式，窒息的是人的自主性。而教育最高的境界是为了"不教"，尤其是自律精神和能力的培育。

（二）对话的重要作用和有效运用

思想政治教育话语能否对话语对象产生行为约束作用，关键性前提在于话语对象是否自觉接受话语内容。由此，话语对象是话语效果的真

---

① 当代哲学家维特根斯坦曾在《哲学研究》中提出，语言符号的重要功能包括三个方面，即传播信息、表达感情和指导行动。

正确立者和创造者。如果不是出于自觉性，而是出于对控制式和劝导式话语方式的心理压力，即使话语对象从外部行为上看是符合社会要求的，但很可能是被迫接受的，无法形成长期的话语影响和作用，甚至导致道德领域的知行矛盾。尤其是随着现代化进程的推进，人的生活方式和思想观念发生深刻的变化，人的主体地位不断提升，主体意识不断增强，这必然要求思想政治教育话语主体要通过平等对话的方式关注话语对象的主体性。

首先，对话能够激发话语对象的主体意识。人的主体意识常常以潜隐的方式存在，通过平等对话能够发现话语对象真实的需求，以此才能激活、唤醒话语对象作为自身素质和能力改造者和创造者的主体意识。其次，对话能够有效培养话语对象的主体精神。通过对话，能够形成对话语对象知、情、意、信、行的全面关照，培育话语对象自我探索、敢于开拓的精神。最后，对话能够有效激发话语对象的主体能力，能够使话语对象的主体能力朝着正确的轨道发展，实现真实的主体价值。

对话以平等关系的建立为前提、以培养话语对象的主体性为基本宗旨。要实现平等的话语关系，话语主体要尊重话语对象的自主性需要。心灵的碰撞是对话的前提基础和条件，这要求话语主体通过促进相互理解产生信任，注重培养话语对象的主体性，引导话语对象学会自主思考、自主选择。由此，有必要对劝说式话语方式的局限性进行深入反思，在交往对话中实现人的自主性和创造性。

第四节　推进思想政治教育话语传播方式的创新

思想政治教育话语必须依赖于传播才能为大众所接受和认同，但与一般意义上的传播不同，思想政治教育话语传播具有其独特性。从传播性质上看，思想政治教育话语传播属于组织传播。政党、政府、群众团体、国有企业、军事组织、学校等组织作为思想政治教育话语传播的主渠道，发挥着重要的组织传播作用。由于组织具有分工专业、职责明确的特点，有助于进行情感交流，达成话语共识。同时，思想政治教育话语传播不是一种单纯的信息传播，从深层次上看具有价值传播的重要属性，具有重要的价值导向功能。从传播过程上看，思想政治教育话语传播就是有目的、有计划向话语对象进行思想观念、政治观点、道德规范的传递，话语内容即传播信息，话语对象作为受众的角色存在，话语载体即传播载体。要实现有效的话语传播，需要话语双方形成共同的话语体系，合理的话语权分配，这是思想政治教育话语传播的基础和保障。目前，亟待创新榜样传播方式、红色文化传播方式、网络传播方式。

一、创新榜样传播方式，提升话语的舆论引导力

榜样是国家价值观的集中体现，能够强化并弘扬社会主义的价值取向，推动社会健康发展。革命战争年代和新中国成立初期，国家利益主导一切，各阶层的利益关系相对简单，人们容易接受一元主导的价值观，自上而下单一的榜样传播方式在我国取得了良好的效果。当前，人们的利益关系错综复杂，简单的传播方式难以为人们所接受，迫切需要创新榜样传播方式，提升思想政治教育话语的舆论引导力。

（一）尊重受众的接受心理

传播学的研究表明，受众对传播内容有注意、理解和接受的心理发展过程，"在传播对象内部进行着大量的讨论、劝说和传递消息的活动。"[①] 受众能动性的存在使得他们对传播内容有自己的选择性，只有受众对传播内容形成认同，才能实现有效传播。而模式化和公示化的传播因话语陈旧枯燥难以吸引受众注意。为了实现思想政治教育话语的可接

---

① ［美］威尔伯·施拉姆、威廉·波特：《传播学概论》，陈亮等译，北京：新华出版社1984年版，第130页。

受性，榜样传播的首要任务是了解受众的接受需要，以生动形象、形式多样的传播方式激发和引导受众的注意。为了准确判断受众的接受需要，应建立榜样传播中的反馈机制、沟通机制和评估机制。可以利用大数据技术充分了解受众需求，以便及时地对传播进行有效调节和控制。此外，榜样的有效传播，还依赖于在传播者和受众之间建立平等对话的平台。评估的主要目的在于保证实事求是地传播榜样人物，不刻意回避榜样的缺点和不足，通过人性化的宣传报道，树立榜样应有的社会示范效应。

（二）调整传播中的话语体系

目前，国内外普遍都非常重视榜样传播作用的发挥，榜样事迹虽然大多相似，但榜样传播方式却大不相同。我国的榜样传播具有鲜明的政治导向，而西方榜样传播倾向于市场导向和文化导向。政治导向为主的榜样传播以传达政治价值观为目的，传播的话语体系由官方控制，凸显思想性和宣传性，但往往缺乏吸引力和感染力。在自媒体时代，人人都掌握着传播的选择权和话语权，榜样传播效果并不取决于官方，而掌握在受众手中。

榜样传播需要以人的精神塑造为目的，关注人的尊严的实现，突出人情味。榜样传播的话语体系要突出平民化和生活化的趋向，提高话语的亲和力。过去榜样传播中一般使用"好"、"崇高"等话语来表达榜样的道德风尚，近年来"最美人物"成为榜样传播中高频率话语。"美"这一情感话语充分释放了人的道德主体性[1]，因为"美"的体验最能体现人内心深处的真实感受，展示了人性真实的一面。由此，思想政治教育话语在传播中应运用情感话语充分调动受众的道德主体性，使得思想政治教育所倡导的主流价值观直指人心所需而成为受众的自觉认同。

---

[1] 陈继红：《榜样之美与社会主流道德传播的主体转向》，载《南京社会科学》，2014年第9期，第75页。

二、创新红色文化传播方式,增强话语的渗透力

新形势下,红色文化是树立文化自信的动力源泉,在政治教育、经济发展、文化教育等方面具有重要价值和功能。当前,迫切需要创新红色文化传播方式,在多元文化并存的时代背景下让"有意义"的传播变得"有意思"。

(一) 运用国家仪式传播红色文化

国家仪式作为传播政治理念、增进政治认同的重要方式,将有效促进红色文化所体现出的中国精神的培育和弘扬。20 世纪 20 年代美国著名学者李普曼提出了"拟态环境",他认为人们难以通过自己的直观体验去把握瞬息万变的现实环境。①"拟态环境"为国家仪式的存在提供了理论依据,国家仪式通过吸引民众的共同参与,营造一种可见、可触、可感的"拟态环境",有助于唤起共同体的价值共识,真切地将红色文化所体现出的价值追求内化于心、外化为实际行动。

与一般的信息传播不同,文化传播是一个国家维护主流价值观的战略任务,需要国家力量的统筹协调。因此,在文化传播中,任何国家都必须有一套与自己的核心价值观念相配套的国家仪式。目前,世界各国都非常注重国家仪式的文化传播功能。② 2014 年我国通过立法的形式将抗日战争纪念日、烈士纪念日和南京大屠杀纪念日定为法定的纪念日,这标志着我国运用国家仪式开展文化传播的自觉性,国家仪式已经通过法律上升成为一种国家意志,有效保证了国家仪式的稳定性和权威性。总之,借助于国家仪式将红色文化所提倡的民族精神内化为公众的价值信仰,能够有效提升红色文化传播的渗透力。

---

① 沃尔特·李普曼:《公共舆论》,阎克文、江红译,上海:上海人民出版社 2006 年版,第 16 页。
② 比如英美两国的"阵亡将士纪念日"、俄罗斯的"反法西斯战争胜利纪念日"等。

第六章 马克思主义视域下思想政治教育话语创新的基本路径

(二) 运用文化产业传播红色文化

文化产业面向市场的特点决定了文化产品具有传播性和创新性，不同于一般的文化产品，红色文化产品不仅具有一般的商品的价值属性，还具有特殊的意识形态性，能够潜移默化地影响人们的思想观念、政治观点和道德取向。因此，思想政治教育话语可以运用红色文化来传播，发挥红色文化育人的功能。

目前，我国的文化产业发展还属于起步阶段，文化产业发展存在的最大障碍就是创新性不足。由此，应把握时代发展的脉搏和市场需求，不断推动红色文化产品的创新。目前红色文化产品一般以影视、演艺、旅游的形式呈现，今后要不断创新红色产业的类型，努力打造具有时代性、流行性和人性化的红色文化精品。比如可以依托音乐美术展览、动漫、网络游戏、网站、公益广告等形式发展一系列新的文化品种。美国在文化产业上的成功使得美国的文化价值观在世界范围内广为传播，其特点是"发展完善、模式先进、文化创意新颖"[1]。而日本和韩国近年来通过动漫、网络游戏等产品积极推动文化产业向海外市场的拓展。这些国家的经验值得我们借鉴，以促进我国红色文化产业的发展。

三、创新网络传播方式，赢得网络舆论话语权

网络传播作为新的传播方式，日益成为信息传播领域的主导。[2] 当前，如何创新网络传播方式，积极赢得网络舆论话语权，成为了摆在思想政治教育者面前的一个值得深思的问题。

---

[1] 李思屈、李涛：《文化产业概论》，杭州：浙江大学出版社2010年版，第188页。
[2] 2015年7月在京发布第36次《中国互联网络发展状况统计报告》显示，"截至2015年6月，我国网民规模达6.68亿，互联网普及率为48.8%。手机作为网民主要上网终端的趋势进一步明显，网民中使用手机上网的人群占比由2014年12月的85.8%提升至88.9%。网民中20—29岁的青年人占比最大，占31.4%。"参见《图解第36次〈中国互联网络发展统计报告〉》，http://www.cssn.cn/dybg/gqdy_tpxw/201507/t20150731_2103045.shtml （访问时间：2015年8月20日）

(一) 网络传播的优势和不足

网络传播具有独特的优势：一是传播渠道的多样性。网络集合了电脑、声像、通信技术，具有较强的吸引力。① 二是传播关系的交互性。网络赋予了话语对象一定的话语权，使得话语对象不仅能够主动地选择信息，还可以积极地发布信息。三是传播空间的无限性。网络的普及使得信息能够传播到世界各个角落的机构和个人，形成了全球共享、广泛参与的信息传播格局，这使得话语通过网络传播的速度加快。网络为思想政治教育话语传播带来发展契机的同时，也造成信息传播的失序。网络传播的弊端主要表现为传播内容的权威性和可信度缺失，同时网络传播渠道和传播过程的开放性，打破了原来只有专业新闻机构才能发布新闻的局面，造成了传播内容的龙鱼混杂、真假难辨。

(二) 运用互联网思维发挥网络传播的优势

"互联网思维"作为一个新兴概念，其内涵和特征仍有待实践的检验，现在就将其定性未免尚早。当前，比较一致的观点认为，互联网思维的本质是民主化、人性化的思维，其核心精神是强调公众至上、平等参与、合作共赢、迭代创新、跨界思维。由此，思想政治教育者应运用互联网思维把握话语在网络传播过程中的时、效、度。

首先，网络传播要把握时机，争夺舆论话语权，抢占先机。树立公众至上、平等参与的互联网思维，要求思想政治教育者应尊重受众的信息需求。当前，社会各个领域存在着大量的民众诉求和民众智慧，思想政治教育者一方面要尊重民众诉求，及时发现潜在的各种社会矛盾，在寻求和达成话语共识的基础上及时疏导民众情绪，对民众诉求及时给予

---

① 传播学认为，组织传播即由特定的组织群体所从事的信息传播活动，人际传播即人与人之间传递和交换信息的活动，大众传播是"专业化的媒介组织及其职业工作者运用先进的印刷、电子媒介和产业化手段，以文字、图片、图像、影像等形式，以社会上一般大众为对象所进行的信息生产和传播交流活动"。参见李凌凌：《传播学概论》，郑州：郑州大学出版社2014年版，第107页。

第六章　马克思主义视域下思想政治教育话语创新的基本路径

回应；另一方面，还要发挥民众集体的智慧，通过民众的反馈和评估及时改进话语传播方式和方法。

其次，网络传播要注重实效。思想政治教育者要树立"迭代创新的思维"①，不断创新话语传播方式，不断贴近民众的内心需求，提高话语的吸引力和感染力，增强话语传播的实效性。这种创新思维不同于过去的颠覆性创新，强调的是通过重复性的操作以"微创新"来达到持续创新。当前，意识形态传播工作尤其复杂，思想政治教育者在很多未知情况下就盲目推动创新，无法直接解决问题，甚至会导致全盘崩溃，迫切需要运用迭代创新的方法来分析和解决问题。迭代创新强调以加快创新速度为目标，这意味着思想政治教育者要形成快速反应的思维。尤其在信息泛滥的时代，良莠不齐的网络信息对人影响巨大，思想政治教育话语要发挥核心主导的作用，必须不断创新传播方式，增进民众对话语的认同，做好舆论引导工作。

最后，网络传播要适度。传统思想政治教育②大多依靠行政手段开展，更多采取组织传播和人际传播的方式，形成一种自上而下单向度的传播。这种传播方式具有可控性、主导性、效率性的优势，在封闭单一、高度政治化的社会环境下发挥着积极的作用。而网络传播中更强调传播者和受众的平等交流和双向互动，传播的主动性、参与性和沟通性日益凸显。由此，思想政治教育者应遵循真实性原则，不能肆意夸大。此外，运用合作共赢的思维，思想政治教育者要利用传统和现代的媒介

---

① 所谓迭代创新，就是"以加快创新速度为目标，以培育和增强创新活力、提高创新质量为中心，以持续创新为导向，综合各种创新模式（开放式创新、二次创新、集成创新和全面创新），通过模型迭代和流程迭代双重迭代方式，力争达到开放、持续和加速创新。"参见惠怀海、梁工谦、马健诚：《迭代创新模式与流程研究》，载《软科学》，2008年第1期，第121页。

② 传统思想政治教育和现代思想政治教育的区分，是在学术研究中产生的，是一个相对的概念。依据思想政治教育的方式方法来划分，新媒体背景下的思想政治教育方式方法与之前大不相同，一般来说，人们将新媒体时代的思想政治教育称之为现代思想政治教育，而将其他时代的思想政治教育称之为传统思想政治教育。参见董雅琪：《传播学视野下的思想政治教育方法创新》，载《唯实》，2014年第11期，第22页。

融合手段，促进传统媒体和新媒体的合作发展、国内传播和国际传播的协同发展，不能偏废任何一方面。在新媒体竞争过程中，思想政治教育者必须树立"跨界思维"，吸收不同领域和不同行业的先进传播经验，打造多渠道、多样化、人性化的传播方式。2015网易制作的漫画将《新国家安全法》的主要内容和亮点以图片化的方式呈现给网民，话语形式生动形象，获得了很高的网络点击率，提高了这部法律的普及度。2015年年初《群众路线动真格了？》、《老百姓的事儿办好了吗？》和《当官的真怕了？》三个动漫视频运用了创新的卡通形象、色彩丰富的图片、流行的网络语言三种模态，将反腐和群众路线等话语内容生动呈现，一改传统政治宣传话语生硬、僵化的话语风格，体现了轻松、幽默的亲民风格，更加人性化和生动化，增强了话语效果。

（三）推进网络传播的法治化治理

针对网络传播产生的负面效应，法治化治理已经成为一种共识。网络治理作为现实社会治理的重要组成部分，应纳入社会法治化治理的体系之中。针对我国的社会现实，迫切需要探索中国特色的网络传播法治化的治理模式。

首先，需要树立法治思维①，建立网络舆论引导机制。思想政治教育者应及时扭转政策依赖的传统观念，以法律规则为中心，尊崇法律的权威。思想政治教育者在保护广大民众网络话语权的基础上，要建立起应有的规则意识和底线意识，主动遏制网络政治谣言和话语暴力行为。思想政治教育者针对利益和矛盾纠纷，要用合法化标准来帮助人们分辨多元话语的是非曲直，学会运用法律手段解决各种社会矛盾，建立网络舆论引导机制。尤其是政府官员，只有树立法治思维，保障民众的知情权，才能遏制谣言的传播，树立起话语威信。尤其针对我国目前公权力

---

① 所谓法治思维，"指人类符合法治的精神、原则、理念、逻辑和要求的思维习惯和程式，它是对于法治比较理性的认知过程，它是一个动态的过程。"参见韩春晖：《论法治思维》，载《行政法学研究》，2013年第3期，第10页。

第六章 马克思主义视域下思想政治教育话语创新的基本路径

过于强势的现状,掌握国家公权力的政府官员树立起限制权力保障权利的思维具有特殊意义。由于法治的本质和核心在于限制公权力来保障私权利,各级官员只有明确人民主权和职权法定的原则,尊重和保障公民权利,自觉承担应有的法律责任,才能养成依法办事的法治思维方式。

其次,需要建立一套完善的网络治理法律体系。目前,我国从净化网络环境、维护网络秩序、打击网络犯罪等方面出台了多个法律法规管理互联网话语的传播。2015 年 7 月 6 日,我国首部《网络安全法》草案公布,颁布指日可待。同时,《境外非政府组织管理法》正在制定中,着力运用法律手段打击境外非政府组织对我国进行的意识形态渗透行为。然而,我国网络治理法律法规滞后于网络技术的发展。比如《民法诉讼法》中规定民事诉讼提起诉讼必须有明确的被告,而网络传播的匿名性造成普通民众对传播者的真实姓名难以调查取证,造成诉讼程序无法启动。此外,目前我国的网络立法偏重于国家安全和社会公共利益,对公民个人隐私方面的保护立法不足。由此,迫切需要对现行法律进行审查和梳理,进行立、改、废的相关工作,推动网络治理的法治化建设。

再次,需要提高执法力度和效率,建立网络传播的法律责任追究机制。传播学的研究表明,大众传媒具有"议程设置"的重要功能,因此大众传媒要扮演"把关人"[①]的角色。为了保证网络传播法律的执行和实施,司法部门必须建立违法行为的责任追求机制,主动对网络信息传播进行监督和巡查,及时封堵和删除不良信息,对于不加甄别随意转发不良信息的媒体应追究连带责任,为营造良好的网络传播环境积极行动。

[①] "把关人"最早由美国著名的社会心理学家库尔特·卢因提出,认为只有符合把关人标准的信息才能进入群体传播渠道之中。随后,传播学者怀特将把关的标准定为把关者本人的喜好和价值判断。美国学者巴斯完善了把关人理论,认为把关分为两个阶段,第一个阶段是新闻采集过程,第二个阶段是新闻的加工过程。参见李凌凌:《传播学概论》,郑州:郑州大学出版社 2014 年版,第 124—125 页。

最后，需要提高公民的"媒介素养"①。要彻底改变网络话语传播的乱象，必须唤醒网络中的公民意识，增强人们营造网络健康环境的自觉性。目前，我国公民网络主体意识和权力意识日益觉醒，但规则意识和责任意识普遍欠缺，针对这一现状，政府、学校、家庭和社会组织等各个层面应共同加强公民意识教育，提高公民的媒介素养。政府应自觉提高对网络公民意识教育的重视，做好网络话语传播的顶层设计工作，建立科学的网络舆情研判机制。同时应做好网络话语传播的队伍建设，提高宣传干部队伍的网络传播能力。学校应将网络公民意识教育纳入学校思想政治教育体系之中，家庭应引导子女提高网络信息的采集能力和分辨能力，促进网络自律精神的形成。社会组织需要自觉履行自身的职责，积极参与网络净化工作。总之，通过网络公民意识教育，一方面要使民众形成良好的媒介素养，自觉抵制网络不良信息的传播，另一方面要主动利用网络资源，提升网络传播能力。

本章小结

我国思想政治教育话语创新需要从理念创新、理论创新、方式创新三个层面整体推进。思想政治教育话语主体创新能力的提升首要任务是更新话语理念。新的理念指导新的行动，新的行动又促使新的理念的形成，更新话语理念是现代思想政治教育必须具备的基本价值理念。思想政治教育话语视野下的人本理念强调思想政治教育话语要尊重人、理解人、信任人、关心人、提高人、发展人。同时，语言作为交往的重要工具，发挥着交流和沟通的重要作用，由此思想政治教育话语是一种精神

---

① 所谓媒介素养"是指人们面对媒介的各种讯息时的选择能力、理解能力、质疑能力、评估能力、思辨性应变能力，以及创造和制作媒介讯息的能力。也可简化为获取、分析、传播和运用各种媒介讯息的能力。参见张开：《媒介素养概论》，北京：中国传媒大学出版社2006年版，第99页。

第六章　马克思主义视域下思想政治教育话语创新的基本路径

交往的过程。在交往理念下关照思想政治教育话语，将有助于我们对其展开更为深刻的理解和认识。树立交往理念，话语主体应激发话语对象主动参与交往的全过程。其次，话语自信的确立是掌握话语权的内在条件，是树立话语自觉的先决条件。只有不断强化学科意识、树立问题意识、培养开放意识，才能建立话语自信。再次，思想政治教育话语主体能否适应话语创新要求，取决于其能否及时变革思维方式、提高思维能力。针对思想政治教育话语困境，思想政治教育话语主体迫切需要积极建构复杂性思维方式，具体体现为系统思维和发展思维。最后，思想政治教育主体良好的话语形象能够增强话语主体的威望和信誉，对话语对象产生积极的心理暗示，产生极大的凝聚力和感召力。当前迫切需要提升官员、教师和学者的话语形象，通过话语展现出高尚的道德情操、完善的道德人格、良好的道德示范，形成言传身教的良好教育效果。

思想政治教育话语内容的创新主要包括优化话语内容的结构、推动马克思主义理论的创新发展、塑造务实和个性化的话语风格。思想政治教育话语方式的创新，是指话语主体推动话语表达方法和形式不断丰富、发展、完善的实践过程。思想政治教育话语方式主要表现为理性话语、宏观叙事话语、劝导式话语，新的时代背景下要以情感话语弥补理性话语的不足、以生活叙事弥补宏大叙事的不足、以平等对话弥补劝导式话语的不足。

思想政治教育话语传播方式创新主要包括创新榜样传播方式、红色文化传播方式和网络传播方式。榜样传播的首要任务是尊重受众的接受需要，以生动形象、形式多样的传播方式激发和引导受众的注意。在传播中应及时调整话语体系，运用情感话语充分调动受众的道德主体性，使得思想政治教育所倡导的主流价值观直指人心所需而成为受众的自觉认同。针对红色文化传播方式的创新，国家仪式作为传播政治理念、增进政治认同的重要方式，将有效促进红色文化所体现出的中国精神的培育和弘扬。同时，运用红色文化产业来传播思想政治教育话语，能够有效发挥红色文化育人的功能。针对文化产业创新性不足的问题，应准确挖掘红色文化的文化内涵，把握时代发展的脉搏和市场需求推动红色文化产品的创新。此外，网络为思想政治教育话语传播带来发展契机的同时，其弊端也较为明显，思想政治教育创新网络传播方式，应运用互联网思维把握话语在网络传播过程中的时、效、度。针对网络传播产生的负面效应，法治化治理已经成为一种共识，应将网络治理纳入社会法治化治理的体系之中，逐步探索建立中国特色的网络传播法治化的治理模式。

结　语

随着经济全球化对人类社会的影响越来越深刻，在世界范围内，谁拥有具有感召力和吸引力的话语体系，谁就能占据国际话语权的主动地位，为国家的发展赢得重要机遇。我国思想政治教育话语作为中国特色话语体系的重要组成部分，不仅具有凝聚和规范的社会功能，还具有引导和规范的个体功能。运用多学科研究的最新成果，不断增强思想政治教育话语效果，成为思想政治教育领域备受关注的一个重要学科前沿问题。

改革开放以来，我国思想政治教育进入了转型发展的快车道，发挥着重要的功能和作用。然而，在中国社会发展的今天，社会多元化日益凸显、社会贫富差距较大，不同价值观之间存在不可避免的冲突和碰撞，思想政治教育话语对人的思想和行为影响力的实现异常艰难。我们必须充分运用人类思想和智慧的曙光，将思想政治教育话语创新作为一项重要课题进行研究。本文从界定概念、剖析理论、总结历史、反思现状、创新路径等层面对思想政治教育话语创新进行了初步研究，有助于我们从一个崭新的视角来发掘思想政治教育中存在的但又非常容易被人们所忽视的东西。

随着研究的展开和深入，笔者深感才疏学浅，理论功底还不扎实，许多问题还有待进一步探讨。比如开放的网络话语平台有效拓展了民众的话语权，但随之而来的是思想政治教育话语环境更加复杂多变，新媒体环境下思想政治教育话语的特点和传播规律成为话语研究不可忽视的重要问题，在本书中尚未完全展开，还需深入探讨。还比如思想政治教育话语的构成要素在相互影响、相互制约的作用影响下，形成一定的话语机制，包括话语主体和话语对象的信任机制、话语内容的接受机制、话语的转换机制、话语环境的优化机制、话语效果的反馈评价机制，这些问题在本书中有所涉及，但尚未形成系统思考。今后我将以本书为基础，在研究中不断夯实和完善。

面向未来，我们进入了急剧而深刻的变革时代，我国思想政治教育话语面临着"破茧成蝶"的强烈呼唤。作为一项需要深入推进的系统工程，思想政治教育话语创新将有助于奠定我国的文化传播力，赢得国际话语权，让中国以更加文明和自信的姿态走向世界。当前，随着政府主动改文风、会风和政风，我国思想政治教育话语将朝着凸显主体示范性、增强内容解释力、提升方式亲和力的方向迈进。期待未来，"在政府话语场、民间话语场、国际话语场，在数字空间和物理空间中，我国的国家价值传播，都应占据主动权、主导权。"[①]

[①]《中共中央关于深化文化体制改革推动社会主义文化大发展大繁荣若干重大问题的决定》，北京：人民出版社2011年版，第21页。

参考文献

一、著作类

[1]《毛泽东选集》第三卷,北京:人民出版社1991年版。

[2]《邓小平文选》第三卷,北京:人民出版社1993年版。

[3]《马克思恩格斯选集》第1卷,北京:人民出版社1995年版。

[4]《马克思恩格斯选集》第3卷,北京:人民出版社1995年版。

[5] 鲁枢元:《超越语言》,北京:中国社会科学出版社1990年版。

[6] 谭学纯、唐跃、朱玲:《接受修辞学》,合肥:安徽大学出版社1992年版。

[7] 陈力丹:《精神交往论——马克思恩格斯的传播观》,北京:开明出版社1993年版。

[8] 贺章:《毛泽东启迪心灵的艺术》,北京:中共中央党校出版社1993年版。

[9] 龚文庠:《说服学——攻心的学问》,北京:东方出版社1994年版。

[10] 童兵:《主体与喉舌——共和国新闻传播轨迹审视》,郑州:河南人民出版社1994年版。

[11] 戚万学:《冲突与整合——20世纪西方道德教育理论》,济

南：山东教育出版社 1995 年版。

[12] 许征帆：《时代风云变幻中的马克思主义》，北京：中国人民大学出版社 1996 年版。

[13] 齐沪扬：《传播语言学》，郑州：河南人民出版社 2000 年版。

[14] 刘玉琪：《思想政治工作语言艺术》，北京：中央文献出版社 2000 年版。

[15] 甄树青：《论表达自由》，北京：社会科学文献出版社 2000 年版。

[16] 沈壮海：《思想政治教育有效性研究》，武汉：武汉大学出版社 2001 年版。

[17] 舒志定：《人的存在与教育——马克思教育思想的当代价值》，上海：学林出版社 2004 年版。

[18] 马抗美：《大学德育新视野》，北京：中国政法大学出版社 2005 年版。

[19] 沈华柱：《对话的妙语：巴赫金语言哲学思想研究》，上海：上海三联书店 2005 年版。

[20] 崔欣、孙瑞样：《大众文化与传播研究》，天津：天津人民出版社 2005 年版。

[21] 郑富兴：《现代性视角下的美国新品格教育》，北京：人民出版社 2006 年版。

[22] 张耀灿：《思想政治教育学前沿》，北京：人民出版社 2006 年版。

[23] 郑克卿：《邓小平经典论断与思想方法指要》，北京：中国社会科学出版社 2006 年版。

[24] 伍揆伦：《思想政治教育人文关怀论》，北京：中国社会出版社 2007 年版。

[25] 张春泉：《论接受心理与修辞表达》，北京：中国社会科学出

版社 2007 年版。

[26] 石云霞:《中国共产党思想理论教育 30 年（1978－2008）》，北京：高等教育出版社 2008 年版。

[27] 李水金:《中国公民话语权研究》，长春：吉林人民出版社 2009 年版。

[28] 赵继伟:《马克思主义意识形态接受论》，武汉：武汉大学出版社 2009 年版。

[29] 赵康太主编:《中外马克思主义理论教育比较研究》，北京：中国社会科学出版社 2009 年版。

[30] 王志强:《中国的标语口号》，北京：中央文献出版社 2010 年版。

[31] 胡军良:《哈贝马斯对话伦理学研究》，北京：中国社会科学出版社 2010 年版。

[32] 杜祖贻:《社会科学的科学本质》，上海：上海辞书出版社 2012 年版。

[33] 薛国林:《形象塑造与社会认同：正面人物宣传报道的社会效果研究》，广州：暨南大学出版社 2012 年版。

[34]《中国共产党第十八次全国代表大会文件汇编》，北京：人民出版社 2012 年版。

[35] 马立诚:《当代中国八种社会思潮》，北京：社会科学文献出版社 2012 年版。

[36] 李忠杰:《走向未来的中国与世界》，北京：中共党史出版社 2012 年版。

[37] 黄传新等:《社会主义意识形态吸引力和凝聚力研究》，北京：学习出版社 2012 年版。

[38] 陈秉公:《主体人类学原理》，北京：中国社会科学出版社 2012 年版。

[39] 熊建生：《思想政治教育内容结构论》，北京：中国社会科学出版社2012年版。

[40] 王学俭、刘强：《新媒体与高校思想政治教育》，北京：人民出版社2012年版。

[41] 洪波：《思想政治教育话语范式转换研究》，杭州：浙江大学出版社2012年版。

[42] 陈然兴：《叙事与意识形态》，北京：人民出版社2013年版。

[43] 顾海良：《马克思主义如何改变世界》，北京：中国人民大学出版社2013年版。

[44] 孙其昂：《思想政治教育学前沿研究》，北京：人民出版社2013年版。

[45]《六个为什么——对几个重大问题的回答》（2013年修订版），北京：学习出版社2013年版。

[46] 王嘉：《网络意见领袖研究——基于思想政治教育视域》，北京：中国文史出版社2014年版。

[47] 谷佳媚：《思想政治教育沟通的理论反思与建构》，北京：人民出版社2014年版。

[48] 李凌凌主编，《传播学概论》，郑州：郑州大学出版社2014年版。

[49] 于泉蛟：《思想政治教育接受结构研究》，北京：人民出版社2015年版。

[50]《习近平用典》，北京：人民日报出版社2015年版。

[51] 哈贝马斯：《交往与社会进化》，张博树译，重庆：重庆出版社1989年版。

[52]［美］柯尔伯格·杜里尔：《道德发展与道德教育》，见瞿保奎主编：《教育学文集·思想政治教育》，北京：人民教育出版社1989年版。

[53] 哈贝马斯：《交往行动理论》第 1 卷，洪佩郁、蔺菁译，重庆：重庆出版社 1996 年版。

[54] 伊丽莎白·内尔－纽曼：《大众观念理论：沉默螺旋的概念》，见《大众传播学：影响研究范式》，北京：中国社会科学出版社 2000 年版。

[55] [美] 丹尼斯·K. 姆贝：《组织中的传播和权力：话语、意识形态和统治》，陈德民等译，北京：中国社会科学出版社 2000 年版。

[56] [美] 麦克洛斯基等：《社会科学的措辞》，许宝强等译，北京：生活·读书·新知三联书店 2000 年版。

[57] 沃纳·赛佛林、小詹姆斯·坦卡德：《传播理论：起源、方法与应用》（第四版），北京：华夏出版社 2000 年版。

[58] 查尔斯·J. 福克斯、休·T. 米勒：《后现代公共行政：话语指向》，楚艳红等译，北京：中国人民大学出版社 2002 年版。

[59] 诺曼·费尔克拉夫：《话语与社会变迁》，殷晓蓉译，北京：华夏出版社 2003 年版。

[60] 保罗·尼特：《宗教对话模式》，王志成译，北京：中国人民大学出版社 2003 年版。

[61] [法] 米歇尔·福柯：《规训与惩罚：监狱的诞生》，北京：生活·读书·新知三联书店 2003 年版。

[62] [美] 杜威：《道德教育原理》，王承绪等译，杭州：浙江教育出版社 2003 年版。

[63] [法] 皮埃尔·布迪厄：《实践与反思：反思社会学导引》，北京：中央编译出版社 2004 年版。

[64] [美] 约瑟夫·奈：《硬权力与软权力》，洪华译，北京：北京大学出版社 2005 年版。

[65] 亚里士多德：《修辞学》，罗念生译，上海：上海人民出版社 2005 年版。

［66］安德鲁. 文森特：《现代政治意识形态》，袁久红等译，南京：江苏人民出版社 2005 年版。

［67］雅斯贝斯：《时代的精神状况》，王德峰译，上海：上海译文出版社 2005 年版。

［68］波特·韦斯雷尔：《话语和社会心理学》，肖文明等译，北京：中国人民大学出版社 2006 年版。

［69］戈布尔：《第三思潮：马斯洛心理学》，吕明、陈红雯译，上海：上海译文出版社 2006 年版。

［70］休谟：《人类理解研究》，关文运译，北京：商务印书馆 2007 年版。

［71］海德格尔：《在通向语言的途中》，孙周兴译，北京：商务印书馆 2007 年版。

［72］［美］托马斯. 弗里德曼著：《世界是平的——21 世纪简史》，长沙：湖南科学技术出版社 2008 年版。

二、论文期刊类

［1］石欧：《德育困境中的病理性说服教育及其诊治原则》，载《湖南师范大学社会科学学报》，1994 年第 6 期。

［2］唐晓嘉：《语言博弈论与科学博弈》，载《哲学动态》，2001 年第 5 期。

［3］陈万柏：《关于思想政治教育过程规律的再思考》，载《华中师范大学学报（人文社会科学版）》，2001 年第 2 期。

［4］魏荣耀：《理论成熟与政治成熟》，载《中共中央党校学报》，2002 年第 1 期。

［5］廖小平、成海鹰：《改革开放以来中国社会的价值观变迁》，载《湖南师范大学学报（社会科学版）》，2005 年第 6 期。

［6］李爱华、雷骥：《论马克思主义理论教育与思想政治教育的关

系》，载《思想理论教育》，2006年第4期。

[7] 周家荣：《思想政治教育研究中的话语体系的构建》，载《重庆邮电学院学报：社会科学版》，2006年第6期。

[8] 张耀灿：《思想政治教育学科理论体系发展创新探析》，载《学校党建与思想教育》，2007年第5期。

[9] 王国敏、李玉峰：《挑战与回应：坚守马克思主义在意识形态领域的主流地位》，载《马克思主义研究》，2007年第11期。

[10] 江峰：《论教育中的说服原理》，载《北京大学教育评论》，2007年第2期。

[11] 郭毅然：《交往理性：思想政治教育话语变革的根基》，载《探索》，2007年第5期。

[12] 胡新平：《话语角色·话语建构·话语理解》，载《教育探究》，2007年第4期。

[13] 陈锡喜：《建设和谐文化需要重构马克思主义的话语体系》，载《探索与争鸣》，2007年第5期。

[14] 贺新元等：《社会主义核心价值体系构建的路径思考》，载《当代马克思主义研究》，2007年第3期。

[15] 刘宝村：《全球化的挑战与国家意识形态教育战略》，载《马克思主义与现实》，2008年第2期。

[16] 孙其昂：《形态及变迁：高校马克思主义理论教育30年——基于体系化的考察》，载《思想教育研究》，2008年第9期。

[17] 王琴华、罗成富：《马克思主义理论教育规律探析——以掌握和运用马克思主义立场观点方法为核心》，载《求实》，2009年第9期。

[18] 牛玉峰、黄立丰：《改革开放三十年马克思主义理论教育中国化的历史考察》，载《中共宁波市委党校学报》，2009年第1期。

[19] 袁三标：《从软实力看当代中国国家意识形态安全》，载《河南师范大学学报（哲学社会科学版）》，2010年第3期。

［20］吴琼、纪淑云：《马克思主义大众化语境中的思想政治教育话语变革》，载《求实》，2010 年第 5 期。

［21］纪忠慧：《全球化背景下的公众舆论——论非传统安全与软力量的舆论支点》，载《清华大学学报》，2010 年第 6 期。

［22］邱柏生：《试论开展社会主义核心价值体系教育的话语体系支撑》，载《思想理论教育导刊》，2010 年第 11 期。

［23］赵强：《舆论失控：苏联解体的催化剂》，载《求是》，2010 年第 21 期。

［24］王雪竹：《革命时期和建设时期中国共产党标语宣传的比较研究》，载《历程与成就》，2011 年第 7 期。

［25］倪鹏飞、田建国：《创新思想教育话语体系提高思想政治教育效果》，载《思想教育研究》，2013 年 8 期。

［26］许苏明：《论思想政治教育的话语转换》，载《东南大学学报：哲学社会科学版》，2014 年 2 期。

［27］尹汉宁：《立足中国实践 创新中国话语》，载《红旗文稿》，2014 年第 12 期。

三、学位论文类

［1］吴琼：《"文本"到"人本"——高校思想政治教育范式转换研究》，复旦大学博士学位论文，2007 年。

［2］韩承鹏：《标语与口号——一种动员模式的考察》，复旦大学博士学位论文，2007 年。

［3］胡凯：《思想政治教育生活化研究》，复旦大学博士学位论文，2007 年。

［4］邱仁富：《思想政治教育话语理论探要》，上海大学博士学位论文，2009 年。

［5］陈一收：《中国共产党提高舆论引导能力研究》，福建师范大学

博士学位论文，2012年。

［6］孙余余：《人的虚拟生存与思想政治教育创新研究》，山东师范大学博士学位论文，2011年。

［7］季海菊：《新媒体时代高校思想政治教育研究》，南京师范大学博士学位论文，2013年。

四、英文文献

［1］J. Austin, *How to Do Things withs Words*, Oxford University Press, 1962.

［2］Brown, G. and Yule. G, *Discourse Analysis*, Cambridge：Cambridge University Press, 1983.

［3］Hannah Arendt, *Communicative Power*, Oxford：Blackwell, 1986.

［4］Allan, N. Schore, *Affect Regulation and the Origin of the Self*：*The Neurobiology of Emotioned Development*, Mahwah, NJ：Erlbaum, 1994.

［5］Verschueren, J., *Understanding Pragmatics*, London：Edward Arnold（Publishers）Ltd, 1999.

［6］Henry, *Discourses of Domination*, racial bias in the Canadian English‐language press, Toronto：University of Toronto Press, 2002.

［7］Paul Chilton, Christina Sch ffner, *Politics as Text and Talk*：*Analytic Approaches to Political Discourse*, Amsterdam；Philadelphia：John Benjamins Pub. Co. 2002.

后　记

　　这本著作是在博士论文的基础上修改而成的。读博的四年中，经历着时间和精力上的自我挑战、未知领域的知识挑战、毅力和耐力的心理挑战，正是有了种种挑战，让我的生活更加充实、内心更为宁静。感谢我的导师马抗美教授，她在百忙中再三修改我的开题报告和提纲；在近三年的论文写作中，从研究范围、结构安排到章节内容、遣词造句，导师都给予了悉心指导。论文的可取之处，源自于导师精心的指点；而论文的不足之处，实乃自身学术积奠不足所致。四年中，导师为我个人成长创造了各种交流学习的机会，同时她刚毅正直而淡薄名利的人格魅力、敏锐深邃的学术洞察力、严谨细致的治学态度、持之以恒的工作责任心都给予了我莫大的人生智慧启迪，让我领会到独立思考的魅力，真正开始靠近科研的殿堂。四年中我收获的点点滴滴以及学习和工作中取得的进步，都离不开导师的悉心教诲，作为学生，师恩难以回报，定将铭记一生。

　　特别感谢学院领导、老师和学生们给予我多方面的支持和帮助，论文写作中常绍舜教授、孙美堂教授、刘俊生教授、刘斌教授、张秀华教授提供了各种宝贵意见和建议。各位同门亲如一家人，师兄师姐和师弟师妹们都给予了无私的帮助，尤其是王丽娜博士、李艳华博士、房欣雪博士在繁忙的工作中抽出宝贵时间，给予了我很多中肯的修改意见。还

后 记

有很多在我成长路上给予关心和帮助的人，或许很难再见，但曾经相伴相知的情义一直萦绕于心，在此一并感谢！

此外，还要感谢父母对我一如既往的支持，为我创造宽松的学习环境。感谢我的先生李春旭对我学业的支持和帮助，在我无暇顾及家庭的时候毫无怨言地承担所有。此时，正值初秋的丰收之际，无比感慨近四年光阴赋予我的一段成长蜕变、一种生命体验、一群莫逆之交……这些都是我宝贵的人生财富。有幸的是可以一辈子在校园待下去，让静心读书和自由思考成为一种生活方式。岁月无痕，但感恩常在，未来我将不断学习，砥砺前行！

袁 芳

2017 年 10 月

图书在版编目（CIP）数据

思想政治教育话语创新论的马克思主义审视／袁芳著．—北京：中央编译出版社，2018.9

（马克思主义理论前沿问题研究丛书）

ISBN 978-7-5117-3607-9

Ⅰ.①思… Ⅱ.①袁… Ⅲ.①思想政治教育－研究－中国 Ⅳ.①D64

中国版本图书馆 CIP 数据核字（2018）第 194192 号

思想政治教育话语创新论的马克思主义审视

出 版 人：葛海彦
出版统筹：贾宇琰
责任编辑：李媛媛
责任印制：刘　慧
出版发行：中央编译出版社
地　　址：北京西城区车公庄大街乙 5 号鸿儒大厦 B 座（100044）
电　　话：（010）52612345（总编室）　　（010）52612335（编辑室）
　　　　　（010）52612316（发行部）　　（010）52612346（馆配部）
传　　真：（010）66515838
经　　销：全国新华书店
印　　刷：北京紫瑞利印刷有限公司
开　　本：710 毫米×1000 毫米　1/16
字　　数：211 千字
印　　张：15.75
版　　次：2018 年 9 月第 1 版
印　　次：2018 年 9 月第 1 次印刷
定　　价：65.00 元

网　　址：www.cctphome.com　　邮　　箱：cctp@cctphome.com
新浪微博：@中央编译出版社　　　　微　　信：中央编译出版社（ID: cctphome）
淘宝店铺：中央编译出版社直销店（http://shop108367160.taobao.com）
　　　　　（010）55626985

本社常年法律顾问：北京市吴栾赵阎律师事务所律师　闫军　梁勤
凡有印装质量问题，本社负责调换，电话：（010）55626985